KB081434

대한제국 수난사

대한제국 수난사

함기수 지음

제 2의 징비록, <경란록>으로 보는 격동의 한국사

"한국은 고상한 사람들이 사는 보석 같은 나라이다"

"Korea is a gem of a country inhabited by a noble people"

- 펄 벅(Pearl S. Buck, 1892~1973), <살아 있는 갈대, The Living Reed> -

▌사진1 〈확재집〉: 국립중앙박물관 이뮤지엄 제공

- 〈확재집〉은 이범석의 시, 서, 축문, 〈경란록〉 등을 기록한 8권으로 된 문집이다.

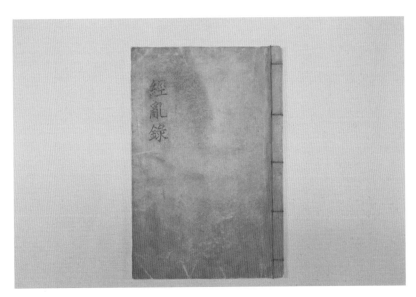

▌사진2 〈경란록〉: 국립중앙박물관 이뮤지엄 제공

- 〈경란록〉은 이범석이 1862년부터 1926년까지 기록한 역사서이다.

▌ 사진3 〈만국공법〉: 국립중앙박물관 이뮤지엄 제공

- 〈만국공법〉은 조선 후기에 유입된 국제법이다.

▌ 사진4 조선풍도해전: 국립중앙박물관 이뮤지엄 제공

- 일본은 서해 풍도해전을 시작으로 청일전쟁을 일으켰다.

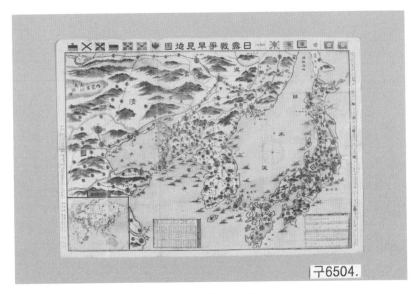

구6504.

┃ 사진5 **러일전쟁조견지도: 국립중앙박물관 이뮤지엄 제공**
　- 일본은 조선 지배를 목적으로 러일전쟁을 일으켰다.

┃ 사진6 **최초 경인철도: 국립중앙박물관 이뮤지엄 제공**
　- 서울과 인천을 연결하는 철도가 1900년에 개통되었다.

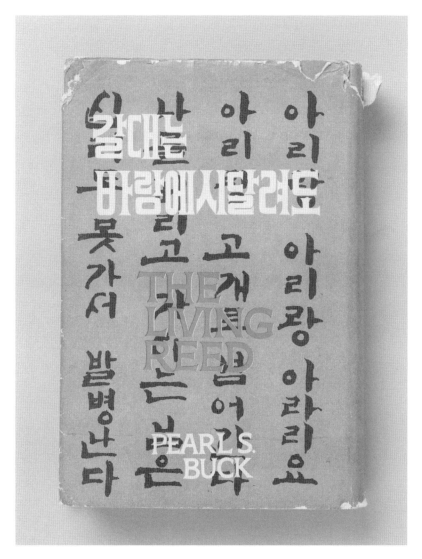

사진7 〈갈대는 바람에 시달려도〉: 국립중앙박물관 이뮤지엄 제공

- 펄 벅은 이 책에서 '한국은 고상한 사람들이 사는 보석 같은 나라'라고 하였다.

160년 전, 민란은 끝이 없었다. 백성들을 쥐어 짠 60년 김씨 세도가 끝나고 흥선대원군이 개혁을 하면서 나라는 문을 닫았으며 개방 압력과 치열하게 싸워 이겼다. 개화파는 반발했고 민씨 세도가 시작되었으며 나라는 문을 열었다. 조선의 백성들은 수탈에 대항하여 세상과 싸우며 민란, 군란, 정변을 겪으며 고난을 당했다. 조약을 맺어 개항을 하였고 일본의 경제침탈로 조선의 곡물과 수산물이 실려 나갔으며 조선의 백성들은 먹고 사는 것도 힘들었다.

1894년 조선 농민들은 더 이상 견딜 수 없어 죽음을 불사하고 세상과 싸웠으나 외세의 힘에 밀려 조선은 열강의 각축장이 되었다. 청나라와 일본이 전쟁을 한 결과, 청나라는 조선에서 물러갔다. 조선은 자주독립의 대한제국이 되었고 러시아와 일본의 전쟁 결과는 대한제국을 일본의 보호 아래 두었다. 일본은 대한제국의 외교권부터 사법권, 군대해산, 경찰권, 국권을 차례로 침탈하였고 대한제국의 국민은 저항과 자결로 대응했다.

〈경란록〉을 쓴 이범석은 가장 혼란한 시대에 태어나 가장 혼란한 시대에 살다가 가장 혼란한 시대에 늙었다고 하면서 60여 년을 기록으로 남겼다. 그때의 대한제국과 100여 년이 지난 지금의 대한민국은 위상이 크게 달라졌고 거기에서 살고 있는 사람들의 삶도 바뀌었다. 그렇지만 헬조선이라 불리고, 빈부격차는 확대되고, 출산율은 최저이고, 자살률은 최고인 시대를 어떻게 보아야 할까. 4대 강국에 둘러싸인 대한민국은 동북아평화가 늘 불안정한 가운데에 있다.

　16세기 말 왜란을 〈징비록〉으로 잊지 않고 있는 것처럼, 19세기 말 대한제국의 멸망을 〈경란록〉으로 잊지 않기를 바란다. 21세기 기술패권 시대에도 대한민국의 길은 부국강병에 있고 대한민국이 동북아평화를 지키는 동양의 패주霸主가 되어 대한 사람 대한으로 길이 보전해야 한다.

2023년 8월

남한산을 바라보며

함기수

■ 일러두기

1. 〈경란록〉 원본은 연세대학교 도서관에 소장되어 있고, 〈경란록〉 번역본은 동학농민혁명기
   념재단 사료아카이브(e-dongahk.or.kr) 자료로서, 재단의 승인을 받아 게재하였습니다.
2. 사진은 국립중앙박물관 이뮤지엄(e-museum.or.kr) 제공 하였습니다.
3. 국사편찬위원회(www.history.go.kr) 사료, 한국학중앙연구원 한국민족문화대백과사전
   (encykorea.aks.ac) 자료, 한국고전번역원 한국고전종합DB(db.itkc.or.kr) 자료를 활용하였
   습니다.
4. 네이버(naver) 지식백과 자료, 다음(daum) 백과 자료, 나무위키(namu.wiki) 자료, 위키백과
   (wikipedia.org) 자료를 활용하였습니다.
5. 국가보훈처(www.mpva.go.kr) 자료, 국립대한민국임시정부기념관(www.nmkpg.go.kr) 자
   료, 독립기념관(i815.or.kr) 자료, 대한민국역사박물관(www.much.go.kr) 근현대사아카이
   브(archive.go.kr) 자료, 재단법인김구재단((www.kimkoo.org) 자료, 재단법인서재필기념회
   (www.seojaepil.org) 자료, 안중근의사기념관(ahnjunggeun.or.kr) 자료를 참고하였습니다.
6. 인물들에 대한 존칭을 생략하였습니다.

■ 참고도서

무쓰 무네미쓰, 김승일(역), 〈건건록〉, 범우사, 1994
강만길, 〈고쳐 쓴 한국근대사〉, 창작과 비평사, 1998
강만길, 〈고쳐 쓴 한국현대사〉, 창작과 비평사, 1998
황현, 허경진(역), 〈지식인의 눈으로 바라본 개화와 망국의 역사, 매천야록〉, 서해문집, 2002
이덕주, 〈조선은 왜 일본의 식민지가 되었는가〉, 에디터, 2002
천순천, 조양욱(역), 〈한권으로 읽는 대하실록, 청일전쟁〉, 우석출판사, 2005
강만길, 〈20세기 우리의 역사〉, 창비, 2006
이성무, 〈조선시대 당쟁사〉, 아름다운날, 2007
한중일3국공동역사편찬위원회, 〈한중일이 함께 슨 동아시아 근현대사 1〉, 휴머니스트, 2012.
안정애, 〈중국사 다이제스트 100〉, 가람기획, 2014
류성룡, 김홍식(역), 〈지옥의 전쟁 그리고 반성의 기록, 징비록〉, 서해문집, 2014
김시덕, 〈동아시아 해양과 대륙이 맞서다〉, 메디치, 2015
이성무, 〈조선왕조실록, 순조-순종편〉, 살림, 2015
편집부, 〈조선왕조실록, 인물해설편〉, 살림, 2015
이종문, 〈일본사여행, 역사기행으로 읽는 일본사〉, 역사비평사, 2016
동학농민혁명기념재단, 〈반란의 역사를 엄어, 세계의 역사로〉, 동학농민혁명기념재단, 2016
동학농민혁명기념재단, 〈동학농민군, 제국주의의 침략에 맞서다〉, 동학농민혁명기념재단, 2016
오타니 다다시, 이재우(역), 〈청일전쟁 국민의 탄생〉, 오월의봄, 2018
김용삼, 〈세계사와 포개 읽는 한국 100년 동안의 역사2〉, 백년동안, 2020
이성환, 〈러일전쟁, 일본과 러시아 틈새의 한국〉, 살림, 2021
이성환, 〈청일전쟁, 근대 동아시아 문제의 기원〉. 살림, 2021
박은식, 김태웅(역), 〈한국통사, 국망의 아픈 역사를 되돌아보는 거울〉, 아카넷, 2021
권기환, 〈조선의 공무원은 어떻게 살았을까〉, 인물과 사상사, 2022

▣ 〈경란록〉

약 8년 전, 동학농민혁명재단 사료아카이브에서 〈경란록〉을 처음으로 보게 되었다. 〈경란록〉은 확재 이범석이 쓴 〈확재집〉 8권 중 하나이고, 〈확재집〉에는 시, 서, 축문 등의 글이 있다.

이범석은 충청도 아산에서 철종 때(1862) 출생하였고 양근군수를 지냈으며, 그 후에는 낙향하여 후진양성과 기록을 하면서 보냈는데 사망 연도에 대한 기록은 없다.

〈경란록〉은 이범석이 태어난 해부터 살던 기간 동안 사건들을 기록하고 평가한 역사서이다. 이범석은 직접 경험한 사건들을 들려주는 것같이 생생하게 기록했다. 기록 중에는 이범석이 잘못 알고 기록한 부분도 있기는 하지만, 당시 상황을 생생하게 파악할 수 있는 소중한 기록이며 잘못 알고 기록한 부분은 추가적인 설명을 보충했다.

〈경란록〉 원본은 연세대학교 도서관에 소장되어 있고, 해석본은 동학농민혁명기념재단 사료 아카이브에 올려져 있다. 이범석은 〈경란록〉에서 60여 년을 1년 단위로 하여 마치 신문 기사를 쓰듯 핵심적인 사실들을 기록했고, 사실에 대한 논점들을 '담평'으로 기록했다. 저자는 〈경란록〉을 보고 나서 책을 낼 용기를 가졌다.

본 책에서는 〈경란록〉을 시기별로 나누어 '〈경란록〉으로 보는 세상'에 실었다. 저자는 이 책의 서술을 〈경란록〉의 다음 구절에 따라 크게 4개의 편으로 구분하였다.

"혼란한 시대에 태어나고 혼란한 시대에 성장하였으며 혼란한 시대에 늙었다가 마침내 차마 볼 수도 없고 말할 수도 없는 일을 만났으니…"

제1편은 '난세에 태어나고', 제2편은 '난세에 자라고', 제3편은 '난세에 살다가', 제4편은 '난세에 늙어'로 나누었다.

저자는 〈경란록〉 60여 년 기록을 8개의 시기별로 나누어 각 편에다 배치하였고 〈경란록〉의 기록을 바탕으로 주요 역사적 사실에 대한 자료들을 기초로 하여 서술하였다.

제1편 '난세에 태어나고'에서는 민란 시기(순조에서 철종까지)를 다루었다.

제2편 '난세에 자라고'에서는 쇄국 시기(흥선대원군 섭정), 개항 시기(고종 친정 이후), 경제 침탈 시기(임오군란 이후)를 다루었다.

제3편 '난세에 살다가'에서는 청-일 대립 시기(동학농민혁명 이후), 러-일 대립 시기(대한제국 이후), 국권 침탈 시기(한일의정서 이후)를 다루었다.

제4편 '난세에 늙어'에서는 일제 강점 시기(한일 합병 이후)를 다루었다.

저자는 이범석의 〈경란록〉을 널리 읽히게 하고 싶어 이 책을 썼으며 부디 이범석 선생에게는 누가 되지 않기를 바랄 뿐이다.

■ 이범석 생애 기간(1862~1926)에 발생한 사건

0세 (1862) 이범석 출생한 해로 임술민란이 전국적으로 발생

2세 (1864) 동학 창시자 최제우 처형

3세 (1865) 경복궁 중건으로 원납전, 당백전 발행

4세 (1866) 천주교 신자 8,000여 명 절두산에서 처형(병인박해)

　　　　　　미국 상선 제너럴셔먼호 대동강 침범

　　　　　　프랑스군 삼랑성전투(병인양요)

6세 (1868) 남연군묘 도굴 미수

9세 (1871) 미국군 강화도 공격(신미양요), 영해 이필제의 난

13세 (1875) 일본군 운요호 강화도 공격(운요호 사건)

14세 (1876) 강화도 조약체결, 부산항 개항으로 부산조계

18세 (1880) 원산항 개항으로 원산조계

20세 (1882) 임오군란으로 구식군인 처형, 청나라와 일본군의 진주

　　　　　　민비 장호원 도피, 흥선대원군 청나라 보정부 납치

21세 (1883) 인천항 개항으로 인천조계

22세 (1884) 갑신정변 발발, 고종 이어

23세 (1885) 영국군 거문도 불법 점령

27세 (1889) 방곡령 발포

29세 (1891) 제주도 어민반란

32세 (1894) 동학농민혁명군 황토현전투, 전주성 점령, 우금치전투

청나라군과 일본군 진주, 일본군 경복궁 점령

풍도해전, 청일전쟁 발발

33세 (1895) 을미사변 발생, 단발령으로 의병봉기

34세 (1896) 고종, 러시아 공사관 도피(아관파천)

35세 (1897) 대한제국 선포

36세 (1898) 독립협회 해산

39세 (1901) 신축교난(이재수의 난)

41세 (1903) 러시아 용암포 점령, 한인 100명 하와이 첫 이민

42세 (1904) 제물포해전으로 러일전쟁 발발, 대한제국 대외 중립 선언

한일의정서 체결, 제1차 한일협약으로 고문정치

43세 (1905) 제2차 한일협약(을사늑약)으로 외교권 박탈, 을사의병, 화

폐 정리

44세 (1906) 병오의병, 통감부 설치

45세 (1907) 국채보상운동, 헤이그 밀사 파견, 고종황제 강제 퇴위,

순종황제 즉위

정미7조약 체결, 대한제국 군대해산, 남대문전투, 정미
의병

46세 (1908) 서울진공작전 실패, 스티븐슨 살해

47세 (1909) 남한대토벌작전, 안중근의 히로부미 암살, 이재명의 이
완용 암살미수

48세 (1910) 한일병합조약으로 국권 상실, 총독부 설치

49세 (1911) 105인 사건

50세 (1912) 일제의 토지조사

56세 (1918) 일제의 산림조사

57세 (1919) 고종황제 사망, 3.1운동, 대한민국임시정부 수립, 제암
리 학살

58세 (1920) 청산리전투, 봉오동전투, 간도참변

59세 (1921) 자유시참변

61세 (1923) 관동대지진으로 교포 5,000여 명 학살

64세 (1926) 순종황제 사망, 6.10만세, 나석주 식산은행 폭탄 투척

차례

제1편

난세에 태어나

제1부 **민란 시기 〈1863 이전〉**

제2편

난세에 자라고

제2부 쇄국 시기 <1863~1873>

제3부 개항 시기 <1873~1881>

제4부 경제 침탈 시기 <1882~1893>

제7부 국권 침탈 시기 <1904~1910>

제4편

난세에 늙어

제1편

난세에 태어나

〈경란록〉을 쓴 이범석이 태어난 1862년은 임술농민봉기가 일어나 전국적으로 난리가 한창인 때였다. 그는 〈경란록〉에서 "혼란한 시대에 태어났고, 혼란한 시대에 자라고 살다가 혼란한 시대에 늙었다"고 했다.

혼란한 시대에 태어났다고 하는 것은 60년 세도를 거쳐 오면서 누적된 병폐가 한꺼번에 폭발한 때였기 때문이었다. 조선은 신진사대부와 무관들이 백성들의 지지를 받아 만년의 복을 누리기 바라며 성리학을 바탕으로 세운 나라였고 국가의 제도를 정비하여 토지제도와 세금제도를 개혁했으며 조선 최고의 치적인 한글을 만들었다.

임진왜란, 병자호란은 나라를 쑥대밭으로 만들었고, 왜란보다 더 끔찍한 경신대기근 때에는 수많은 백성들이 굶거나 병들어 죽었으며 조선의 관료들은 조선의 건국이념을 잊어버린 채 사색당파에 매달려 서로 싸웠다.

정조의 죽음은 11살 순조, 8살 헌종, 19살 철종(강화도령)으로 이어졌고, 나이 어린 왕을 대신하여 안동 김씨, 풍양 조씨 가문이 조선을 이끌어 왕족들조차도 세도 가문의 눈치를 보아야 살아남았고 이들 눈에 벗어나면 유배가거나 처형되었다. 특정한 가문이 주도했던 세도정치는 국정을 문란시켜 중앙의 관리들은 수령 자리를 사고팔았고, 지방의 수령들은 농민들을 수탈했으며 삼정이 문란해지면서, 농민들은 생존을 위해 발버둥을 쳤다.

이범석이 태어난 1862년에 발생한 단성과 진주를 시작으로 한 임술 농민봉기는 전국 48개 지역에서 일어났고 난세는 이어졌다.

제1부

민란 시기
(1863 이전)

1. 일민逸民의 소원

우리 조상은 고조선을 건국하여 2,000여 년을 살았고 고조선이 멸망하고 여러 부족국가로 나뉘어졌다가 고구려, 백제, 신라의 3국으로 통합되고 600여 년을 보냈다. 신라가 3국을 통일하여 통일신라시대로 220여 년을 보냈고 발해국이 성립되어 남북국 시대를 지나 고려가 통일하여 470여 년을 보냈다.

국가가 나뉘어졌다가 통일되었다 하는 과정에서 태평한 세월이 오래갈 수 없었고 셀 수 없이 많은 외침을 막아내면서 조상들은 고난을 견디며 살아왔다. 고려는 문종 때 송나라와 다시 국교를 맺고 백성들 생활도 안정되어 태평성대를 누렸지만 원나라와의 전쟁, 홍건적 침입, 왜구 침입으로 민생이 파탄나면서 몰락했다.

태조 이성계는 조선을 건국하고, 유교 지식인들과 함께 새로운 정치를 표방하여 명나라에는 사대를 하여 조공을 바쳤고, 일본에는 교린을 하여 전쟁을 막았다. 유교를 공부한 문신들이 국가를 주도했고, 농업생산을 장려하였으며 농업생산은 토지가 필수이므로 토지제도를 개혁했다. 농민들이 부담하던 '수조'를 50%에서 10%로 낮추는 개혁을 했고 고려의 권문세족들이 소유하던 대토지를 회수하여 신진사대부에게도 분배했다.

나라의 수도를 옮겼다. 처음에는 계룡산을 수도로 정하여 도읍공사를 하다가, 한양으로 변경하고 한양에 도성을 쌓고 4대문을 세웠다. 태조는 조선왕조의 법궁으로 태조4년(1395)에 경복궁을 창건했고 신진사대부들은 유교이념에 충실했다.

'검소하되 누추하지 않고, 화려하되 사치스럽지 않다.'

검이불루 화이불치 儉而不陋 華而不侈

정도전은 경복궁, 근정전, 사정전, 한양 4대문, 모든 전각들의 명칭을 〈시경〉에서 빌려왔는데 '경복'은 "이미 술에 취하고 이미 덕에 배부르니 군자만년 그대의 큰 복을 도우리라"의 의미였다. 태종은 경복궁의 연못을 넓히고 섬 위에 경회루를 만들었으며 세종은 경회루 남측에 집현전을 짓고 학자들과 함께했다.

'경복' 그 이름을 잊지 않고 국정을 다스렸다면 1만 년 동안 복을 누리는 나라가 되어, 나라의 백성들은 재주에 따라 국가에 쓰이든, 가정에 쓰이든, 농사일에 쓰이든 자신의 재주를 발휘하고 자기 일에 열중하면서 먹고 사는 세상이 되었으리라. 한 국가의 백성으로서 더 무엇을 바라겠는가? 이것이 사람이 누릴 세상에 대한 완전한 복이고 '일민(逸民)의 소원'이다.

〈경란록〉의 기록이다.

"대개 사람이 태어나 다행히 태평성대를 만나게 되면 전란이 어떤 것인지 모르고, 재질과 기품의 우열에 따라 훌륭한 사람은 나라에 쓰이고, 중간인 자는 가정에 쓰이고, 아래인 자는 늙어 죽을 때까지 농사일을 한다. 생각하려고도 하지 않고 알려고도 하지 않으면서 밥이나 배불리 먹고 배를 두드리며 풍년을 즐기는 것은 이 모두 일민逸民(학문과 덕행이 있으면서도 세상에 나서지 않고 초야에 묻혀 지내는 사람)이 누릴 완전한 복이다."

무엇을 태평성대라고 하는가? 국가가 생기고 수 천 년을 살면서 얻은 결론은 사람들이 공부를 하였지만 세상일에는 나서지 않는 시대였고 사람들도 세상일에 나설 필요가 없는 시대를 원했는데 이것이 바로 태평성대다.

〈경란록〉의 기록이다.

"아, 나는 천부적으로 운명이 기박하여 혼란한 시대에 태어나고 혼란한 시대에 성장하였으며 혼란한 시대에 늙었다가 마침내 차마 볼 수도 없고 말할 수도 없는 일을 만났으니, 어찌 이 지경에 이르러 시종 한결같이 매우 어지럽고 무서운 세상 한가운데에서 벗어날 수 없단 말인가. 이전 시대 사람의 이른바 '좋지 않은 시대에 태어났다'는 탄식은 실로 나를 위해 준비해 둔 말이다."

덕이 있고 훌륭한 사람이 국가 일을 맡아야 한다. 덕이 없고 훌륭하지 못한 사람이 국가 일을 맡아 백성들이 얼마나 고통을 받았던가? 국가 일을 맡은 사람들은 그 일을 훌륭하게 처리해야 한다. 즉 정치를 잘 해야 한다. 조선은 이런 뜻을 정치의 중심 '경복궁' '근정전' 이름에 담아서 시작된 국가였고 그렇게 시작한 조선은 518년 만에 망했고, 일제강점기를 35년간 보냈다.

일제강점기 이전에 조선의 백성들이 어떤 일을 겪어야 했고, 백성들이 세상일에 어떻게 나서게 되었는지 〈경란록〉의 기록을 따라가 보았다.

2. 장동 김씨

정조가 죽자(1800), 11살 순조는 조선의 23대 왕으로 즉위하였다. 안동 김씨 김조순은 공평하고 정직하여 숨김이 없는 성품으로 정조의 신임이 두터워 어린 순조의 보필을 부탁한다는 유지를 받았고 정조가 죽기 전 간택했던 김조순의 딸을 순조는 왕비로 맞다(1802).

순조 비인 순원왕후는 김조순의 첫째 딸로 안동 김씨 60년 세도정치의 시작이었다. 23대 왕 순조의 장인이 되는 김조순의 본관은 안동 김씨지만 그가 살던 곳은 지금의 종로구 자하동인 서울 장동이었다. 당시 사람들은 그를 '장동 김씨'로 불렀고 서울 장동은 서인과 노론의 본거지였다.

김조순의 별장인 '옥호정'은 서울 삼청동에 있었는데 삼청동은 산이 맑아 산청山淸, 물이 맑아 수청水淸, 사람들이 맑아 인청人淸이라고 해서 붙여진 이름이다. 옥호정은 없어졌지만 '옥호정도'라고 하는 그림이 남아 있어 김조순의 세도를 말해주고 있다. 영의정을 세 번 지낸 김좌근은 김조순의 셋째 아들이다. 김조순이 죽고 아들 대에서는 김유근, 김좌근, 김문근이 세도를 누렸고, 손자 대에서는 김병기, 김병학, 김병국이 세도를 누렸다.

김좌근은 서울 교동에서 살았고, 김문근은 서울 전동에서 살았는데, 이들 세도가의 집 앞은 벼슬 자리를 얻으려는 사람들로 줄을 이었고 일명 장동 김씨 일가는 조선시대를 통틀어 가장 많은 정승을 배출한 집안이었다. 김조순 이후로 흥선대원군이 집권할 때까지 장동 김씨 일가들은 60년 동안이나 조선의 조정을 손에 쥐고 흔들었다.

안동 김씨 세도에 질려있던 순조는 아들 효명세자의 비로 풍양 조씨인 조만영의 딸을 맞았는데(1827), 효명세자의 비는 신정왕후로서 나중에 왕실 최고 어른이 되어 철종의 후사를 고종으로 지목한 바로 조 대비이다. 풍양 조씨의 조만영, 조인영, 조종영, 조병현 등이 조정의 요직을 장악하고 세도를 누렸다가 효명세자가 일찍 죽자(1830), 다시 안동 김씨의 세도로 돌아갔다.

순조가 죽고(1834) 효명세자의 8살 아들이 24대 왕 헌종으로 즉위했다. 헌종은 안동 김씨인 김조근의 딸을 효현왕후로 맞았고(1837), 안동 김씨인 순원왕후가 수렴청정을 하여 안동 김씨의 세도는 계속되었다. 핵심 세도가였던 김유근이 병이 나면서 조인영을 중심으로 풍양 조씨가 다시 세도를 누리기도 하였다(1839).

헌종이 죽자(1849) 강화도에 유배되어 살던 19살 농사꾼이 25대 철종으로 즉위하였고 철종은 1851년 안동 김씨인 김문근의 딸을 철인왕후로 맞았고, 안동 김씨의 세도정치는 계속 이어졌다. 철종이 죽자(1863) 순조의 며느리인 신정왕후 조 대비가 흥선군의 12살 둘째 아들을 지목하여 26대 고종으로 즉위되면서 세도정치는 끝났다.

60년 세도정치의 폐해는 이루 말할 수 없었는데 권력을 독점하는 세도정치는 그 이전 붕당정치 보다 수탈이 훨씬 더 심하였고 그 결과 삼정이 문란하여 졌다. 매관매직으로 된 수령들은 없는 땅에다가도 토지세를 부과하여 징수했고, 어린이와 죽은 사람에게도 군포를 물리고 뺏어갔다. 세금으로 뺏은 곡식을 다시 환곡으로 빌려주고 높은 이율을 붙였으니 어이없는 일이었고 무서운 세상이었다.

몰락 양반 홍경래가 영세농민, 중소상인, 노동자와 함께 평안도에서 난(1811)을 일으켰다가 실패하였지만, 민란의 시작이었다. 이양선이 출몰하였고 천주교를 박해했고, 동학이 창시되었다. 세도정치 말기로 가면서 백성들의 생활은 한계에 이르렀고 전국 각지에서 민란이 터져 혼란한 세상은 길었다.

3. 농민의 신음

조선 말기 농민들은 세금과 수탈로 신음했다. 세금으로 걷어간 곡식을 그 자리에서 환곡을 해주고 이자를 붙였으니 강도 같은 수탈을 당했다. 조선의 세금은 토지세인 전세와, 특산물에 부과하는 공납이 있었고, 군복무를 하지 않고 대신 세금으로 부담하는 군역과 요역이 있었다.

세금에 준하는 것으로서 구휼을 위해 곡식을 빌렸다가 추수 때 갚는 환곡이 있었다. 세금을 돈으로 받기 시작한 것은 갑오개혁 이후부터였고 그전에는 세금은 쌀, 특산물, 베, 또는 돈으로 납부했다. 조선의 토지세는 10%를 내는 과전법이 기준이었으며 흉년이 들거나, 토지가 비옥하지 않을 때에는 기준을 세분화하여 세금을 운용하게 되면서, 애매모호한 기준, 지방관리의 재량, 관리들의 부정이 문제를 발생시켰다.

군역 역시 면제, 대신입대와 같은 폐단이 발생하면서 문란해지기 시작했다. 삼정의 문란은 이러한 전정, 군정, 환곡을 집행하는 과정에서 온갖 편법이 동원되어 발생했다. 세도정치 아래에서는 매관매직이 성행하여 지방 수령들은 돈 주고 산 관직이라 농민들을 수탈하지 않을 수 없었다.

조선 후기 사회적 혼란의 원인 중 하나가 삼정의 문란이었다. 삼정의 문란을 참지 못한 백성들은 농민 봉기에 가담하거나 도적의 무리에 합류하였는데 홍경래의 난과 임술농민봉기도 농민에 대한 수탈이 원인이었다. 철종 때 삼정의 문란을 해결하려고 삼정이정청을 만들었지만 3개월만 운영되고 폐지되었고 흥선대원군 때 개혁정치를 통해 다소나마 시정이 이루어졌다.

민씨 세도정치에서 다시 매관매직이 성행하면서 농민에 대한 수탈이 더 극심해져 동학농민혁명의 발단이 되었다.

농민들에 대한 수탈은 한계에 다다를 정도였고, 수탈도 여러 가지 형태로 나타났다. 삼정의 문란 중 우선 전정의 문란이다. 토지가 없는데도 장부에 있는 것으로 허위 조작하여 세금을 걷거나, 아니면 세금을 부과할 수 없는 황폐한 토지에 부과하는 것이 백지징세이고 백지징세의 일종으로서 황무지에다 세금을 부과하거나, 아니면 경작하지 않고 놀리고 있는 땅에 세금을 걷는 것이 진결이다. 토지대장인 양안에 양전을 실시할 때 비옥한 전답의 일부를 양전에서 누락시켜 그 조세를 빼돌리는 것이 은결이고 세금을 정해진 액수 이상으로 징수하는 것으로 전정은 1결 당 미곡 4두인데 그 2배인 8두를 세금으로 걷는 것이 도결이다.

군정의 문란도 여러 가지 형태였다. 군정은 군역을 지지 않는 16세 ~60세의 남성이 내는 군포이다. 임진왜란 이후 병사의 대부분은 직업군인으로 변하게 되었고, 군역을 면제받거나 기피하는 현상이 늘면서 군적에 등록된 인구수와 군포를 내는 인구수와는 큰 차이가 있었다. 죽은 사람은 당연히 군역을 질 수가 없지만 사망자의 호적에서 사망 사실을 고의로 누락하고 계속 산 사람처럼 꾸며서 군포를 징수한 것이 백골징포이다. 군역을 지는 대상은 16~60세 남성들이었는데 16세가 안 된 어린이를 16세로 꾸며 군포를 징수하는 것이 황구첨정이고 반대로 60세를 초과한 노인을 60세 이하로 만들어 군포를 징수하는 것이 강년채이다. 세금을 못 내고 도망갈 경우 연좌제를 적용하여 친족이 대신 납부하도록 하는 것이 족징이고 오가작통법을 실시로 이웃 5가구 중 1가구가 세금을 안내고 도망칠 경우 다른 4가구에게 도망자 가구의 세금을 대신 내도록 하는 것이 인징이다.

정약용의 목민심서에 따르면, 딸을 아들로 바꿔서 징수하거나, 집에서 키우는 개와 곡식을 찧는 절구를 사람 이름으로 군적에 올려서 징수한 경우도 있었다고 한다. 군역의 폐단을 나타낸 정약용의 시 〈애절양〉 일부이다.

시아버지 삼년상 벌써 지났고 갓난아인 배냇물도 안 말랐는데	舅喪已縞兒未澡
이 집 삼대 이름 군적에 모두 실렸네	三代名簽在軍保
억울한 하소연 하려 해도 관가 문지기는 호랑이 같고	薄言往愬虎守閽
이정은 으르렁대며 외양간 소마저 끌고 갔다네	里正咆哮牛去早
(중략)	
부자집들 일 년 내내 풍악 울리고 흥청망청	豪家終世奏管弦
이네들 한 톨 쌀, 한 치 베, 내다바치는 일 없네	粒米寸帛無所損
다 같은 백성인데 이다지 불공평하다니	均吾赤子何厚薄
객창에 우두커니 앉아 시구편을 거듭 읊노라	客窓重誦鳲鳩篇

환곡의 문란 형태도 여러 가지이다. 춘궁기에 먹을 것이 없는 백성을 위해 곡식을 빌려주고 10%의 이자를 붙여 가을에 되받는 제도가 환곡으로 세도정치 때 삼정의 문란 중에서 가장 심각한 문란이 환곡의 문란 이었다. 많은 농민들은 생활이 어려워 해마다 곡식을 빌려먹고 살 수

밖에 없었다. 환곡을 이용하지 않겠다는 백성에게 강제로 곡식을 떠넘기거나 빌려주고 가을에 이자를 붙여 되받는 것이 늑대이다. 환곡은 처음에는 이자가 없다가, 상평창에서 담당하면서 이자를 받기 시작하여 6개월에 1할(10%, 연리 20%)였다. 조선 후기 들어 관리들은 이율을 멋대로 1/5, 1/3 수준으로 올렸고, 나중에는 이자를 6개월에 5할(50%, 연리 100%)까지 걷었는데 이를 장리라고 불렀고 장리가 환곡의 문란 중에서도 가장 악질적이었다.

빌려주는 곡식에다 쌀겨, 모래를 섞어서 주거나 물로 불려서 양을 속이는 것이 분석으로 횡령의 방법 중 하나인 분석으로 터진 게 임오군란이다. 농민이 곡식을 빌리지 않았는데도 곡식을 빌린 것으로 날조하거나, 빌린 양을 날조하여 환곡 출납장부를 허위로 조작하는 것이 반작이고 전임 관리자와 지방 아전이 결탁하여 창고에 있는 양곡을 횡령, 착복하고나서 장부상에는 있는 것처럼 거짓으로 기재하여 후임 관리자에게 인계하는 것이 허류이다. 권기환의 〈조선의 공무원은 어떻게 살았을까?〉에서 대부분의 향리는 지역 사회에 든든한 경제적 기반을 구축하고 있어서 정해진 봉급이 없었음에도 생계에는 큰 어려움이 없었다고 한다.

4. 평안도 지역차별

세도정치 시기에 흉년이 겹치고 일부 지역의 지역차별에 대한 불만이 노출되었다. 조선의 지배층은 영남, 호남, 호서 지역의 삼남지방 출신이 대부분이고 평안도, 함경도 지역 사람은 소외되었고 특히 평안도 지역은 더욱 소외가 심했다. 함경도 지역 사람은 그나마 조선 건국에 참여한 부분이 있어 소외가 덜했다. 평안도는 중앙정치로부터 소외되었고, 평안도 지역민은 이러한 차별에 분노했다. 이중환은 택리지에서 "평안도는 300년 이래로 높은 벼슬을 한 사람이 없었고, 서울 사대부는 이들과 벗하거나 혼인하지 않는다"고 했다.

난을 일으킨 홍경래는 몰락양반 출신으로 과거시험에서 낙방하고는 세상을 돌아다니며 농민들과 몰락양반들이 도탄에 빠져 있는 것을 실감했다. 평안도 가산 다복동 지역을 근거지로 한 홍경래는 우금칙을 만나 반란을 모의하게 되었고 10년 동안 봉기를 위한 준비로서 상인들과 접촉하면서 봉기에 필요한 자금을 모았다. 홍경래는 광산개발이라는 명분을 걸고 사람들을 끌어 모았다. 큰 흉년(1811)으로 민심이 흉흉한 상황에서 홍경래와 우군칙을 중심으로 평안도에서 몰락양반, 농민들이 모였다. 홍경래는 평서대원수가 되어 지역차별을 철폐하고 정권을 타도하겠다고 외치며 난을 일으켰다.

홍경래는 〈격문〉에서 "(상략) 무릇 관서는 기자와 단군 시조의 옛터로서 벼슬아치가 많이 나오고 급제하고 문물이 발전한 곳이다. 저 임진왜란에 있어서는 나라를 다시 일으켜 세운 공이 있으며, 또한 정묘호란에는 양무공 정봉수가 충성을 능히 바칠 수 있었다. 돈암 선우협의 학식과 월포 홍경우의 재주가 또한 이곳 서도에서 나왔다. 그러나 조정에서는 서토를 버림이 분토와 다름없다. 심지어 권문의 노비들도 서토의 사람을 보면 반드시 평안도 놈이라 일컫는다. 서토에 있는 자 어찌 억울하고 원통치 않은 자 있겠는가. (중략)"고 하여 조선의 서북지방인 평안도와 황해도를 차별한 사실에 대한 불만이 컸다.

이는 태조 이성계가 서북 지방 사람들을 등용하지 말라고 하는 유시를 내렸고 이 유시 이후로 서북지방에서는 유학보다는 상업활동이 성행하여 임상옥과 같은 거상도 나왔다. 그래서 평양을 중심으로 경제가 활발하여 '평양감사도 제 싫으면 그만'이라는 말이 나올 정도로 평양감사는 선망의 자리였다.

홍경래의 반란군은 한때는 정주성을 중심으로 청천강 이북 지역을 거의 장악하였고 점령한 읍에서는 지역의 토호나 관속을 유진장으로 임명하여 수령을 대신하게 하였다. 기존 행정체계와 관속을 이용하여 군졸을 징발하고 군량·군비를 조달하였다. 정부군은 송림리에서 홍경래 반란군을 공격하였고 홍경래 반란군은 송림전투에서 대패하여, 정주성으로 들어가 농성하게 되었다. 정부군은 땅굴을 파고 들어가 화약으로 정주성의 아래를 폭파시키고 성내로 돌입하여 함락시켰다(1812.4.). 홍경래의 난은 정주성에서 농성한 지 100여 일, 거병한 지 5개월 만이었고 홍경래는 총에 맞아 죽고 우군칙 등은 포로가 되어 한양으로 압송된 후 음력 5월에 참형되었다. 반란군 2,900여 명이 체포되어 여자와 남자소년을 제외한 1,900여 명이 처형되었다. 이로서 약 5개월 동안의 홍경래의 난은 실패로 끝났다.

5. 역적의 손자

홍경래의 난이 엉뚱하게도 한 사람의 운명을 바꾸어 놓았는데 바로 김삿갓 김병연이다. 김삿갓 김병연은 혼란했던 세상이 낳은 비극적인 한 사람으로 국가 일에 쓰일 수 있었던 출중한 능력을 가졌으면서도 제대로 쓰여 지지 못한 것이 아쉬운 사람이다.

강원도 영월군에는 김삿갓면이 있는데 이전에는 하동면이었고 김삿갓면으로 변경되었다(2009). 김삿갓면은 조선시대 김삿갓 시인 김병연의 묘가 와석리에 있어서 붙여진 면 이름이다. 영월군에는 김삿갓면 외에도 한반도면, 무릉도원면과 같은 특이한 지명이 있는 군이다.

김병연은 순조7년(1807) 경기도 양주에서 양반가문 김안근의 4형제 중 차남으로 태어났으며 4살 되던(1811) 평안도에서 홍경래의 난이 있었고, 그의 할아버지 김익순은 홍경래의 난이 있기 서너 달 전에 평안도 선천부사 겸 선천방어사로 부임해 갔다. 김익순은 홍경래 난의 반란군이 새벽에 쳐들어와 붙잡혀 결박당하고, 반란군 우두머리인 홍경래에게 무릎꿇고 항복을 하였다. 조선정부에서는 김익순을 역적이라고 하여 참수하였으나, 김익순의 가족들을 살려 주었다. 가족들은 김익순 집안에서 종으로 있던 사람의 황해도 고향집으로 피신하였고 도중에 김병연의 아버지는 죽고, 이후 어머니가 4형제들을 키워냈다.

김병연은 어려서부터 문장 솜씨가 뛰어났고 20세 되던 해에 강원도 영월 백일장에서 공교롭게도 시제가 김익순의 역적행위에 대한 것으로, 김병연은 김익순을 날카롭게 비판하는 글을 써 장원급제 하였다. 역적의 손자라는 사실을 모르고 사는 것이 나은 세상이었기에 김병연에게 알리지 않았던 것인데 뒤늦게 김익순이 자신의 할아버지라는 사실을 어머니에게서 듣고 큰 충격을 받게 되었다. 할아버지를 비판하는 글로 장원을 했다는 사실에 큰 수치심을 가진 김병연은 하늘과 얼굴을 가릴 정도의 큰 삿갓을 사서 쓰고 지팡이 하나 가지고 가족과도 이별하고는 전국 방랑길을 떠났다.

역사연구가 황원갑 칼럼의 풍자·해학 천재시인 '김삿갓' 탄생 120주년 칼럼 내용이다.

왕조 말 어지러운 시대의 그늘에서 좌절과 실의를 딛고 죽을 때까지 외로운 발길을 멈추지 않았던 김삿갓의 방랑 또한 그 나름대로 깨달음에 이르러 자신의 영혼을 구원하기 위한 구도행이나 마찬가지였을 것이다. 김삿갓은 이렇게 읊었다.

세상만사 이미 정해져 있거늘   萬事皆有定
뜬구름같이 덧없는 인생 공연히 서두르고만 있네.   浮生空自忙

[이코노미톡뉴스, 2017.6.17.]

호가 난고인 김병연은 자신의 이름을 김삿갓 또는 김립으로 대신했으며 36년을 방랑하다가 56세에(1863) 전라도 화순에서 방랑의 생을 마감했다. 그의 죽음 소식을 전해들은 아들이 아버지의 시신을 강원도 영월 노루목으로 운구하여 안장하였고 그가 죽은 화순군 동북면에는 도로명

'김삿갓로'가 있다.

영월군청은 김삿갓 묘가 있는 김삿갓면 노루목에 대하여 "노루목은 경치가 아름답고 살기 좋은 산촌으로 어둔 입구에 있는 시선 난고 김삿갓의 묘는 박용국 선생이 찾아내 성역화 하였다. 시선 난고 김삿갓의 묘는 버드나무 가지에 지은 꾀꼬리집 형상의 명당으로 안동 김씨 대종회 휴암공파 회장인 김천한씨가 비석을 세우고 매년 10월 1일 후손들이 찾아와 시제를 지내고 있다."고 설명한다.

6. 초군樵軍(나무꾼)의 난리

경상도 단성현에서의 민란이 '임술농민봉기(1862)'의 시작이었다. 단성현은 단계현과 강성현이 합쳐진 곳으로 당시는 3,000호 정도의 작은 소읍이었고 지금은 경상남도 산청군 단성면 지역으로 단성군으로 되었다가(1895) 일제강점기 때 단성군이 폐지되었다.

〈경란록〉의 기록이다.

"내가 태어난 해부터 난리의 서막이 시작되었으니, 바로 임술년 나무꾼(초군)의 난리이다. 이 난리의 원인은 삼남 지역의 수령들이 백성을 제대로 돌보지 않고 오로지 탐욕만을 부려 백성들이 도저히 견딜 수 없었기 때문이었다."

단성민란의 문제는 환곡의 폐단이었다. 환곡은 춘궁기에 곡식을 빌려주고 가을 추수 때 갚는 구휼제도였는데 이걸 악용하여 빌려줄 때는 쌀겨를 섞어서 빌려주고 갚을 때는 원곡으로 받았고 거기다 이자로 10% 이상을 추가해서 받아 농민들의 원성을 사고 있었고 단성현이 전국에서 환곡의 폐해가 가장 심한 지역이었다. 단성현감과 군속들의 착복과 횡령도 극심하여 부패가 심할수록 농민들의 부담은 늘어나 이에 단성의 지역 토호들은 단성현으로 몰려가 현감과 단속들을 몰아내고 단성현을 장악하기도 했으나 민란을 수습하는 과정에서 조선정부로부터 환곡을 탕감받고 끝났다.

단성현과 맞붙어있는 경상도 진주목晉州牧에서 진주민란이 일어나 임술농민봉기를 '진주농민봉기'라고도 한다(2월18일). 진주목 농민들은 옆동네나 다름없는 단성현의 농민봉기에 자극을 받았는데 경상우도병마절도사 백낙신의 탐학이 극에 달했다. 지금의 진주시 수곡면인 진주목 수곡장터에서 농민들은 류계춘의 지도 아래 머리에 흰 두건을 쓰고 죽창을 들고 봉기를 일으켰는데 농민 봉기군은 스스로를 '초군(나무꾼)'으로 불렀고, 흰 두건을 썼다고 해서 진주민란을 '백건당 사건'으로 부른다.

진주목을 4일 동안 점령한 농민 봉기군은 탐학(탐욕이 많고 포악함)한 관리들을 처단하고 스스로 해산했으나 조선정부는 박규수를 안핵사로 보내 민란의 주동자들을 처형하고, 백낙신을 강진군 고금도로 유배 보내고 수탈한 재산을 몰수했다. 진주시 수곡면 창촌리에는 '진주농민항쟁기념공원'이 있다.

진주농민항쟁기념공원에 있는 〈진주농민항쟁기념탑〉에는 "조선시대 말기에 조세제도가 문란해지고 수령과 아전의 비리와 토호의 수탈이 심해지자 이에 대항해 주민들이 장시를 철거하고 집단 시위에 나서게 되었다. 진주농민항쟁은 1862년 2월14일 덕산장 공격을 계기로 진주목 전 지역으로 확산되다가 2월23일 농민군이 해산함으로써 일단락되었다. 이 항쟁의 핵심 세력은 농민, 그중에서도 초군樵軍(나무꾼)이었다. 이 항쟁을 이끌었던 지도자로는 양반 출신의 류계춘 등이 있었다."라고 기록되어 있다.

단성민란과 진주민란을 시작으로 경상도, 전라도, 충청도, 북부지역에 걸쳐 38개 지역에서 농민들이 봉기했다(1862.5월). 6월부터 9월까지 민란은 잠잠하였다가 10월 이후부터 다시 시작되어 제주도까지 10개 지역에서 농민들이 봉기하였다. 임술농민봉기는 전국 각지에서 일어났지만 아직까지는 지역 단위의 봉기였으며, 임술농민봉기가 있고 나서 32년 후인 1894년 동학을 바탕으로 한 전국 규모의 동학농민혁명이 일어났다. 진주민란에 대해서는 '진주초군작변등록'에 민란의 원인, 주모자, 진행과정, 수습과정, 처벌에 대한 상세한 기록을 남겨 놓았다.

2월에는 단성민란과 진주민란이 있었고, 3월에는 함양민란, 장수민란, 영광민란, 거창민란, 익산민란, 능주민란, 무주민란 등 7개 지역에서 농민봉기가 있었다. 4월에는 울산민란, 선산민란, 개령민란, 인동민란, 함평민란, 군위민란, 비안민란, 함창민란, 밀양민란, 평택민란, 현풍민란 등 11개 지역에서 농민봉기가 있었다. 5월에는 고산민란, 부안민란, 은진민란, 공주민란, 회덕민란, 금구민란, 강진민란, 청주민란, 장흥민란, 회인민란, 문의민란, 상주민란, 순천민란, 임천민란, 진잠민란, 연산민란, 진천민란, 옥천민란 등 18개 지역에서 농민봉기가 있었다.

그러다 10월 이후부터 연말까지 청안민란, 함흥민란, 경주민란, 신녕
민란, 연일민란, 창녕민란, 광주민란, 황주민란, 남해민란, 제주민란 등
10개 지역에서 농민봉기가 이어졌다.

7. 솔뫼에서 새남터

한국인 최초 가톨릭 신부인 김대건 신부는 2021년이 탄생 200주년이
되는 해로 '2021년 유네스코 세계기념인물'로 선정되었다. 김대건은 지
금의 충남 당진시 우강면에 있는 솔뫼마을에서 대대로 천주교를 믿는 집
안에서 태어나(1821), 은이성지에서 파리 외방전교회 선교사 피에르 모방
신부에게 세례를 받았고(1836), 신학생으로 발탁되어 기초적인 신학 공부
를 시작하였다. 김대건은 최양업, 최방제와 함께 조선을 떠나(1836.12), 목
적지 마카오에 도착하여(1837.6) 마카오 신학교에서 신학공부를 하였고,
상해 진쟈샹 성당에서 세 번째 조선교구장 장조제프 페레올 주교의 집전
으로 가톨릭 사제 서품을 받았다(1845.8).

조선 입국을 위해 김대건 신부는 페레올 주교와 다블뤼 신부를 모시
고 함께 갔던 천주교 신자들과 배를 타고 상해항을 떠났다가 서해 바다
에서 풍랑을 만나 표류하다가 제주도에서 배를 수리하고 금강 하류의 나
바위에 도착했다(1845.10).

김대건 신부는 기해박해 당시 선교사들의 순교로 어려운 상황 속에

서도 사목활동을 했는데 1846년 6월 천주교 선교사들이 들어올 수 있는 항로를 그린 지도를 중국 어선에 넘겨주려다가 연평도 부근에서 관헌들에게 체포되어 모진 고문을 받았다(1846.6). 김대건이 신학공부와 사목을 위해 외국인과 접촉한 사실로 처벌해야 한다는 영의정의 주장에 따라 천주교를 믿는다는 죄로 참수형을 선고받았고(1846.9.15.), 새남터에서 천주교 사제로 참수되었는데(1846.9.16.) 이것이 병오박해이다.

김대건 신부가 순교하기 직전에 남긴 유언이다. "나는 이제 마지막 시간을 맞았으니 여러분은 내 말을 똑똑히 들으십시오. 내가 외국인들과 교섭한 것은 내 종교와 내 하느님을 위해서였습니다. 나는 천주를 위해 죽는 것입니다. 영원한 생명이 내게 시작되려고 합니다. 여러분이 죽은 뒤에 행복하기를 원하면 천주교를 믿으십시오. 천주께서는 당신을 무시한 자들에게는 영원한 벌을 주시는 까닭입니다."

새남터는 지금의 서울 용산구 한강의 모래사장으로, 풀과 나무를 의미하는 새나무터에서 유래한 이름으로 주문모, 김대건 등 11명의 가톨릭 신부들이 순교한 장소이다. 새남터의 정확한 위치는 확인되지 않지만 용산구 이촌동에 순교를 기념하는 새남터 기념성당이 지어졌다. 김대건의 시신은 새남터 모래밭에 가매장되었다가 천주교 신자가 시신을 수습하여 경기도 안성에서 장례를 치렀다.

〈헌종실록, 헌종12년〉 김대건 신부에 관하여 "임금이 희정당에 나아가 대신과 비국 당상을 인견하였다. 사학 죄인 김대건을 효수하라고 명하였다. 김대건은 용인 사람으로서 나이 15세에 달하나 광동에 들어가서 양교를 배우고, 계묘년(1843)에 현석문 등과 결탁하여 몰래 돌아와 도하에서 교주가 되었다."라고 기록했다.

　　천주교는 17세기 사신들에 의해 처음 국내로 소개되어 서학으로 불렸고 조선정부는 초기에는 천주교에 대해 시간이 가면 사라질 것으로 보았다. 18세기 후반에 상민, 중인과 여성들 사이에서 퍼지기 시작하여 신자가 늘어나면서 예학을 중시하는 유교적인 조선의 가치관과 인간이 평등하다는 천주교 교리는 서로 충돌하였다. 조선정부는 천주교를 사악한 종교로 규정하였고 서양 세력을 반대하는 척화사상을 근거로 박해의 대상으로 삼았다.

　　명례방 사건(1785)이 천주교 박해의 시작이었다. 천주교도들이 역관 김범우의 집이 있는 서울 명례방(지금의 명동)에서 '명례방공동체'를 결성하고 미사를 보았는데 이 일로 김범우가 유배지에서 사망하여 조선 천주교의 첫 희생자가 되었다. 그 후 신해박해(1791) 신유박해(1801), 기해박해(1839)의 3대 사옥과 병인박해(1866)를 포함한 4대 박해에 걸쳐 수천 명의 천주교인들이 목숨을 잃었다.

　　1886년에 가서야 조선과 프랑스가 맺은 조약으로 천주교는 종교로 인정을 받게 되었다.

　　〈정조실록, 정조15년〉 진산사건에 관하여 "제사를 폐지하는 것으로도 부족해서 위패를 불태우고 조문을 거절하는 것으로도 그치지 않고 그 부모의 시신을 내버렸으니, 그 죄악을 따져 본다면 어찌 하루라도 이 하늘과 땅 사이에 그대로 용납해 둘 수 있겠습니까...." 라고 기록하고 있다.

　　신해박해 또는 진산사건(1791)으로 전라도 진산의 양반 윤지충과 권상연은 윤지충의 어머니가 돌아가셨을 때 신주를 불사르고 천주교 식으로 장례를 치룬 일로 두 사람은 아버지도 모르고 임금도 모르는 사악한 종교를 신봉하였다고 하여 사형당한 사건이 있었다. 천주교 신자들이 유교식 제사를 거부하는 것은 천주교 탄압의 명분이 되었고, 시간이 지나면서 천주교는 권력다툼의 희생양으로 삼기 시작했다.

신유박해가 있었는데(1801), 순조가 즉위하고 정순왕후가 수렴청정하면서 천주교를 이유로 정약용, 권철신 등을 제거하였는데 이때 선교사 주문모와 천주교인 100여 명이 처형되었고 400여 명은 유배되었다. 이어서 황사영백서 사건이 발생했는데, 명주천에 썼기 때문에 '백서'라고 하였고 황사영은 백서에 순교사실과 천주교 박해를 막기 위해 외국 군대를 요청하는 내용을 기록하여 전달하려다가 백서가 발각되어 황사영이 대역죄인으로 능지처참을 당했다. 백서의 원본은 주교 뮈텔이 1925년 교황 비오11세에게 바쳐 지금은 로마 교황청 민속박물관에 소장되어 있고 교황청은 200부를 영인하여 세계 가톨릭국가에 배포하였다.

기해박해 때(1839)에는 풍양 조씨 가문이 천주교 신자가 많았던 안동 김씨 세력과 충돌하여 천주교도 118명이 순교하였고 이후 풍양 조씨 가문이 정권을 잡았다. 이 외에도 을해박해 (1815), 정해박해 (1827), 병오박해 (1846), 경신박해 (1860)가 있었고 수 많은 천주교 신자들이 순교하였다.

8. 사람이 곧 하늘

동학이 창시(1860)된 것은 세도정치 시기로 세상은 혼란했고, 백성들은 살기 어려웠다. 천주교가 들어와 온갖 박해 속에서도 교인들은 늘어갔고 제사를 금지하는 천주교의 교리로 인해 유교사회인 조선에서는 갈등이 심했다. 이런 가운데 유교, 불교, 도교가 융합된 새로운 종교로서 동학이 창시되었다.

동학 창시자 최제우는 몰락한 양반으로 경주에서 출생하였고(1824), 20대에는 장사를 시작하여 10년 동안 전국을 누비며 혼란한 세상을 눈으로 보고 다녔다. 30대가 되어 최제우는 장사를 그만두고 고향 경주의 용담집에서 기도를 통해 혼란한 세상과 고통받는 사람들을 구원하고자 오랜 기도생활을 한 끝에 깨달음을 얻어 한울님을 만나는 종교적인 체험을 하였고 종교로서의 교리체계를 세웠는데 이때가 36세 되던 해(1860)였다.

동학 교리의 중심은 '사람이 곧 하늘'이라는 인내천人乃天 사상으로서 사람을 섬기는 것이 곧 하늘을 섬기는 것天心卽人心이며, 모든 사람은 하늘처럼 떠받들어질 존재라는 사상이었다. 동학은 사람답게 사는 새로운 세상을 세우자는 이념을 바탕으로 모든 사람이 평등하다는 평등사상이며, 이러한 동학의 기본사상은 최제우가 저술한 2개의 경전인 〈동경대전〉과 〈용담유사〉에 들어있다. 〈동경대전〉은 포덕문·논학문·수덕문으로 구성되어 있고, 〈용담유사〉는 한글 가사체로 용담가·안심가·교훈가·권학가 등으로 되어 있다.

최제우의 〈동경대전 포덕문〉 일부이다. "두려워하지 말고 두려워하지 마라. 세상 사람들이 나를 상제라고 하는데, 너는 상제를 모르느냐?"
라고, 스스로 자신을 상제라고 소개하는 신비한 목소리가 들려왔다. 그
래서 "어떠한 연유로 저에게 이렇듯 찾아오셨습니까?"라고 여쭈니,

대답하기를, "나 역시 이룬 공이 하나도 없다. 그런 까닭으로 너를 세
상에 내어, 이 법으로 사람들을 가르치게 하려 하니, 조금도 의심하지 말
고 의심하지 말라."

최제우는 동학 포교를 시작하여 2년 만에 경상도 지역 10여 곳에 접
소와 접주를 두었고, 교인 수가 3,000여 명에 이르게 되었고 특히 삼정의
문란으로 고통 받는 농민층에서 동학이 빠르게 확산되었다. 어려운 힘든
세상에서 동학의 교세는 크게 성장하였지만 조선정부는 동학을 이단이
라고 규정하여 최제우는 1864년 1월 '삿된 도道로 세상을 어지럽힌 죄'로
경주에서 체포되었고, 40세에 대구에서 처형되었다(1864.4.15.).

최제우의 순교 이후 2대 교주가 된 최시형은 동학 포교와 함께 〈동
경대전〉 경전을 간행하면서 동학의 교리를 정비하였고 포접제를 시행하
면서 동학의 세력을 확장해나갔다. 최제우 처형에 대한 교조 신원을 내
세우면서 농촌 사회에 깊이 파고들었고 경상도 영해에서 일어난 이필제
의 난(1871)은 동학과 결합되어 농민운동의 시작이 되었다. 그 후 동학은
남접과 북접으로 나뉘어 북접은 온건파가 이끌었고, 남접은 급진파가 이
끌었으며 교조신원운동인 삼례집회와 보은집회를 통해 점차 반봉건 성
격을 띄었다.

[담론 1]

〈경란록〉의 기록이다.

"상신 조두순이 시국을 바로잡을 방도를 임금께 아뢰니, 임금께서 삼정에 관한 올바른 정책을 제출하라고 하여 경향에 포유(왕의 뜻을 널리 알림)하고 구언하자, 경륜이 있는 선비들이 치안하는 방도를 글로 지어서 많이 올렸다. 그렇지만 조정은 형식적인 문구로만 돌리고 하나도 채택하지 않았으니, 이 어찌 세상을 다스리고 백성을 편안하게 해야 하는 조정의 정책이란 말인가."

조두순은 정조 때 출생했고(1796), 74세에 사망했는데(1870), 동학농민혁명의 단초를 제공한 고부군수 조병갑은 조두순의 조카이고, 조병갑에게 조두순은 큰아버지였다. 조카인 조병갑과는 달리 조두순은 영의정까지 지내며 순탄한 관료생활을 했으며 흥선대원군의 신임을 받았고 천주교 탄압에도 앞장섰던 사람이다. 그런 조두순이 시국에 대한 방안을 왕에게 건의하였고, 왕은 국민들의 불만을 사고 있는 삼정에 대한 정책방안을 널리 받고자 했다. 많은 정책에 대한 글을 올렸지만 하나도 채택된 것은 없었고 형식적인 문구로만 돌렸다고 했다. 언로는 있었지만 개선할 정책을 실행하지는 못했고 이유야 어떻든 현재의 상태를 개선할 의지도 없었고 생각도 없었다.

중앙관료들은 지방 수령들로부터 뇌물 챙기는데 바빴고 지방의 수령들은 농민들 수탈에 몰두했다. 이때에도 일반 백성들은 오로지 수탈의 대상이었고 생활고에 시달린 백성들이 할 일은 민란이었다. 임술민란은 단성과 진주를 시작으로 단시간에 전국으로 퍼져 임술년은 민란의 해였다. 경상우도 병마절도사 백낙신은 무관이면서 진주목사 홍병원과 함께 농민들을 수탈하여 백낙신은 탐관오리의 대명사가 되었다(1862). 2014년 개봉된 영화 〈군도, 민란의 시대〉는 임술민란이 배경이었다.

세도정치 시대에 조선정부는 의견을 구한다고 백성들에게 널리 알렸고 그것이 다였다. 뜻 있는 선비들이 백성들의 현실을 글로 지어 올렸지만 허사였다. 이미 조선 말기의 정부는 백성들을 잘살게 하는 것과는 거리가 멀었다. 철종이 죽고 고종이 왕이 되면서 안동 김씨의 세도정치도 함께 끝났다. 흥선대원군의 섭정이 기다리고 있었다.

[경란록으로 본 세상 1]

■ 대개 사람이 태어나 다행히 태평성대를 만나게 되면 전란이 어떤 것인지 모르고, 재질과 기품의 우열에 따라 훌륭한 사람은 나라에 쓰이고, 중간인 자는 가정에 쓰이고, 아래인 자는 늙어 죽을 때까지 농사일을 한다. 생각하려고도 하지 않고 알려고도 하지 않으면서 밥이나 배불리 먹고 배를 두드리며 풍년을 즐기는 것은 이 모두 일 민逸民이 누릴 완전한 복이다.

아, 나는 천부적으로 운명이 기박하여 혼란한 시대에 태어나고 혼란한 시대에 성장하였으며 혼란한 시대에 늙었다가 마침내 차마 볼 수도 없고 말할 수도 없는 일을 만났으니, 어찌 이 지경에 이르러 시종 한결같이 매우 어지럽고 무서운 세상 한가운데에서 벗어날 수 없단 말인가. 이전 시대 사람의 이른바 '좋지 않은 시대에 태어났다' 는 탄식은 실로 나를 위해 준비해 둔 말이다.

(일민: 학문과 덕행이 있으면서도 세상에 나서지 않고 초야에 묻혀 지내는 사람을 말 한다.)

■ 우리 조선은 중엽 이후 100여 년 동안 전란을 겪지 않고 나라가 태 평하여 아무 일이 없었다. 내가 태어난 해부터 난리의 서막이 시작 되었으니, 바로 임술년(1862) 나무꾼(초군)의 난리이다. 이 난리의 원

인은 삼남 지역의 수령들이 백성을 제대로 돌보지 않고 오로지 탐욕만을 부려 백성들이 도저히 견딜 수 없었기 때문이었다.

■ 영남 영해군에서 시작해 나무꾼과 목동들이 각자 몽둥이를 들고 누런 두건을 머리에 두르고 수천 명이 일제히 봉기하여 제일 먼저 부사 이정을 살해하였다. 이 난리는 점차 한양으로 가는 길로 올라왔다. 군郡마다 학정에 핍박을 받았던 백성들이 무뢰배와 함께 시간이 지날수록 더욱 늘어나 그 형세가 매우 성대하였다. 여러 지역의 군수들이 모두 도망가고 토호와 양반가문이 모두 공격을 받아 파산하였다. 이런 난리가 충청도 영동, 옥천, 문의 지역까지 이르렀다. 경군京軍과 지방대地方隊가 봉기한 백성을 토벌하여 해산시키자 난리가 비로소 진정되었다. 조정에서는 영해부사 이정이 난리에 절개를 지키다가 죽은 것을 기리기 위해 충민공이라는 시호를 내려주었다. 그리고 난리의 우두머리를 효수하였다.

(효수: 참형 등에 처한 후 그 머리를 장대에 매달아 거리에 전시하는 형벌)

■ 상신 조두순이 시국을 바로잡을 방도를 임금께 아뢰니, 임금께서 삼정에 관한 올바른 정책을 제출하라고 하여 경향에 포유布諭하고 구언하자, 경륜이 있는 선비들이 치안하는 방도를 글로 지어서 많이 올렸다. 그렇지만 조정은 형식적인 문구로만 돌리고 하나도 채택하지 않았으니, 이 어찌 세상을 다스리고 백성을 편안하게 해야 하는 조정의 정책이란 말인가.

■ 세상에 담론하는 자가 다음과 같이 평한다.

영해부사 이정은 바로 유현의 후손이며 대대로 벼슬살이를 한 명문가 출신이다. 당연히 지조를 지키고 염치를 숭상하며 근면하게 백성을 다스려야 하는데, 도리어 백성을 학대하고 탐욕을 일삼아 민요까지 발생하여 살해를 당하였으니, 화란을 실로 자초한 것이다. 그런데 조정에서는 탐관오리를 충신으로 삼고, 비명횡사를 절의를 지키다가 죽은 것으로 여겨 아름다운 시호로 포양하고 그 자손에게 녹을 내려주니 참으로 선악의 구분이 없다고 할 수 있겠다. 세상을 다스리는 정령이 어찌 이처럼 잘못될 수 있단 말인가?

[동학농민기념재단(www.1894.or.kr) 사료아카이브]

제2편

난
세
에

자
라
고

이범석이 〈경란록〉에서 난세에 자랐다고 했던 기간은 출생한 다음 해(1863)부터 31세였던 동학농민혁명이 있기 전(1893)까지로 보았다. 30여 년의 기간은 병인양요, 신미양요를 거치면서 쇄국으로 10년을 보낸 후 준비되지 않은 개항으로 국내적으로는 수구파와 개화파가 충돌을 했고 국외적으로는 외세의 개입과 경제 침탈을 불러왔던 기간이었다.

유생들의 반발로 홍선대원군이 물러나고 고종이 친정을 하면서 민 씨 척족들의 세도가 시작되었고 나라도 문을 열었다. 일본은 군함을 몰 고 와서 강화도를 공격했고 조선과 일본은 개항을 위한 조약을 맺었다. 개항에 따른 행정개편과 신식군 창설로 재정 부담이 커지면서 백성들의 세금부담도 증가했다. 위정척사파들은 문호개방을 목숨 걸고 반대하였 고 유생들은 홍선대원군의 재집권을 시도했다. 민씨 척족 세도는 매관매 직을 불러왔고, 지방관리들의 수탈로 이어져 농민들의 어려움은 삼정이 문란하던 때를 능가했다.

개항 이후 이범석이 20세 때(1882) 구식군인들의 폭동이 일어났고 22세 때(1884) 갑신정변이 있었다. 불만은 구식군인들에게서 먼저 터졌고, 모래와 쌀겨가 섞인 쌀을 지급받은 구식군인들은 군란을 일으켰다. 사태 수습을 위해 홍선대원군이 재집권했지만 30일 이었고, 민씨 척족들의 요구로 고종은 청나라군을 불러들였고 청나라군은 반란 군인들을 처형하면서 군란이 끝났다.

일본의 지원을 믿고 급진개화파는 정변을 일으켰으나 청나라군의 정변세력에 대한 대대적인 공격으로 정변은 3일천하로 끝났다. 이로서 청나라는 조선에 대한 내정간섭을 강화했고, 정변발생에 책임이 있던 일본은 오히려 새로운 조약을 강요하며 이익을 챙겼다. 이 시기에 조선은 쇄국과 개항, 민씨 세도로 인한 부패, 수구파와 개화파의 갈등으로 열강들의 외세 개입과 경제 침탈의 기회를 만들어 주었다.

제2부

쇄국 시기
(1863~1873)

1. 운현궁 풍운아

흥선군 이하응은 풍운아이면서도 난세의 전략가로 왕실의 최고 어른이고 풍양 조씨인 신정왕후 조 대비에게 접근해 철종의 계승자로 흥선군의 둘째 아들 이명복을 지명해 주길 언질해놓은 상태였다. 철종이 사망하자, 조 대비는 흥선군 이하응의 둘째 아들 12세 이명복을 익성군으로 봉하고 익종의 대통을 계승하여 왕위에 오르게 하고 수렴청정 (1863~1866.2) 하였다. 고종이 즉위하면서 흥선군은 흥선대원군으로 봉해졌고 어린 왕의 아버지로서 국가 권력을 손에 쥐었지만 10년 후 1873년 흥선대원군을 비판하는 상소가 이어지는 가운데 고종이 성인이 되어 친정을 해야 한다는 유생들과 민씨 척족들의 주장으로 흥선대원군은 섭정을 거두어야 했다.

〈경란록〉의 기록이다.

"우리 황제께서 경운궁(덕수궁)에 입궐하여 대통을 계승하자 대원군이 국정을 주도하여 대규모로 궁실을 중건하고 매관매직하여 백성의 고혈을 빼앗고, 원납이라는 명색으로 세금을 마구 거두었다."

홍선군 이하응은 순조 때(1821) 지금 서울 안국동 안동궁에서 출생했으며, 홍선군의 아버지 남연군은 조선 16대 왕 인조의 넷째아들 인평대군의 6대손으로 젊어서 한직이나마 지내기는 했지만 난과 그림을 그려서 양반이나 중인들에게 팔면서 생계를 유지했다. 풍수지리를 믿었던 홍선군은 자손 중에 왕이 2명 나온다는 풍수가의 말에 따라 아버지 남연군 묘를 충남 예산 구만포로 이장하고 때를 기다렸던 사람이다.

왕족들도 안동 김씨 세도 아래에서 숨을 죽이며 사는 생활을 하였고, 홍선군 역시 시정잡배들과 어울려 세도 가문의 잔칫집이나 찾아다니며 걸식도 마다하지 않을 정도였다. 안동 김씨 세도가들은 이런 홍선군을 특히 업신여겼고, 전략가인 홍선군은 때를 기다리며 참고 살아남아야 했다.

소설가 김동인의 〈운현궁의 봄〉 일부이다.

"'상갓집 개라!' 이 상갓집 개는 내일도 또한 병기의 집을 찾아보자. 수모를 하면 수모를 하느니만큼 더욱 자주 찾아보자. 샅 틈으로 기어나간 한신이 있지 않으냐? 그만 수모를 무엇을 탓할 것인가? 임시, 한때를 기약하는 것이 아니다. 먼 장래를 위하여 온갖 수모를 참고 온갖 고난을 참자. 한때의 울분을 참지 못하여 제노라고 우쭐거리다가 큰일을 저지르면 어리석은 노릇이다."

상갓집 개는 흥선대원군을 가르키고, 병기는 안동 김씨의 김병기로
서, 소설가 김동인은 흥선군의 모습이 겉은 술에 취해 사는 모습이었지
만, 실제는 대장부로서 기개가 있었다고 했다. 흥선군은 왕족이면서 김
씨 가문을 찾아다니며 궁도령이라는 비웃음을 샀고 김씨 가문의 잔칫집
에 가서는 식은 전 조각에다가 침을 뱉어 땅에 던져주면 그것을 주워 도
포 자락에 닦으면서 게걸스럽게 먹는 모욕을 감수하기도 했다.

철종 말기에는 안동 김씨 세도정치가 극심해져 왕실 사람들도 무사
하지 못했는데 도정궁 이하전이 탄핵을 당하여 제주도에 유배된 뒤 사사
되었고, 경평군 이승응도 탐학을 이유로 유배되는 등 왕실 사람들조차
안전이 보장되지 못했다.

운현궁은 흥선대원군 이하응과 여흥부대부인 민씨의 사저이자, 그
의 아들인 26대 왕 고종의 잠저, 즉 왕이 즉위하기 전에 거주하던 사저이
다. 흥선군의 둘째 아들이 왕이 되면서 그의 사저가 운현궁이라는 이름
을 가지게 되었는데, '운현'은 천문을 맡아보는 '서운관 앞의 고개'라는 뜻
을 가지고 있다. 고종과 민비의 혼례식(1866)도 운현궁에서 올렸는데, 그
위치는 지금의 서울 종로구 운니동이다.

흥선대원군은 고종이 왕이 된 뒤 운현궁을 대대적으로 증축공사를
하였고, 낙성식을 할 때는 고종, 조 대비, 철종비를 모시고 거행하였으며
흥선대원군은 고종을 대신하여 섭정을 하면서 운현궁에서 주로 집무를
보았다. 운현궁은 사적 257호로 지정되었고 노안당, 노락당, 이로당과

부속 행랑채로 구성되어 있으며 그 후 새로 지은 건물은 현재는 덕성여자대학교에서 사용하고 있다.

세월이 가면 권력의 중심에 있던 곳도 변화의 바람을 피할 수 없다. 일제는 강점기에 토지조사를 하면서 대한제국의 황실재산을 몰수하였고 이때 운현궁도 국유화 하고 왕가와 관련한 사무를 '이왕직'이라는 조직을 두어 관리하였고, 이왕직의 장관으로 하여금 운현궁을 관리하게 하였다. 해방 이후 미군정청은 운현궁을 흥선대원군의 5대손인 이청에게 소유권을 넘겨주었고, 이청은 운현궁 유지관리에 어려움이 많아 서울시에 소유권을 넘겨(1993), 현재 서울시가 관리하고 있다. 160년 전에는 권력의 최고 정점에 있던 곳이었지만 지금은 전통혼례, 전시, 행사대관, 체험공간으로 운영되고 있어 세월의 무상함을 느끼게 한다.

2. 원망의 원납전

조선 개국으로 세워진 정궁으로서 경복궁은 임진왜란 때 불타고 폐허 상태였고 조선의 어느 왕도 파괴된 경복궁의 복구에 엄두를 내지 못했다. 경복궁 중건사업은 워낙 돈이 많이 들어가는 토목사업이다 보니 조선의 국가재정으로 감당하기에는 벅찬 사업이었다. 흥선대원군은 경복궁 중건이야말로 안동 김씨 세도가문에 집중되어 있던 국가권력을 정상화 시키고 왕권의 위엄을 확실히 보여준다고 믿었던 것이다.

경복궁 중건은 41개월 동안(1865.4-1868.7)의 일이다. 1865년 4월 수렴청정을 하던 신정왕후 조대비는 경복궁 중건의 총책임을 흥선대원군에게 맡기는 것으로 조치했고 조선정부는 경복궁 중건을 담당할 조직으로 영건도감을 설치하였고 영건도감에는 영의정 등 유력한 관료들이 직책을 맡았다. 흥선대원군은 전면에 나서지 않으면서 자신을 따르는 사람들을 영건도감에 배치했고 영건도감을 통해 흥선대원군은 국가권력을 장악해 나갔다. 영건도감은 1865년 4월13일을 길일로 잡아 공사를 시작했고 창덕궁과 경희궁이 존재하지만, 경복궁 중건은 왕권을 강화하기 위한 목적이었으므로 규모 면에서는 조선 초기 경복궁보다 훨씬 더 크게 설계했다.

이한우의 〈왜 조선은 정도전을 버렸는가〉에서 보면 경복궁 복원을 통해 왕실의 권위를 회복하려던 구상을 갖고 있던 흥선대원군은 경복궁 복원에 맞춰 경복궁과 떼려야 뗄 수 없는 인연을 갖고 있던 정도전의 명예를 회복시켜 줌으로써 경복궁 복원의 의미를 더 높이려 했던 것이라고 했다. 그리고 정도전은 1차 왕자의 난 때 이방원에게 목이 날아가고 무려 470여 년 만인 1871년 5월5일 명예회복을 할 수 있었다고 했다.

삼봉 정도전은 고려 말기 지금의 경상북도 영주시에서 출생한 사람으로(1342), 태조 이성계를 도와 조선을 건국한 최고 공신 중 1명이었다. 정도전의 주도 하에 조선의 수도를 한양으로 천도했고, 무엇보다 토지제도를 개혁하여 권문세족들이 차지한 땅을 되찾아 백성들에게 나누어 주었다. 56세에 비참한 최후를 맞았으며, 재상이 다스리는 나라를 꿈꾼 정도전은 태종 이후 흥선대원군 이전까지 역적으로 몰려 그의 묘 조차도 알려지지 않고 있으며 경기도 평택에 가묘가 있을 뿐이다.

경복궁 중건 경비는 〈원납전〉으로 충당했으며, 원납전은 스스로 원해서 내는 돈을 뜻하였지만, 실제는 강제성을 가진 돈이었다. 조선정부는 원납전을 많이 낸 사람들에게는 관직을 주는 방식으로 보상도 해 주었는데, 이것도 줄 수 있는 자리가 한정적이어서 한시적으로 시행될 수밖에 없었고, 원납전에 대한 사람들의 원망도 커졌다. 원납전은 벼슬을 사고 파는 매관매직의 부패로 이어졌고 이래저래 스스로 납부한다고 하는 이름뿐인 원납전이었다. 경복궁 중건을 위해서 원납전 외에도 추가적인 재원이 필요했고, 〈당백전〉과 〈문세〉가 대책이었다. 당백전 발행은 물가상승과 경제의 혼란을 부추겼고 아울러 4대문 출입할 때 통행세인 〈문세〉를 거둠으로서 흥선대원군에 대한 유생들과 백성들의 불만은 쌓여갔다.

공사가 진행되면서 교태전을 시작으로 강녕전, 연생전, 경성전 등 전각이 모습을 드러냈으며 광화문, 건춘문, 신무문, 영추문의 궁문 공사도 진행되었다. 1866년 3월 경복궁 중건 공사 도중 대화재가 발생하였고, 쌓아둔 목재가 모두 타버려 공사가 중단될 처지에 있었고, 대왕대비인 조대비는 대신들을 불러 수렴청정을 거두겠다고 발표하였다.

흥선대원군은 "지금까지 벌목한 나무는 국유림에서 가져온 것이니 지금부터는 산 주인과 묘 주인의 허락 여부는 상관하지 말고 사유림에서 벌목하도록 하라! 이것은 국가의 성스러운 일이니 그대 집안 선대가 영험이 있다면 필시 즐거하며 도움을 줄 것이다"라고 무리를 하면서 중건 공사를 계속했다.

흥선대원군은 양반 소유의 선산 묘지에 있는 나무까지 벌목하게 하였고, 백성에게는 노역을 부과하여 양반과 일반 백성 모두의 원성을 샀다. 그런 가운데 병인박해, 남연군묘 도굴미수, 제너럴셔먼호 사건, 병인양요 등의 일까지 겹쳤다.

1867년 8월 주요 건물이 마무리 단계가 되었고, 이후 건물과 문의 이름을 정하였으며 1868년 7월에 이르러 고종은 대왕대비 신정왕후 조씨, 왕대비 효정왕후 홍씨, 대비 철인왕후 김씨를 모시고 경복궁으로 옮겨감으로써 3년여에 걸친 경복궁 중건 사업은 끝났다.

경복궁 중건공사에 동원된 장정들의 고달픔을 달래고 홍선대원군의 무리함을 노래한 〈경복궁타령〉 일부이다.

남문을 열고 파루를 치니 계명산천이 밝아온다
(후렴: 에 – 에헤 – 에이야 – 얼럴럴 거리고 방아로다)
을축 사월 갑자일에 경복궁을 이룩하세 (후렴)
도편수의 거동을 봐라 먹통을 들고서 갈팡질팡 한다 (후렴)
(중략)
조선 여덟도 유명한 돌은 경복궁 짓는데 주춧돌 감이로다 (후렴)
우리나라 좋은 나무는 경복궁 중건에 다 들어간다 (후렴)
근정전을 드높게 짓고 만조백관이 조화를 드리네 (후렴)

〈경복궁영건일기〉에 경복궁의 중건 과정을 일기 형식으로 1865년 4월부터 1868년 7월까지 건축 상황을 기록하여 놓았고, 현재 서울대학교 도서관에 〈경복궁영건일기〉 1책이 소장되어 있고, 일본 와세다대학교도서관에 〈경복궁영건일기〉 9책이 소장되어 있다.

3. 땡전 당백전

숙종 이후로 화폐는 상평통보였고, 화폐단위는 문(文)으로서 10문이 1전, 10전이 1냥, 10냥이 1관과 같았다. 상평통보는 구리와 주석으로 주조된 화폐이지만, 조선에서 생산하는 총생산액의 5% 이하만 감당할 수 있는 수준이었다. 쌀과 면포가 화폐 대용으로서 사용되었다.

조선 후기 상품유통이 증가하면서 상평통보의 사용도 증가하였고 점차 재산축적의 수단이 토지와 화폐였고 화폐를 집안에 쌓아두는 현상도 나타났다. 1866년 11월 당백전은 조선 후기 화폐로서 좌의정 김병학의 건의로 약 1,600만 냥이 주조된 동전이었다.

〈고종실록, 고종3년〉에 기록에 "좌의정 김병학이 아뢰기를, "지금 나라의 재정이 몹시 고갈된 때에 응당 이익 되는 것과 손해 보는 것을 절충해서 쓰는 원칙이 있어야 할 것입니다. 신의 생각으로는 당백대전을 주조하여, 널리 쓰이고 있는 통보와 함께 사용한다면 재정을 늘리는 데 조금이나마 도움이 될 것 같습니다. 그러나 감히 신의 좁은 소견을 대번에 반드시 시행해야 한다고 말할 수는 없습니다. 시임 대신과 원임 대신, 의정부 당상에게 하문하시기를 바랍니다."하니, 하교하기를, "진달한 것이 아주 좋다. 속히 시행하도록 하라 하였다"고 되어있다.

홍선대원군은 경복궁 중건에 소요되는 재원이 부족하여 국가재원을 채우기 위해 당백전을 발행했고, 그것은 곧바로 물가상승으로 이어졌다. 조선에서의 화폐가 가치를 제대로 인정받으려면 발행된 화폐 상당의 금을 보유하고 있거나, 아니면 은이나 동으로 만들어 그 가치에 대한 보장이 있어야 하나 당백전은 그렇지 못한 화폐였다. 조선정부의 재정 고갈로 당백전 발행을 건의하면서도 김병학은 바로 시행하면 부작용이 있을 것을 우려했던 것이다.

당백전 주화에 새겨진 글자는 '호대당백戶大當百'으로, "이 화폐는 호조에서 주조하였으며, 다른 화폐의 100배 가치가 있다."는 의미로 당백전의 액면가는 상평통보의 100배 가치가 있는 것으로 발행했으나, 실제 구리 가치로서는 상평통보의 5배 정도에 불과하여 100배의 가치를 인정받지 못하는 악화로서 사실상 인플레이션을 초래했다. 고액 화폐의 발행은 당장 쌀값이 5배나 폭등하는 현상이 나타났고 100배나 되는 고액 화폐를 지불할 경우에는 잔돈조차 지불할 수 없는 지경이 되었다. 조선정부 조차 당백전으로 세금 받는 것을 꺼리게 되었고 이는 화폐에 대한 공신력을 떨어뜨렸다. 오히려 청나라 화폐인 '호전'이 유통되어 조선의 전체 화폐량의 상당 부분을 호전이 차지하기도 했다.

당백전의 유통은 사실상 1868년 이후 폐지되었다. 백성들의 불만이 폭발 직전이었고 흥선대원군으로서도 더 이상 버틸 수 없는 상태였다. 당백전을 회수하면서는 상평통보와 호전으로 교환해 주었고 회수된 당백전은 녹여서 철로 만들었다. 고액 화폐가 일시에 사라지면서 시장에서는 유통화폐의 부족으로 물가가 떨어지면서 화폐가치가 상승하는 디플레이션 현상이 나타나 조선 경제는 인플레이션과 디플레이션을 모두 겪는 혼란을 있었다. 현재 서울 남대문로에 있는 한국은행 화폐박물관에서 당백전을 전시하고 있다.

당백전은 당시 백성들 사이에서 그 가치가 형편없어 '땡전' 또는 '땡돈'으로 불렸고, 이것은 푼돈을 뜻하는 땡전이라는 말의 어원이 되었고 "땡전 한 푼 없다."는 '당백전 한 닢조차 갖고 있지 않을 정도로 가난하다.'는 의미였다.

4. 화양묵패

1865년 수렴청정을 하던 신정대비는 화양동서원과 만동묘를 철폐하라는 전교를 내렸고, 이는 흥선대원군의 뜻이기도 하였다. "진실로 백성에게 해가 되는 것이 있으면 비록 공자가 다시 살아난다 하더라도 나는 용서하지 않겠다. 하물며 서원은 우리나라에서 존경받는 유학자를 제사하는 곳인데 지금은 도둑의 소굴이 되어 버렸으니 말할 것도 없다."

서원은 중종 이후 유생들을 가르치던 교육과 유현들의 제사를 모시는 곳으로서 지금의 영주읍인 풍기의 백운동 서원이 최초이고 퇴계 이황이 풍기군수로 오면서 '소수서원'이라는 사액을 받고 국가의 지원을 받았다. 서원이 지방에서는 인재를 키우는 역할을 했지만, 전국 각지에 서원들이 생겨나면서 양반들의 본거지로 농민과 지방관서에 경제적 부담을 주는 폐해가 있었다. 붕당정치를 하면서 서원이 붕당과 연결되어 정치적 장소로도 활용되었고 특히 노론이 집권하던 시기에는 서원이 국가로부터 토지와 노비를 지급받기도 했고 소론이 집권하게 되면 서원은 위기에 처하기도 하였다.

이러한 서원들이 고종 때 전국에 650여 개다 보니 그 지역의 농민들과 지방관서는 서원이 경제적으로 부담이 되었다. 충청도 괴산군 청천면에 있는 화양동서원이 대표적인 민폐 서원으로 임진왜란 때 조선을 도와준 명나라의 의종과 신종을 제사지내는 만동묘가 있는 곳이었고 숙종 때 노론의 우암 송시열을 추모하는 사당으로 제수비용을 징수하기 위해 〈화양묵패〉라는 청구서를 각 지방관서에 보냈다. 이 묵패를 받은 지방관서의 수령들은 공포를 느낄 정도였고 제수비용을 보내지 않는 수령들의 자리 보전이 어려웠으며, 서원에서는 이들 지방관서에 대하여 행패도 서슴지 않았는데 이러한 행패조차 문제시 되지도 않았다.

본격적인 서원의 철폐는 병인양요, 병인박해 이후인 1868년 부터였는데 전국 650여 개의 서원 중 47개 서원을 남겨두고 모두 철폐하게 되었고 이로 인해 유생들과 지방 양반들의 반대가 극심했다. 남은 서원들도 일제 강점기에 많은 부분이 훼손되었고 남은 서원 중 대표적인 곳이 안동의 소수서원, 도산서원, 병산서원이고, 서울 도봉서원은 철폐되었다가 복원되어 서울의 유일한 서원으로 남게 되었다. 소수서원, 남계서원, 옥산서원, 도산서원, 필암서원, 도동서원, 병산서원, 무성서원, 돈암서원 등 9개 서원은 2019년 유네스코 세계유산으로서 등재되었다.

다음 노랫말은 서원과 만동묘의 행패가 얼마나 심했는지를 보여준다.

"원님 위에 감사, 감사 위에 참판, 참판 위에 판서, 판서 위에 삼정승, 삼정승 위에 승지, 승지 위에 임금, 임금 위에 만동묘지기"

홍선군은 집권하기 이전에 만동묘를 참배하려고 말을 타고 입구까지 가다가 만동묘지기로부터 말에서 내려가라고 하면서 봉변을 당하기도 하였고, 가파르고 좁은 계단을 오를 때 하인의 부축을 받았는데, 만동묘지기가 나서서 임금도 여기서는 부축을 받지 않는다고 하면서 홍선군을 꾸짖은 일도 있었다. 홍선대원군은 집권하면서 만동묘와 화양동서원에서의 수모를 기억하고 있었는지도 모를 일이다. 화양동서원이 철폐되고 나서 10년 후 이항로, 최익현의 상소로 다시 중수 복건되었다가 일제강점기에는 임진왜란 당시에 일본군과 싸운 명나라의 황제를 제사 지내는 것이 일본으로서는 거슬려 일본 통감의 지시로 제사는 폐지되었고 만동묘 묘비를 땅에 묻어버렸는데, 1983년 홍수가 나면서 땅에 묻혀 있던 만동묘 묘비가 들어나면서 다시 세우게 되었다.

5. 피의 절벽

홍선대원군은 무진사옥 2년 전인 1866년 병인년부터 6년 동안 천주교를 탄압했으나, 천주교를 탄압할 생각을 처음부터 가지고 있었던 것은 아니었다. 외국군함의 공격, 남연군 묘소의 도굴미수 등 몇 가지 사건들이 발생하면서 천주교 신자를 대대적으로 처단하기 시작하여 홍선대원군이 섭정을 중단하는 1872년까지 이어져 수많은 천주교 신자와 프랑스 선교사들이 목숨을 잃었다.

3번에 걸친 대규모 천주교 신자에 대한 처단이 있었다. 첫 번째는

1866년 초 조선에서 활동하던 프랑스 신부 12명 중에 9명을 처단한 것이 프랑스 군대의 침략을 불러 들였다. 이 사건으로 인해 프랑스 군대가 공격을 해 왔고 프랑스군의 공격에 대한 보복으로 천주교 신자를 대대적으로 처단하였는데 이를 병인사옥이라고 한다.

흥선대원군은 승지 남종삼의 건의로 프랑스의 주교를 통해 러시아가 남하하는 것을 막고자 했으나 때마침 영불연합군이 베이징을 함락하고 대규모 살육을 벌인다는 소식이 전해졌다. 흥선대원군이 천주교를 통해 프랑스를 끌어들이려 한다는 소문이 퍼졌고 흥선대원군으로서는 정치적 부담이 되어 천주교 탄압 쪽으로 정책을 바꾸고 남종삼과 베르뇌 주교를 포함한 프랑스 선교사, 천주교 신자들을 체포하여 처형했다.

프랑스 선교사 3명이 조선을 탈출하여 청나라 리델 신부를 통해 프랑스 공사에게 보고했고 프랑스 공사는 로즈 제독에게 조선과의 전쟁을 선포했다. 로즈 제독은 9월부터 11월까지 조선을 공격하여 서울 양화진까지 들어왔다가 돌아갔고 흥선대원군은 서양 오랑캐가 더럽힌 곳을 천주교인들의 피로 씻는다고 하여 양화나루 옆 잠두봉에 처형장을 설치했다. 이곳 잠두봉 봉우리에서 수 천 명의 천주교 신자들의 목을 베어 잠두봉 아래 한강물이 핏빛이 되었고 이 후 잠두봉을 절두산이라 부르고 천주교에서는 절두산성지로 지정하였고 많은 천주교 신자들이 지금도 찾고 있다.

이인평의 시 〈피의 절벽〉 일부이다.

잠두봉이라, 아찔한 바위 끝에서 이내 낭떠러지를 굴러 강물에 씻기

는 얼굴들

그 영혼 되비쳐 내는 청정한 하늘빛이 지금은 백합처럼 피어난 성지를 감싸고 있다

형제자매들이여, 잠두봉이든 절두산이든 목 떨어져 내린 절벽인데, 그날에

한목숨 던져 피 흘린 성인들 믿음이 바위 속까지 스며들어

여기, 거대한 혈암으로 솟아 있다.

[출처 : 카페, 한강역사이야기마을]

충청도 내포지역은 다블뤼 주교와 함께 김대건 신부가 입국했던 지역으로 천주교가 일찍 퍼져 다블뤼 주교가 이곳에 머물면서 활동했던 천주교의 중심지로 병인박해 때 가장 큰 피해를 본 지역이다. 서산 해미 지역에서는 수 천 명의 천주교 신자가 끌려와 참혹하게 처형되거나 생매장되었고, 서산 해미부터 솔뫼 지역까지 해미성지, 배나드리성지, 솔뫼성지로 지정되어 이름없는 수 많은 순교자들을 기리고 있다.

경란록의 기록은 1868년 무진사옥 때 기록이다.

"대원군이 포도대장 이경하를 시켜 수만 명의 천주교인을 붙잡아 죽이자, 천주교인이 대원군에게 원한을 품고 서양인을 인도하여 대원군의 부모 묘소를 파낸 것이었다."

두 번째가 1868년 독일 상인 오페르트가 남연군묘를 도굴하려다 미

수에 그친 사건으로 천주교 신자들이 도굴단을 안내하였다고 하여 천주교 신자를 박해하였는데 이를 무진사옥이라고 한다. 조선정부는 이 사건을 천주교의 소행이라 보고, 오페르트 도굴단이 남연군 묘가 있던 내포 지역으로 들어올 수 있게 도와준 사람들과 천주교 신자들을 색출하여 내포 지역을 중심으로 천주교 신자 장치선과 최영준을 붙잡아 공개 처형하고 무명의 신자들을 대량 학살했다.

도굴 사건은 성리학의 나라 조선에서 생각할 수 없는 사건이라고 하여 1871년까지 조사가 이어졌다.

세 번째는 1866년 미국상선 제너럴셔먼호가 평양으로 들어와 통상 교섭을 요구했을 때 평양 시민들의 저항으로 배는 침몰하고 미국인 선원들은 모두 죽었다. 5년 전 일을 이유로 1871년 미국 함대는 강화도를 공격하여 조선군과 6일간 치열한 전투를 벌였고 결국 미국 함대는 물러났다. 조선정부는 천주교 신자들이 관련되어 미국 군대가 침략해 왔다고 판단하고 천주교 신자를 박해하였는데 이를 신미사옥이라고 하고 병인사옥, 무진사옥, 신미사옥을 모두 포함해서 병인박해라고 한다.

사실 이 사건은 천주교와는 무관한 일이었으나, 조선정부는 미국의 통상교섭요구와 미국 군대의 공격이 모두 천주교 신자들이 관여되어 있었다고 보았고 천주교 탄압의 구실로 삼아 대대적으로 천주교 신자들을 색출 처형하였다. 이러한 3차례에 걸친 천주교 신자들에 대한 처형은 조선 말기에 있었던 천주교 박해 중에서 가장 심한 박해였다.

1886년에 가서야 조선-프랑스 수교조약을 통해 천주교를 인정하게 되었고 1895년 조선교구 8대 교구장인 프랑스 선교사 뮈텔은 4년 동안에 걸쳐 병인박해 때 전국에서 순교했던 순교자들을 찾아 자료를 모았다. 이들 중에서 모범적인 순교자 875명의 명단과 행적을 기록하여 〈치명일기〉를 간행했고, 치명일기에 수록된 순교자들 중에서 24명을 1984년 성인으로 시성했다.

6. 삼랑성전투

프랑스군의 강화도 공격으로 발생한 병인양요 때 있었던 2가지 일이다. 첫 번째는 프랑스군에 약탈당한 〈외규장각 의궤〉를 145년 만에 반환받은 일이고, 두 번째는 프랑스군을 물리쳤던 장군 이야기이다.

1866년 프랑스군이 병인양요 〈외규장각 의궤〉를 약탈하여 가져갔던 것을 2011년 프랑스로부터 〈외규장각 의궤〉를 반환받기까지 145년 걸렸다. 〈의궤〉는 왕실 의식와 국가 행사의 전 과정을 기록한 책으로서 의궤를 보관하기 위해 규장각을 두었는데, 강화도에 외규장각을 두어 의궤를 나누어 보관했다.

1866년 프랑스군은 강화도를 공격하여 외규장각이 소실되었고 5,000여 권의 책도 소실되었으며 〈의궤〉를 포함 340여 권의 책을 약탈해 가져갔다. 프랑스는 외규장각의 의궤를 중국책으로 분류하여 프랑스 국립도서관 창고에 방치하고 있었는데 이 의궤를 프랑스로부터 145년 만에 반환받기까지 개인적으로 헌신한 한국인 역사학자가 있었다.

프랑스 국립도서관 창고에서 외규장각 〈의궤〉를 처음 발견한 사람은 역사학자 박병선으로, 그녀는 전주에서 1928년 출생하여 프랑스에 유학하여 역사학박사와 종교학박사를 받았고 동백림사건 때 프랑스로 귀화하여 프랑스 국립도서관에서 일하고 있었다. 박병선의 스승인 역사학자 이병도는 병인양요 때 프랑스군이 약탈해 간 〈외규장각 의궤〉의 소재를 파악해 보라는 뜻을 박병선에게 전달했다.

1975년 마침내 박병선은 프랑스 국립도서관 창고에서 〈외규장각 의궤〉를 발견했으나, 비밀을 누설했다는 이유로 프랑스 국립도서관을 그만두게 되어, 개인 자격으로 국립도서관에 출입하며 〈외규장각 의궤〉를 정리할 수 있었고 한국에도 알리고 의궤 반환 운동을 하면서 〈조선조의 의궤〉라는 책도 출간했다.

1993년 김영삼 대통령은 미테랑 대통령과의 정상회담 때 〈외규장각 의궤〉 1권을 반환받으면서 반환 협의가 시작되었고, 실제 반환은 8년이 지나 2011년 6월 〈외규장각 의궤〉 297권을 프랑스 정부로부터 영구대여 형식으로 145년 만에 반환받을 수 있게 되었다. 반환된 의궤는 왕만이 볼 수 있는 어람용 〈의궤〉로 처음으로 공개되었고 그동안 국내에서 볼 수 있었던 〈의궤〉는 신하들이 보는 필사본이었다. 박병선은 문화재 반환의 공로로 한국정부에서 국민훈장을 수여받았고 83세에 사망했다(2011).

두 번째는 병인양요 때 프랑스군이 강화도에서 철수하는 데 결정적역할을 했던 장군이 있었는데 강화도 정족산성에서 프랑스군의 공격을 막아낸 장군은 양헌수 천총으로 그의 군인정신과 전략을 기억할 필요가 있다.

〈경란록〉의 기록이다.

서양 배가 강화도에 침입하여 성을 함락시키자, 유수 이인기, 중군 이용회, 통진부사 이공렴이 경성으로 달아났다. 조정에서는 대규모로 군사를 일으켜 토벌하려고 이경하를 순무대장, 이용희를 중군, 양헌수를 천총으로 삼았으나, 대장이 경성에 있으면서 행군은 하지 않았다. 그래서 중군과 천총이 주장主將을 대신, 명령을 주관하여 나아가 통진에 진을 쳤다. 천총이 강화도 삼랑성에서 전투를 벌이니, 서양의 군사들이 퇴각하였다. 그때 경성에는 큰 소동이 일어나 가족을 데리고 시골로 피난하려고 내려가는 사람들이 길가에 가득 차서 경성이 거의 텅 빌 정도였다. 시골 사람들도 두려워서 달아나 재산을 내버려둔 채 산으로 들어간 경우가 많았다. 이 때문에 전국이 들썩거리고 안정되지 않았다. 다행히 저 서양 배가 물러남으로 인하여 난리가 드디어 조용해졌다. 강화유수 이인기에게는 죄를 내려 멀리 유배를 보냈고, 이용희는 형조판서로 삼고, 양헌수는 한성좌윤으로 삼았다. 전승비를 삼랑성 아래에 세우고 승전과를 춘당대에 설시하여 문·무사를 시취試取하였다.

경란록에 천총 양헌수가 삼랑성에서 전투를 벌여 서양군사들이 퇴각했다고 기록되어 있다. 양헌수는 정조 때(1816)에 출생하였고, 위정척사를 주장했던 이항로 제자의 한 사람이었다. 경란록에서 말하는 삼랑성이 지금의 정족산성이고 전등사는 산성 안에 있었는데 당시 조선군은 퇴각했고 승군들이 전등사를 지키고 있었다.

양헌수가 천총으로 정족산성의 수문장으로 임명 되었을 때에는 지금의 김포인 통진에 조선군들이 진을 치고 있었고 양헌수는 야밤에 군사들을 이끌고 강화해협을 도하하여 정족산성에 진입하는 데 성공했다. 이 사실을 파악한 프랑스군은 정족산성을 집중적으로 공격했지만 정족산성 위에서 방어하는 양헌수 부대를 물리칠 수 없었다.

양헌수 부대는 프랑스군이 성 아래까지 오기를 기다렸다가 가까이 왔을 때 집중 사격을 가하는 전술로 대응하여 프랑스군은 많은 사상자를 내고 퇴각했고, 일단 퇴각한 프랑스군은 강화성에 주둔하면서 공격의 기회만 노리다가 20일 만에 함대를 철수했다. 양헌수 천총은 공조판서까지 지냈고 1888년 72세에 사망했으며 지금 정족산성 동문 앞에 양헌수 천총의 '승전비각'이 있다.

양헌수 장군은 1866년 10월 11일부터 12월 2일까지 52일 동안을 〈병인일기〉를 써서 남겼고 52일의 기록 중 프랑스군과의 삼랑성(정족산성) 전투를 기록한 부분이 16일로 정족산성에서의 부대 배치와 당시의 치열했던 전투 상황을 상세히 기록하고 있다. 양헌수 장군은 조선군이 서양군과 전투를 해서 이긴 유일한 장군으로 전쟁기념관은 양헌수 장군의 후손이 보관하던 〈병인일기〉를 기증받아 공개했고, 서울시는 〈병인일기〉를 문화재로 지정했다.

반면 이공렴은 무신으로 통진부사로 있으면서 프랑스군이 정찰하기 위해 통진부에 나타나자 도망간 사람으로 통진부의 백성들은 프랑스군에게 재산을 약탈당하는 피해를 당하도록 방치하는 일이 발생하여 파직되어 귀향을 갔으나 귀향 후 다시 전라좌도 수군절도사로 복귀했다.

7. 구만포 도굴미수

홍선대원군이 쇄국정책을 강화하고 천주교 신자를 박해했던 이유가
된 사건이다.

〈경란록〉의 기록이다.

"독일 출신 오페르트 일행은 충청도 덕산 구만포에 가서 뭍에 오른
즉시 가야동으로 가서 화포를 파묻고 남연군의 묘소를 파헤쳤다."

남연군 이구는 정조 때(1788) 지금의 서울 안국동에서 출생한 조선의
왕족으로 인평대군의 6대손이나 뒤에 사도세자의 넷째 서자 은신군의
양자로 입양하면서 남연군으로 봉해졌다. 남연군은 부인 여흥 민씨와 사
이에 4남 1녀를 두었고 남연군이 33세 때 4째 아들로 홍선군을 보았다.
홍선군이 15세 때에 아버지 남연군이 48세로 죽었고 처음에는 경기도 연
천군 미산면에 묘를 썼다가 다시 연천군 군남면으로 이장했고 또다시 충
청도 예산군 덕산면 가야산 중턱으로 이장했다. 가야산의 가야사를 불태
우고 그 자리로 다시 한번 묘를 이장했는데(1846), 고종이 왕이 되고 남연
군의 묘 덕택에 왕이 될 수 있었다고 하여 가야산에 보덕사를 세웠다.

1866년 3월과 8월 두 차례에 걸쳐 오페르트는 중국 상하이를 출발하
여 조선 서해안으로 배를 끌고 들어와 통상교섭을 요구했으나 실패하였
고 오페르트는 2년 후에 3번째로 조선과 통상교섭을 요구하기 위해 천주
교인들과 함께 홍선대원군 아버지인 남연군의 묘를 도굴하여 부장품을
확보하고 통상교섭을 시도하려고 했던 사건이 있었다. 1868년 오페르트

는 선원과 안내인을 포함하는 도굴단으로 140여 명을 꾸리고 프랑스 신부와 미국인을 대동하여 '차이나 호'와 소형 선박을 이끌고 일본 나가사끼를 출발하여 일행들은 덕산 구만포에 상륙해서 덕산군청을 습격하여 무기를 탈취하였다. 덕산군수는 지방 군병을 데리고 이들과 대항했으나 도굴단의 위협사격에 물러서야 했고 교전을 한 사실도 없었다. 이들은 남연군의 묘를 파헤쳤으나 회곽으로 굳어서 묘를 파지도 못하고 도굴에 실패하여 서해안 간조 때가 되어 선박으로 돌아갈 수밖에 없었다.

오페르트는 영종도 쪽으로 방향을 돌려 다시 한 번 통상교섭을 요구하는 서신을 흥선대원군 앞으로 보냈고 흥선대원군은 이번 사건은 인간의 도리상 할 수 없는 일이므로 통상교섭 요구를 거절하는 강경한 답신을 보냈다. 이는 흥선대원군이 쇄국정책을 강화하고 천주교 탄압을 확대하는 계기가 되었다.

8. 광성보전투

미국군의 강화도 침략에 대응하여 죽음을 무릅쓰고 전투를 하다가 순국한 장군과 백의종군했던 장군의 동생이 있었다. 이때 미국군이 전리품으로 가져갔던 조선군 장군의 지휘권을 상징하는 '수帥자 기'는 136년 만에 미국에서 돌아 왔다.

〈경란록〉의 기록이다.

"서양 배가 또 영종도에 침입하였다. 강화 중군 어재연이 출전하였다가 패배하고 순사하였다. 온 나라가 떠들썩하게 소란이 일어났으나, 서양 군병이 퇴각함에 따라 난리가 드디어 진정되었다. 어재연을 포양하고 충장이라는 시호를 내려주었다."

1871년 미국 아시아함대 존 로저스 제독이 콜로라도 호 등 군함 5척과 병력 1,200여 명으로 서해안 남양 앞바다에 진출했다. 5년 전 미국 상선 제너럴셔먼호를 대동강에서 소각시키고 선원을 처단한데 대한 책임을 묻고 통상조약을 요구하는 목적이었으나 조선정부는 미국의 통상요구를 즉시 거절했다. 미국 군함에 딸린 소함정이 강화해협으로 접근해오자 조선군의 포사격이 있었고 미군도 대응 사격을 했다.

10일 후 로저스 제독이 지휘하는 미국군은 강화도로 상륙하여 초지진을 점령하고 광성보를 공격했다. 강화 광성보는 고려 때 몽고 침략에 대비하여 바닷길을 따라 쌓은 성으로 광성보에서 조선의 어재연 장군이 이끄는 조선군은 미국군과 치열한 전투를 벌였고 이 전투에서 어재연 장군과 조선군 350여 명 대부분이 전사하였다. 미국군도 많은 사상자가 발생한 상태였고, 첨사 이염이 미국 함정을 기습공격 하기도 했다. 조선에 대한 공격과 통상요구가 무모하다고 판단한 미국 함정은 40여 일만에 강화도 수역을 물러났는데 이것이 신미양요이다.

어재연 장군은 순조 때(1823), 경기도 이천에서 출생하였고 강화 광성보전투에서 전사할 때가 48세였다. 조선 정부는 미국군이 강화도에 접근하자 어재연 장군을 중군으로 임명하여 전투에 출전하게 했고 이때 조선군은 여러 진영 소속의 군사들을 모아 편성했으며 어재연 장군보다 3살 아래의 동생인 어재순도 조선군에 합류하여 백의종군 했다.

조선군은 미국군과 육박전까지 벌여가며 치열하게 싸웠고 어재연 장군과 동생 어재순은 이 전투에서 전사했고, 조선군들도 대부분 전사하거나 자결했고 일부는 포로가 되었다. 미국에서는 이 전쟁을 〈48시간 전쟁〉이라는 이름으로 역사에서 기록하고 있으며 미국군은 비록 서로 전투를 하는 입장이었지만 조선군의 어재연 장군과 동생 어재순의 용기를 기려 매장을 하고 표시를 남겨 두었다.

그 후 후손들이 이들을 충청북도 음성군 대소면으로 이장하여 모셨고, 강화 광성보에는 〈어재연 장군 순절비〉와 신원을 알 수 없는 조선군 무명용사의 무덤인 〈신미 순의총〉, 〈쌍충비〉가 세워졌다. 〈진무 중군 어공재연 순절비〉에서 "늠름한 충성과 용맹은 해와 달처럼 빛나고 형제가 서로 뒤따라서 죽음 보기를 돌보는 것같이 했다"고 했다. 강화 광성보 입구 로타리에는 어재연 장군의 동상이 있다.

조선군의 수帥자기는 '수帥'자가 적힌 깃발로 지휘관을 나타냈던 것으로 어재연 장군 수帥자기는 가로 4.13m, 세로 4.30m의 크기에 삼베로 만들어졌다. 미군은 조선군에 걸려있던 수帥자기를 내려서 전리품으로 챙겨가서 미국 해군사관학교 박물관에서 보관하고 있었다. 2007년 수帥자기는 10년 장기 임대, 2년 단위 재계약 형식으로 136년 만에 한국으로 반환되었고 현재는 강화전쟁박물관에 보관 전시 중이다.

9. 떡국 한 사발 30금

　지방의 어느 부사는 자신의 생일잔치에서 떡국 한 사발 씩 대접하고 돈을 챙겨 그 기록이 남겨져 전해지고 있었다. 김대호, 〈영해동학혁명을 아십니까〉 일부이다.

　울진군지에는 '영해 부사(이정)는 생일잔치에 대소 민인을 초치하여 떡국 한 사발에 30금을 받을 정도로 수탈을 자행했던 사람이었다'며 영해 부사 폭정의 실상을 기록하고 있다. 혁명군은 다음날 오후까지 영해부에 머물며 백성들을 안심시키고 위로하는 격문을 내고 관아에서 탈취한 돈을 영해읍내 5개 동에 골고루 나눠주기도 했다. 이후 혁명군은 인근 영덕현과 영양현의 점령과 상경 문제를 논의했지만 의견을 모으지 못한 채 스스로 물러났지만 결국 90여 명이 잡혀 죽고 20여 명은 귀양, 60여 명은 수배됐다.

[출처 : 매일신문 2019.5.10.]

　영해부사 이정은 자신의 생일잔치에 주민을 초청하여 떡국 한 사발 씩 대접하고 30금을 받았다고 하는 기록이 '나암수록'과 '울산군지'에 남아있어 사실로 확인된다. 조선에서의 화폐단위는 문(푼), 전, 냥, 관이었고 기본 화폐단위는 냥이었다. 1관은 10냥, 1냥은 10전, 1전은 10문(푼)으로 1냥은 100문(푼)인 셈이다. 기록에서 말하는 금은 냥과 동일한 것으로 당시 쌀값 등과 대비했을 때 1문(푼)은 지금 돈으로 70원 정도이고, 1전은

700원 정도이며, 1냥은 7,000원 정도이다. 그렇다면 떡국 한 사발에 30금이면 지금 돈으로 210,000원 정도라고 볼 수 있다. 어이없는 일이었다.

〈경란록〉의 기록이다.

"영남 영해군에서 시작해 나무꾼과 목동들이 각자 몽둥이를 들고 누런 두건을 머리에 두르고 수천 명이 일제히 봉기하여 제일 먼저 부사 이정을 살해하였다."

봉기에 앞장선 이필제는 지금의 충청도 홍성인 홍주에서 순조 때(1825) 출생하여 무과에 합격했으나 벼슬을 얻지 못한 '선달'로 동학에 가입하였고, 반봉건적 의식을 가졌던 남두병과 민란을 모의하였다.

남두병을 만난 이필제는 경상도 영해부를 중심으로 하는 동해안 일대에서 민중운동을 계획하였는데 당시 프랑스군의 강화도 공격 사실이 조선 백성들 사이에 퍼져 외국군의 공격에 대한 공포심을 느끼고 있던 백성들은 외세를 물리치자고 하는 이필제의 선동에 따르게 되었다. 1871년 3월 동학의 재건을 꿈꾸는 2대교주 최시형과 손을 잡았고, 영해부 관내 백성들은 영해부사 이정의 폭정으로 인하여 민란이 일어나길 기대하는 상황이었고 영해부 일부 지역의 소속 관리들도 동학을 믿었고 민중봉기에도 참여했을 정도였다.

이필제와 남두병은 민란군을 형성하였고 동학교도들과 함께 영해부를 공격하여, 영해부사 이정을 붙잡아 죽이고 영해부 무기고에서 무기를 탈취하여 영해부 관아를 점령하여 이때 영해지역의 많은 부호들도 피살되었다.

영해부 습격 소식을 전해 듣게 된 조선 정부는 민란군을 진압하기 위해 대규모 관군들을 보냈고, 관군들이 대거 몰려오자 이필제는 충청도 단양으로 도망쳤고 민란군들의 일부는 체포되어 처벌되었고 일부는 도주하였다. 남두병은 관군들에게 체포되어 심문을 받던 중 죽음을 당했고 도망갔던 이필제는 여러 지역을 다니며 다시 난을 일으켰으나 결국 체포되어 1871년 처형되었다. 이 민란을 1차 교조신원운동으로 보는 경우도 있으나, 교조신원운동이라기보다는 동학교도들과 합세하여 일어난 울진 지역의 민중봉기로서 영해동학혁명이라고도 한다.

10. 서양 오랑캐

척화론 주장이 강했던 시대로 외국군의 강화도 공격과 묘소의 도굴 미수 사건은 서양을 배척하게 만들었다. 홍선대원군은 전국에 비문 12글자를 돌에 새긴 〈척화비 斥和碑〉를 세우고 쇄국정책을 확고하게 추진했다.

〈척화비 斥和碑〉 비문이다.
(앞면-12글자) 洋夷侵犯非戰則和主和賣國
서양 오랑캐가 침범하니 싸우지 않음은 곧 화친을 주장하는 것이요 화친을 주장함은 나라를 파는 것이다.
戒我萬年子孫 丙寅作 辛未立

우리 자손만대에 훈계하노라. 병인년에 만들고, 신미년에 세우다.

(뒷면) 衛正斥邪之碑

위정척사의 비

홍선대원군은 병인양요, 오페르트 남연군묘 도굴미수, 신미양요 사건들을 겪으면서 서양과의 수교와 통상을 거부한다는 뜻을 알리기 위해 척화비를 세우도록 했다. 1866년에 글을 지어 놓았고, 고종실록에 따르면 1871년 신미년에 〈종로거리와 각 도회지에 척화비를 세웠다〉고 했다. 척화비는 화강석에 한문 12글자를 새겨 전국 각 지역에 200여 개의 척화비를 세웠다.

위정척사衛正斥邪. '위정'은 바른 것은 지킨다는 의미이고, '척사'는 어긋난 것은 물리친다는 의미로 성리학의 입장에서 바른 것과 어긋난 것을 구분했다. 주희가 집대성한 성리학은 대학, 논어, 맹자, 중용을 바탕으로 한 조선을 개국한 이념이었고, 사상의 중심이었다. 조선 중엽 이후 성리학 가운데 예학과 유교를 바탕으로 정통성을 중요시하였고 이러한 유교는 조선 후기 위정척사의 정신적 지주인 이항로가 대표했다.

이항로는 정조 때(1792) 경기도 양평에서 출생하여 성리학 연구에 매진하였으며, 학덕이 널리 알려져 관직을 제수해도 사양하면서 오로지 후학들을 기르는 강학에 열중하였고 그를 따르는 문인들이 많았다. 임금 사랑하기를 아버지처럼 한다는 존왕양이를 기초로 하고, 나라 걱정하기를 내 집처럼 한다는 애국사상을 기반으로 이항로 학파는 조선 후기 민족사상을 이끌었고 조선 말기 민족운동을 행동으로 옮기는 실천적인 이념이 되었다.

이항로의 위정척사 사상을 계승한 사람은 기정진, 김평묵, 1870년대 최익현, 1880년대 이만손이 그의 사상을 따랐고 1890년 이후부터 그의 사상적 기초가 항일의병활동으로 발전했다. 이항로는 그의 호가 화서로 1868년 76세로 사망한 후 1899년 문인들에 의해 그의 글들이 〈화서집〉으로 편찬되어 남아 있고, 양평에 있는 생가는 문화재로 지정되었다.

위정척사 사상은 근대 서양문명을 침략적인 문명이라고 보았고 민족 주체성을 지키려면 조선 말기 의병 활동으로 나아가야 한다고 보았다. 민족주의를 지나치게 강조한 나머지 외세를 받아들여서는 안 된다고 보고 개항과 개화를 철저하게 반대하였으며 서양의 선진문물에 대해서는 민족정신으로 극복할 수 있다고 보았다. 이것이 위정척사의 한계였다.

이항로 〈화서집〉에 실려 있는 1866년 〈동부승지를 사임하며 품고 있던 바를 진소〉 글에서 '신은 전하께서 속히 애통해하는 뜻의 교서를 내려 스스로 외적을 들이게 된 것을 반성하고 선후책을 잘 처리하겠다는 뜻을 명확히 보이시길 바랍니다. 한편의 말이 지극히 간절하여 귀신도 울리고 목석도 감동시킬 수 있다면 백성의 마음을 고무시킬 수 있을 것입니다.'라고 하여 개화를 반대했다.

1882년에 미국과 수호통상조약을 맺으며 임오군란이 끝나고 고종은 전교를 내려 척화비를 뽑도록 했다. "이미 서양과 수호를 맺은 이상 서울과 지방에 세워놓은 척양에 관한 비문들은 시대가 달라졌으니 모두 뽑아

버리도록 하라!"

문호개방 이후 일본 공사가 척화비의 철거를 요구하기도 했다. 척화비를 철거하여 폐기하면서 땅에 매립했던 척화비가 그 후 공사를 하면서 발견되었다. 일제강점기와 광복 이후 삼전도비와 척화비를 부끄러운 역사로 생각하여 훼손하는 일이 발생했다.

현재 남아 있는 척화비는 32개로 지방문화재나 기념물로 지정되어 있는 척화비가 20개이다.

가덕도척화비(부산 강서구), 구미척화비(경북 구미시), 기장척화비(부산기장군)

남해척화비(경남 남해군), 부산진척화비(부산 남구), 산청척화비(경남 산청군)

순흥척화비(경북 영주시), 신창척화비(충남 아산시), 양산척화비(경남 양산시)

여산척화비(전북 익산시), 연기척화비(세종특별시), 옥천척화비(충북 옥천군)

용궁척화비(경북 예천군), 장기척화비(경북 포항시), 창녕척화비(경남 창녕군)

청도척화비(경북 청도군), 청주척화비(충북 청주시), 함양척화비(경남 함양군)

함평척화비(전남 함평군), 홍성척화비(충남 홍성군)

문화재는 아니지만 관리되고 있는 척화비가 12개이다.

경복궁척화비(국립중앙박물관), 운현궁척화비(서울 운현궁유물전시관)

절두산척화비(서울 절두산순교지), 경주척화비(국립경주박물관)

대구척화비(대구 천주교순교기념관), 밀양척화비(밀양 밀양박물관)

고창척화비(전북 고창군), 군위척화비(경북 군위군), 봉화척화비(전북 봉화읍),

성주척화비(경북 성주시), 영양척화비(경북 영양군), 예천척화비(충남 예산시)

미국 군함을 보고 놀란 일본은 미국과 조약을 맺고 개항을 하여 근대화를 이룬 반면 프랑스 군함, 미국 군함을 물리쳤던 조선은 쇄국을 이어갔고 결국 일본 군함의 공격에 어쩔 수 없는 개항을 하고 뒤늦게 근대화를 추진하게 되었다. 쇄국정책으로 개항이 늦어지고 서양기술의 도입과 근대화가 늦어졌던 것에 대해 척화비는 이러한 것을 상징적으로 보여주고 있다.

[담론 2]

〈경란록〉의 기록이다.

"대원군은 그 존귀함이 어떠한가, 이미 섭정하였다면 마땅히 주공周公과 소공召公이 성왕成王을 보필하였던 것을 본받아 예악을 정비하고 형정을 삼가고 절검을 숭상하고 세금을 경감해야 했다. 그런데 도리어 토목공사를 크게 일으키고 세금을 마구 거두는 것을 좋아하며 화폐를 바꾸고 잡세를 징수하며 당파를 형성해서 원한을 갚고 서원을 훼철하여 선비의 기상을 꺾고 징병을 없애서 국세를 고립시키는 등 기타 제반 여러 증세가 나라를 그르치지 않는 것이 없었다. 더구나 권력을 다투어 천륜을 저버려서 국가가 편안할 날이 없이 화란의 길로 들어서는 발판을 초래하였으니, 어찌 탄식을 견딜 수 있겠는가?"

주공은 중국 주나라 문왕의 아들이었고 문왕 이후에 주나라 왕이 된 무왕은 주공의 형이었다.

무왕이 죽은 후에는 주공은 무왕의 어린 아들인 성왕을 보좌하였고 주나라의 국내정치를 안정시켰다. 소공 역시 문왕의 아들이었고 주공의 동생이었고 문왕 이후 무왕, 성왕, 강왕을 군주로 섬기면서 보필했다. 성왕은 주나라 2대 왕으로 어려서 즉위하여 숙부 주공이 섭정했고 주공 이후에는 소공, 필공의 보좌를 받아 주나라를 튼튼히 유지할 수 있었다.

〈경란록〉에서 이범석은 흥선대원군도 아들 고종을 섭정하면서 중국 주나라의 주공, 소공처럼 보필했어야 한다고 했다. 국내 정치의 안정이 무엇보다 중요했지만 안동 김씨 세도가 60년 이어져 온 때였다. 흥선대원군은 12세 아들 고종을 대신하여 직접 정치를 하면서 세도정치 기간 동안 쌓였던 문제들도 개혁하여 백성들이 체감할 정도로 많은 개혁을 이루었다. 흥선대원군은 땅에 떨어진 왕권을 다시 세우려 경복궁 중건사업을 벌였으며 백성들은 노역과 함께 세금을 부담해야 했고 외국의 밀려드는 개항 요구에는 쇄국으로 버텼다.

최익현의 상소가 빗발쳤고 고종도 성인이 되어 흥선대원군은 섭정을 그만두고 기회를 노렸다.

세도와 거리가 멀 것으로 본 며느리를 간택했으나 반대였으며 민씨 척족세도는 김씨 세도를 뛰어넘었다. 흥선대원군은 며느리 민비와도 갈등했고 권력에 대한 집착도 강했다.

임오군란과 동학농민혁명으로 다시 재집권했다가 혼란만 야기했다. 이범석은 당시를 국가가 편할 날이 없었고 화란의 길로 들어서는 발판이라고 했다.

[경란록으로 보는 세상 2]

■ 우리 황제께서 경운궁(덕수궁)에 입궐하여 대통을 계승하자 대원군
이 국정을 주도하여 대규모로 궁실을 중건하고 매관매직하여 백성
의 고혈을 빼앗고, 원납이라는 명색으로 세금을 마구 거두었다. 경
성의 사대문을 출입하는 사람들에게는 모두 문세라는 명분으로 돈
을 거두었고, 화폐를 바꾸어 당백전을 주조하여 사용하다가 몇 년
되지 않아 또 청국의 돈을 사용하여 호전이라고 칭하였다. 이 때문
에 물가가 많이 올라 가산이 기울거나 탕진한 사람이 많았다. 만일
비방하거나 원망하는 사람이 있으면 감옥에 가두고 마치 삼麻을 베
듯 살륙하여 큰 혼란이 초래되었다.

〈갑자년(1864, 고종1)〉

■ 서양 배가 강화도에 침입하여 성을 함락시키자, 유수 이인기, 중군
이용회, 통진부사 이공렴이 경성으로 달아났다. 조정에서는 대규모
로 군사를 일으켜 토벌하려고 이경하를 순무대장, 이용희를 중군,
양헌수를 천총으로 삼았으나, 대장이 경성에 있으면서 행군은 하지
않았다.

그래서 중군과 천총이 주장主將을 대신, 명령을 주관하여 나아
가 통진에 진을 쳤다. 천총이 강화도 삼랑성에서 전투를 벌이니, 서

양의 군사들이 퇴각하였다.

　그때 경성에는 큰 소동이 일어나 가족을 데리고 시골로 피난하려고 내려가는 사람들이 길가에 가득 차서 경성이 거의 텅 빌 정도였다. 시골 사람들도 두려워서 달아나 재산을 내버려둔 채 산으로 들어간 경우가 많았다. 이 때문에 전국이 들썩거리고 안정되지 않았다.

　다행히 저 서양 배가 물러남으로 인하여 난리가 드디어 조용해졌다. 강화유수 이인기에게는 죄를 내려 멀리 유배를 보냈고, 이용희는 형조판서로 삼고, 양헌수는 한성좌윤으로 삼았다. 전승비를 삼랑성 아래에 세우고 승전과를 춘당대에 설시하여 문·무사를 시취試取하였다.

　이때 서양 배가 평양에 침입하였는데 강물의 수위가 낮아져 함몰되었다.

■　독일 출신 오페르트 일행은 충청도 덕산 구만포에 가서 뭍에 오른 즉시 가야동으로 가서 화포를 파묻고 남연군의 묘소를 파헤쳤다. 이 때문에 관서와 호서의 여러 군에서 큰 소동이 일어나 또다시 난리가 한 번 일어났다. 이에 앞서 대원군이 포도대장 이경하를 시켜 수만 명의 천주교인을 붙잡아 죽이자, 천주교인이 대원군에게 원한을 품고 서양인을 인도하여 대원군의 부모 묘소를 파낸 것이었다.

〈병인년(1866, 고종3)〉

■ 서양 배가 또 영종도에 침입하였다. 강화 중군 어재연이 출전하였다가 패배하고 순사殉死하였다. 온 나라가 떠들썩하게 소란이 일어났으나, 서양 군병이 퇴각함에 따라 난리가 드디어 진정되었다. 어재연을 포양하고 충장이라는 시호를 내려주었다.

〈신미년(1871, 고종8)〉

■ 서양 배가 다시 영종도에 침입하였다. 첨사 이민덕이 성을 버리고 달아났고, 경향 각지에 소란이 일어났다. 난리가 진정되자 이민덕에게 죄를 주어 멀리 유배를 보냈다.

〈임신년(1872, 고종9)〉

[동학농민기념재단(www.1894.or.kr) 사료아카이브]

제3부

개항 시기
(1873~1881)

1. 면암의 모덕사

　면암은 최익현의 호이고 고종이 흠모한 최익현은 벼슬자리를 물러나면서도 도끼를 매고 광화문에 엎드려 상소를 올렸고 늙은 나이에 항일 의병을 일으켰다가 일본군에 잡혀 대마도에서 굶어 죽은 사람이다. 위정척사의 대표적인 사람이 이항로이고 그의 제자인 최익현은 수구파이면서 흥선대원군을 물러나도록 상소했고, 개항과 개화를 목숨 걸고 반대하면서 항일의병장을 했던 사람이다.

　최익현은 순조 때(1833) 경기도 포천에서 출생하여 1906년 일본 쓰시마 섬에 유배되어 일본이 주는 음식을 먹을 수 없다며 단식하여 순국하고 1914년 일제강점기에 청양군의 유림들이 최익현의 고택이 있는 목면에 "모덕사"라고 하는 사당을 세워 그의 정신을 기리고 있고, 그의 동상은 청양군 대치면에 있다. '모덕사'의 '모덕'은 고종황제의 밀지에 "면암의 덕을 흠모한다(간우공극 모경숙덕 艱虞孔棘 慕卿宿德)"라는 글에서 유래하였고, 스승인 이항로는 최익현에게 '노력하는 사람이라는 뜻'의 '면암'을 호로 내려 주었으며, '마음을 간직하고 이치를 밝히라'는 뜻의 존심명리存心明理와 '경건하게 올바른 길을 걸어가라'는 뜻의 낙경민직洛敬閩直의 글을 내려 주었다.

홍선대원군이 섭정을 하던 시절에 최익현은 홍선대원군의 비정을 고하고 백성들의 원망을 사는 정책을 비판하는 상소인 〈시폐4조소〉에서 첫째 막대한 비용이 드는 경복궁 중건공사를 중지할 것, 둘째 홍선대원군의 섭정을 중단할 것, 셋째 당백전을 혁파할 것, 넷째 모든 성문을 드나들 때 내는 통과세를 폐지할 것을 주장했다.

〈경란록〉의 기록이다.

"문신 최익현이 시정의 큰 잘못을 나열한 상소는 수 천 마디였고, 여러 조목으로 진술한 내용은 바로 화폐를 이정(바르게 다스림)할 것, 문세를 폐지할 것, 만동묘를 복설할 것, 4흉의 관작을 추삭할 것, 종실의 끊어진 대를 제대로 입후할 것 등이었다. 기타 논한 내용도 모두 바르고 강직한 말이었다. 그 때문에 임금이 가납(기꺼이 받아들임)하여 등용하려고 하자, 사헌부와 사간원이 합계(임금에게 글을 올림)하여 크게 반발하였다. −당시 간관은 모두 남인이었다.− 영상 홍순목이 야대(왕이 밤중에 신하에게 베푸는 경연)에서 최익현에게 벌을 내려 죽이도록 청하는 지경에 이르자, 임금은 부득이 최익현을 제주로 유배를 보냈다. 당시 최익현의 명성이 치솟아 온 나라가 우러러 보았는데, 기호 지역의 선비들은 모두 길가에 기다렸다가 큰 절을 올렸으며, 또 유배지까지 따라간 사람이 많았다. 경향의 사람이 소청을 설치하고 계속 황묘(만동묘)를 다시 세울 것, 4흉을 추율할 것, 아울러 −원문 결락− 호전(청나라 돈)을 폐지하고 상평통보를 사용할 것을 청하였다. 이에 대원군이 국정을 사양하고 물러났다. "

1873년 최익현의 상소는 만동묘의 철폐, 서원 혁파, 호전(청나라 돈)의 사용, 국적의 신원을 비판하는 것으로 흥선대원군의 10년 섭정을 끝내고 고종이 친정을 시작하는 결정적 상소가 되었다. 고종은 1873년 최익현을 승정원 동부승지로 임명하였지만 사임하자, 이에 고종은 오히려 호조참판으로 승진시켰다. 조선정부의 홍순목 등 고위 관료들은 사직서를 제출하여 고종의 처분에 반발하였고, 성균관 유생들은 휴업을 하면서 이에 가담했다. 최익현의 처벌을 주장한 홍순목은 갑신정변 때 피살된 홍영식의 아버지이기도 하다. 최익현은 동부승지와 호조판서를 사임하면서 상소 〈사호조참판겸진소회소〉를 올려 흥선대원군을 비판하자 결국 흥선대원군은 물러났고, 최익현은 제주도로 유배되었다.

최익현은 〈동부승지를 사임하는 상소〉에서 "신은 몇 해 전에 부름을 받고 마지못해 벼슬의 반열에 나왔으나 며칠도 못 가서 까닭 없이 견파당하였으니, 신의 변변치 못하고 사람답지 못한 것에 대해서는 전하께서도 벌써 환히 알고 계신 바입니다. 그때부터 시골로 물러가서 고생을 달게 받으며 낮은 벼슬자리도 감히 바라보지 못하였는데, 더구나 승지와 같은 훌륭한 벼슬이야 더 말할 것이 있겠습니까? 명을 듣고 나서 놀랍고 황송하여 더욱 죽을 곳을 알 수 없었습니다. (중략) 바로 이러한 때에는 아무리 노련하고 높은 덕망으로 세상 사람들의 추대와 신망을 받는 사람으로 하여금 이 일을 담당하게 하더라도 오히려 견제당하고 모순에 빠져 힘을 쓰기가 쉽지 않을 것인데, 더구나 신과 같이 본바탕이 어리석고 학식도 전혀 없는데다가 외롭고 약하여 어찌할 수 없는 사람으로서야 더 말할 것이 있겠습니까? (하략)"에 대해 〈고종실록〉에서 고종은 "그대의 이 상소문은 가슴속에서 우러나온 것이고 또 나에게 경계를 주는 말이 되니 매우 가상한 일이다. 감히 열성조의 훌륭한 일을 계승하여 호조 참판으로 제수한다. 그리고 이렇게 정직한 말에 대하여 만일 다른 의견을 내는 사람이 있다면 소인이 됨을 면하지 못할 것이다."라고 비답하였다.

1876년 최익현은 도끼를 메고 광화문에 엎드려 강화도조약을 반대하는 개항5불가의 '병자척화소'를 올려 개항 반대와 위정척사운동을 전개했고, 을사조약 이후에는 항일의병 활동을 전개했다.

최익현은 〈지부복궐척화의소〉에서 "한 번이라도 응해 주지 못하면 사나운 노기가 뒤따르며 침략하며 유린하여 앞서의 일을 모두 버리게 될 것입니다. 이것이 바로 강화가 난리와 멸망을 부르는 까닭이 되는 첫째 이유입니다. (중략) 그러면 몇 년 지나지 않아 동토 수천 리에 전답은 황폐해지고 집은 다 쓰러져 다시 보존하지 못하게 되고, 나라도 반드시 뒤따라 망하게 될 것입니다. 이것이 바로 강화가 난리와 멸망을 부르는 까닭의 둘째 이유입니다. (중략) 그러면 예의는 시궁창에 빠지고 사람들이 변하여 금수가 될 것입니다. 이것이 바로 강화가 난리와 멸망을 부르는 까닭의 셋째 이유입니다. (중략) 사람의 도리가 말끔히 사라지게 되고 백성은 하루도 살아가지 못할 것입니다. 이는 강화가 난리와 멸망을 부르는 까닭의 넷째 이유입니다. (중략) 사람과 금수가 강화를 맺어 우호를 이루어 같이 떼 지어 있으면서 근심과 염려가 없기를 보장한다는 것은, 신은 무슨 말인지 알 수 없습니다. 이는 강화가 난리와 멸망을 부르는 까닭이 되는 다섯째 이유입니다. (하략)"라고 도끼를 메고 궐 앞에 엎드려 척화를 논하는 상소를 올렸다.

[국사편찬위원회, 사료로 본 한국사]

위정척사운동은 1860년대 이항로, 기정진을 중심으로 한 척화론으로 시작하여, 1870년대에 는 최익현이 앞장선 개항반대운동이었으며 1880년대에 와서 이만손의 '영남만인소', 홍재학의 '만언척화소'를 올려 개화반대운동을 했고, 1890년대에는 직접 항일의병을 일으키는 행동으로 나섰다.

2. 민씨 사위, 며느리

사람은 어느 시대에서나 되고 싶은 것은 있는 법이다. 흥선대원군이 물러나고 민씨 척족이 주도하면서부터 민씨 집안의 사위나 며느리가 꿈이 되어 버렸다. 오죽하면 노래까지 불렀겠는가. 민씨 집안의 많은 사위 며느리 중에 한 집안에서 민씨 사위나 며느리 한 명만 나와도 온 집안이 살았다. 민씨 척족 세도가 한창일 때에는 매관매직이 심하여 곡창지대인 호남 지방관서의 지방관리 한 명만 집안에서 나와도 온 집안이 먹고 살 았다고 하니 얼마나 부패가 심했던 것일까.

〈경란록〉의 기록이다.

"명성황후의 친동생 민승호와 왕대비의 친조카 조영하와 흥인군 이 최응이 함께 국정을 주도하였다. 그런데 1년이 채 되지 않아서 민승호가 소사하자 여러 민씨들이 번갈아 세도를 장악하여 어지러운 정사가 이전 사례보다 심하였다. 병권과 재부, 큰 고을과 군현이 모두 민씨 집안의 물 건이 되었고, 금마옥당이 모두 다 사냥개처럼 끌고 매처럼 부리던 외척 의 빈객들이었다. 당시 사람들이 다음과 같은 노래를 불렀다.

사내아이를 낳으면 민씨 집안의 사위가 되기를 원하고 生子願爲閔家壻
딸아이를 낳으면 민씨 집안의 며느리가 되기를 원하네 生女願爲閔家婦
나라 사람들이 이처럼 질시하였으니, 어찌 오랫동안 복록을 누릴 수 있겠는가. 이것이 바로 갑을의 난리를 초래한 원인이 되었다."

1873년 고종이 친정을 시작하면서부터 1895년 10월 민비가 시해당 할 때까지 흥선대원군이 재섭정을 했던 4개월을 제외하고 22년 동안 민 씨 척족이 세도를 하였다. 민비는 16세 때 운현궁에서 고종과 가례를 치 뤘고, 23세 때 민씨 척족 세도가 시작되어 44세에 시해됐다. 1882년 임오 군란 때 흥선대원군은 1개월간 2차 섭정을 하였고, 1894년 7월 동학농민 혁명 때 흥선대원군은 3개월간 3차 섭정을 한 바 있다.

흥선대원군 집안은 여흥 민씨와 인연이 깊었는데 여흥은 경기도 여

주시를 말하며, 지금도 여주시에는 여흥동이 있다. 흥선대원군의 어머니가 여흥 민씨였고, 흥선대원군의 부인이 여흥 민씨였으며 흥선대원군의 며느리가 여흥 민씨였고, 손자 며느리가 여흥 민씨였다. 이렇게 4대에 걸쳐 여흥 민씨와 혼인 관계였고, 고종 이전에는 숙종 계비 인현왕후가 여흥 민씨였다,

민비는 본명이 민자영으로 철종 때(1851) 경기도 여주에서 민치록의 딸로 태어나 8살 때 부친이 죽고 서울 감고당에서 홀어머니와 살았다. 민자영은 흥선대원군 부대부인과도 먼 친척 관계이기도 하여, 1866년 왕비 간택 과정에서 흥선대원군 부대부인의 영향도 컸다. 안동 김씨의 세도 아래에서 고난을 몸으로 겪어서 누구보다 세도의 병폐를 잘 알고 있는 흥선대원군은 홀어머니와 사는 민자영이 척족 세도와는 거리가 멀 것이라고 믿었고 왕비로서 적임이라고 보았다.

세상일이라는 것이 사람의 생각대로만 흘러가는 것은 아니었다. 안동 김씨 세도에 질린 흥선대원군도 여흥 민씨의 아버지 없는 민자영이 척족 세도와는 거리가 멀 것이라고 보았던 기대가 무너지는 데는 시간이 오래 걸리지도 않았다.

1871년 민비가 첫 아이를 출산했으나 항문이 없는 아이로 태어나 시아버지인 흥선대원군이 손자의 병 치료를 위해 산삼을 보냈고, 아이는 태어난 지 4일 만에 죽었으며 민비는 흥선대원군이 보낸 산삼의 의도를 의심했다. 이미 고종은 궁인 이씨와의 사이에서 아들을 보았는데 흥선대원군은 이 아이를 총애하였고 완화군이라고 하여 세자로 책봉하려 했기 때문에, 이때 민비와 흥선대원군 사이에는 틈이 생기기 시작했던 것이다.

1873년 최익현의 상소로 흥선대원군이 물러났고 성인이 된 고종이 직접 친정을 하게 되었으며, 최익현이 탄핵을 주장하다가 해임당했지만, 민비의 지원으로 최익현은 다시 등용되었다. 1874년 민비의 양오빠인 민승호 집으로 배달된 폭탄이 터져 민승호를 포함하여 일가족이 폭사했는데 흥선대원군이 실각한 후, 민승호는 민씨 일가 척족의 거두였다. 민비는 폭탄을 보낸 배후가 흥선대원군이라고 믿었고 흥선대원군 쪽에 섰던 관료들을 파면하기 시작했으며 그 자리를 여흥 민씨 사람들로 채워 나갔다. 조선 정부의 주요한 자리는 여흥 민씨 척족들이 대부분 차지하게 되었고 나중에는 여흥 민씨 종친회라 불릴 정도로 심하여 민씨 척족 세도가 안동 김씨 세도보다 더 심했다.

〈경란록〉의 기록이다.

"날마다 달마다 기도를 올렸는데 그 비용은 모두 관찰사나 수령의 자리를 매입하는 것과 향민의 부호에게 관직을 강제로 팔아먹는 수입에서 나온 것이다. 또 취렴하는 신하로 하여금 백성의 전토와 곡식을 빼앗게 하고, 산해의 잡세를 새로 책정하였다.

광산을 개척하여 금은을 채굴하고 선박을 관리하여 어염세를 거둔 것이 모두 거대한 재화였는데, 이를 내장원에 저장해 놓고 무함으로 하여금 이를 강 귀신에게 던져 주게 하고 곤명으로 하여금 이를 산 귀신에게 던져 주게 하였다."

이들 여흥 민씨 척족들은 매관매직으로 수령 자리를 팔았고 수령들은 백성들을 부정과 수탈을 하기 시작하여 흥선대원군이 쌓아두었던 국고마저 텅 비는 지경이 되었다. 그러다 보니 군인들의 봉급도 밀려 제때 지급하지 못하여 일어난 사건이 임오군란으로서 구식 군인들은 민비와 민씨 척족들을 제일 먼저 척결하고자 했다. 민비는 반란 군인들이 궁궐로 몰려오자 이를 미리 알고 장호원으로 도망을 갔고 흥선대원군은 민비의 시신도 없는 상태에서 민비의 의복만으로 장례 절차를 진행했다. 도피한 민비는 고종에게 사람을 보내어 청나라 군사를 끌어들이도록 했고 청나라군은 즉각 조선에 개입하여 군란을 진압하였고 흥선대원군을 군란 배후로 지명하여 청나라로 잡아갔다. 권력 앞에서는 부모 자식 며느리가 없었고 고종에게는 여흥 민씨 사람들이 후원 세력이 되었다.

그 후 고종과 민비는 1894년 동학농민혁명이 발생했을 때 그 배후에도 흥선대원군이 있다고 보았고, 1895년 민비가 일본 낭인들의 칼에 시해되는 을미사변의 배후에도 흥선대원군이 있다고 보았으며, 나중에 흥선대원군이 죽었을 때 고종은 아버지 흥선대원군의 장례식에도 참석하지 않았다. 세도정치에 치를 떨었던 흥선대원군이 조 대비와 손잡고 12살 아들을 왕위에 올려 권력을 손에 쥐었지만, 여흥 민씨 척족 세도의 중심에 있었던 며느리 민비와의 오랜 정치적인 싸움이 이렇게 끝났다.

안동 김씨 세도를 능가하는 여흥 민씨 척족 세도시기에는 외국의 군대를 끌어들여 임오군란, 갑신정변, 동학혁명을 진압하였고 이것이 결국 조선을 청나라, 일본, 러시아의 전쟁터로 만들고 각국의 경제적인 이권 쟁탈장이 되게 하였다. 민씨 척족 세도정치의 파장은 넓었고 이익은 엉뚱한 쪽에서 챙겨 갔는데 이것을 보면 국내 정치의 안정이 얼마나 중요한 지 알 수 있다.

일본은 조선에서 사태가 발생할 때마다 개입하였고 사태가 끝나면 조선과 여러 가지의 조약을 맺으며 곡물, 수산물과 같은 경제적 이익을 챙겼다. 1950년 6.25동란 때에도 미국은 2차 세계대전의 패전국으로 폐허가 되었던 일본을 병참기지로 활용하면서 한국전을 수행하였고 일본은 군수산업을 일으켜 경제적으로 부활했다.

3. 초지진, 영종진 도발

종로에서 뺨 맞고 한강에서 화풀이 하는 격으로 미국군함이 일본에 와서 소동을 벌였던 것보다 일본군함이 조선에 와서 더 큰 소동을 벌였다. 흥선대원군이 물러나고 성인이 된 고종이 친정을 하니 일본으로서는 기회가 왔다고 보았다. 미국은 일본에 와서 군함으로 시위를 벌였지만, 일본은 강화도에 대포를 쏘면서 약탈을 했고 육지에 사는 조선 백성들조차 피난을 떠났다.

〈경란록〉의 기록이다.

"일본 장수 구로다 기요타카가 군함을 거느리고 와서 남양 앞바다에 정박하니, 온 나라에 큰 소동이 일어났다. 또 일본 군사가 종선(큰 배에 딸린 작은 배)을 타고 우리나라 연해를 두루 다니니, 여러 군의 관민이 그 의도를 헤아리지 못하고 민심이 흉흉하였다."

1875년 조선은 쇄국을 추진한 홍선대원군이 물러나 고종이 친정을 시작하던 시기였고 일본은 1868년 메이지유신을 하여 근대화를 했고 중앙집권체제를 갖추고 침략을 통한 부국강병책을 모색하던 시기였다. 일본은 군함 3척 운요호, 춘일호, 제이정묘호를 일본 나가사키에서 출항시키고 이들 군함들은 부산으로 접근하여 함포시위를 벌였다.

미국의 페리 제독이 군함 4척을 끌고 1853년 일본에 도착하여 시위하던 것과 같은 모습이었다. 검고 거대한 미국 군함이 일본의 작은 어촌 마을인 우라가 항으로 들어왔고, 일본 막부는 1년 후에 보자고 하여 돌려보냈으나 1년 후 미국 군함들이 다시 가나자와 앞바다에서 함선 시위를 했던 것이다. 일본 막부는 의견 대립이 있었으나 미국과 화친조약을 맺는 것으로 결정을 하여 미일화친조약(1854), 미일통상조약(1858)을 맺었던 것이다. 그 방식 그대로 22년 후 일본이 조선을 향해 함포 시위를 벌였다.

운요호는 일본이 영국에서 구입한 포가 설치된 일본 해군의 군함으로서 동해상으로 올라와 무력 시위를 벌이다가 남해안을 탐측하고 서해로 올라와 강화도에 접근했다. 9월 운요호는 난지도 부근에 정박하고 작은 배에 일본 군인을 태우고 식수를 구한다는 구실로 초지진포대에 접근했고, 초지진에 있던 조선군은 일본군의 접근에 대해 경고를 하고 포격을 가했다. 운요호 함장 이노우에 요시카는 초지진에 보복 공격을 가하여 초지진을 파괴하고는 영종진까지 가서 포격을 가하고 육군을 상륙시켜 살인, 약탈, 방화를 자행하고는 나가사키로 귀항했다. 조선군 부대를 지휘하던 영종첨사 이민덕은 도주하였고, 일본군의 포격으로 많은 조선군 병사들이 전사했다.

운요호는 일본의 계획적인 도발로 조선군과의 전투를 각오하고 도발 후에는 조선에 피해보상을 요구하면서 개항을 강요할 계획이었다. 그러나 조선은 초지진과 영종진이 일본의 포격으로 쑥대밭이 되었던 반면 일본은 부상 2명의 피해밖에는 발생하지 않아 조선에 피해보상을 거론할 수 없는 입장이었다. 운요호의 함포 사격거리는 길었고, 조선군의 포사거리가 짧아 일본 군함까지 도달되지 못하여 조선군은 피해가 컸고 일본군은 피해가 없었다.

일본은 식수를 구하러 갔던 일본의 작은 배에 조선이 먼저 선제 공격을 하였고, 이에 방어적으로 대응 사격을 가하였다고 주장하면서 선제공격에 대한 조선의 책임을 물었고 그 책임의 일환으로 수교 통상을 강요했다. 일본은 운요호 도발을 의도적으로 일으킴으로서 군함의 시위 발포를 통한 포함외교의 수단으로 사용하였고 조선은 일본과 조약을 맺게 되었다.

4. 초량왜관, 초량항項

운요호가 소동을 벌이고 물러가자 일본은 조선에 통상조약을 들고 나타났다. 조선과 일본은 이미 오래 전부터 통신사가 오고 가고 있었고 왜구의 무분별한 침범을 막고자 부산에 왜관을 설치해 주고 일본인들이 상주하고 조선인과도 교류를 하고 있었다. 조선 정부는 왜 새삼스럽게 일본이 통상조약을 요구하는지 짐작하지 못했다. 일본이 내민 조약은 불평등조약이었고, 면세조약이었고, 치외법권조약이었다. 이를 지켜본 열강들은 일본과 마찬가지로 군함을 앞세우고 통상조약서를 가지고 조선에 왔고 조선은 그렇게 개항이 되었다.

〈경란록〉의 기록이다.

"판부사 신헌과 부총관 윤자승을 문정사로 정하여 강화도에 가서 그들이 온 의도를 묻게 하였다. 저들이 수호교린이라고 말하니, 조정에서 부득이 강화하였다. 그동안 4~5개월 동안 소란이 크게 일어나고 전국이 바늘방석에 앉아 있는 듯하다가 일본 군함이 다시 일본으로 돌아간 후 국민이 차츰 안정되었다. 뒤에 하나부사 요시타다가 와서 통상조약을 맺자 또 큰 소동이 일어났다. 이로부터 영국, 미국, 프랑스, 독일, 러시아 등 여러 열강의 군함이 연속해 와서 큰 소란이 일어났지만, 이를 다 기록할 수 없다."

1876년 2월 27일 조선의 대관 신헌, 부관 윤자승, 일본의 전권변리대신 구로다 기요타카, 부전권변리대신 이노우에 가오루가 강화도 연무장에서 〈조일수호조규〉, 일명 강화도조약을 맺었다. 신헌은 1810년 출생한 조선의 무신으로서, 강화도조약과 조미수호조약을 체결한 사람이고 구로다 기요타카(1840. 출생) 육군 중장의 무신으로서 내각총리대신으로 있었다.

"(상략) 제4관 조선국 부산 초량항草梁項에는 일본공관이 세워져 오랫

동안 두 나라 인민이 통상하는 구역이 되었다. 지금 마땅히 종전의 관례와 세견선歲遣船 등의 일을 혁파하여 없애고 새로 세운 조관에 의거해 무역 사무를 처리한다. 또 조선국 정부는 모름지기 별도로 제5관에 기재한 두 곳의 항구를 개방해 일본국 인민이 오가면서 통상하게 하며, 해당 지역에 나아가 땅을 빌리거나 집을 짓고 혹은 사람들이 살고 있는 집에 임시로 살고자 한다면 각각 그 편의를 따라 들어주도록 한다.

제5관 경기, 충청, 전라, 경상, 함경 5도 가운데 연해에서 통상이 편리한 항구 두 곳을 선택하여 지명을 지정한다. 항구를 여는 기한은 일본력 메이지 9년 2월, 조선력 병자년 2월부터 계산하여 모두 20개월로 한다. (하략)"

[국사편찬위원회, 사료로 본 한국사]

동래부에 부산부청이 들어선 것은 일제강점기 때로서, 부산부청이 부산시가 되었고 동래부는 동래구로 현재 남아있다. 왜관은 일본인이 상주하던 지역으로 동래부 지역에는 초량왜관, 두모포왜관, 절영도왜관 등 3개 왜관이 있었다. 언제부터 왜관이 설치되었는지 분명하지 않지만, 고려시대에 일본사절이 머무는 객관이 있었고, 조선 태종 때 동래부 지역에 왜관이 시작되었고 세종 때 3곳 삼포왜관이 있었다.

초량왜관은 규모도 크고 가장 오랫동안 존속되어 왔으며 이곳에서 조선인과 일본인의 교류가 이루어지고 있었다. 강화도조약 제4관에서 초량항이 통상구역이 되어 개항했는데 초량항의 '항'은 '항구 항'港자가 아니고, '목 항'項자로서 영도 쪽 바다 사이의 좁은 물목을 '초량항草梁項'이

라 했다. 병자수호조규, 병자수호조규부록, 부산구조계조약에 의해 초량
왜관 터에 '일본전관거류지'가 들어섰다.

통상을 하기 위해서는 시설을 설치하고 사람이 거주할 땅이 필요했다.

강화도조약 제4관에는 "해당 지역에 나아가 땅을 빌리거나 집을 짓
고 혹은 사람들이 살고 있는 집에 임시로 살고자 한다면 각각 그 편의를
따라 들어주도록"했다.

그래서 초량왜관이 개항장이 되었고, 일본은 년간 50엔에 조차를 하
여 우리나라 최초의 조차지가 되었고 치외법권이 인정되었다. 초량왜관
에는 대마도 사람들이 장사를 하면서 머물렀고 대마도의 도주가 파견하
는 왜관 관주가 왜관을 관리했다. 강화도조약에 의해 '일본전관거류지'
가 되면서 규슈 지방과 야마구치현의 일본인들이 몰려들었고 조계지에
는 일본 정부에서 파견된 관리가 일본인들을 다스리면서 조선의 동래부
와 교섭을 했다. 거류지 일본인은 '간행리정間行里程'에 의해 다닐 수 있는
범위가 정해져 있었는데 일본전관 거류지에서 10리(4km) 범위였고 그 후
'간행리정'의 개정으로 100리까지 확대되었다.

초량항이 개항되고 여러 국가와 통상조약을 맺으면서 일본 선박뿐
아니라 청나라, 영국, 러시아, 미국, 독일, 프랑스의 선박들이 들어왔다.
선박에는 서구상품으로 개화복(양복), 개화모(모자), 개화화(구두) 등이 실려
왔으며 외국 선박이 싣고 온 상품이라고 하여 이들 상품을 '박래품'이라
고 불렀다. 1880년 원산이 개항했고, 1883년 인천이 개항했는데 일본으
로서는 부산이 경제적인 목적의 개항이었고, 인천은 정치적 목적의 개방
이었으며, 원산은 군사적 목적의 개항이었다.

일본은 점차 통상장정을 통해서 조선의 경제권을 침탈했고, 조약을 통해서 조선의 국권을 침탈하여 조선 정복의 발판으로 삼았다. 1882년 조선과 청나라가 '조청통상조약'을 체결하면서 1884년 청국영사관이 부산지역에 설치되었고, 청국조차지가 초량동지역에 설정되었다. 1883년 영국과는 '조영통상조약'을 맺었고 영국 영사가 주재하였고 영주동 지역을 조차했다. 현재 부산시 동구청은 좌천동에 '부산포개항문화관'을 2014년 개관하여 개항기 역사를 소개하면서 아울러 독도를 지키기 위해 일본에 2번 다녀온 안용복을 기리고 있다.

5. 만국공법 세상

조선이 쇄국을 하는 사이에 세계는 만국공법의 세상이었지만 뒤늦게 조선에도 만국공법이 들어왔다. 만국공법은 국가의 권리를 규정하면서 외교관계와 조약체결, 전쟁과 중립에 대해서 규정하고 있었다. 지금의 국제법과 체계상으로는 같지만 국가 문제를 다룰 국제기구는 시간이 한참 지나고 나서 생겼다. 만국공법은 열강들이 약한 나라를 강요하고 지배하는 군함과 함께 무기로 사용되었고 조선도 얼떨결에 조약을 강요당했다.

〈경란록〉의 기록이다.

"〈만국공법〉에는 각국 공관을 개항지 안에 설치하고 도성 안에는 건설하지 못하게 되어 있으나, 이번 이 조약에서는 '인천지한성(仁川之漢城)'의 한 행 가운데 '지之' 자로 저들에게 속임을 당하였다. 그러므로 저들이 이를 빙자하여 도성 안에 공관을 짓고 크게 시장을 열었다."

1876년 강화도조약 체결을 위해 조선대표 신헌과 일본대표 구로다 기요타카가 만났고 구로다는 신헌에게 만국공법을 소개하면서 조약 체결을 요구했다. 1880년 김홍집이 일본에 수신사로 가서 조선책략을 쓴 황준헌으로부터 정관응의 '이언'을 전달받았는데 '이언'은 만국공법과 서양제도를 소개하는 책이었다. 조선의 지식인들은 '이언'을 읽고 개화의 필요성과 부국강병의 중요성을 인식하기 시작했다.

'만국공법'은 미국인 국제법 학자 헨리 휘튼이 쓴 국제법원리를 선교사 윌리엄 마틴이 중국어로 번역한 책이다. 국가의 자주권, 자연권, 조약과 왕래의 권리, 전쟁 및 중립에 대한 지식을 가진 서구 여러 나라들은 배를 타고 세계를 돌아다니며 군사력으로 견제하면서 조약을 체결하고 통상을 요구하였다. 이러한 일은 곧 자국을 부강하게 만드는 일이었기 때문에 공법으로서 만국공법을 아는 것이 세계질서에 편입될 수 있는 길이었다. 나라 간의 관계를 정립하는 법이지만 나라가 힘이 비슷할 때의 얘기고 한쪽 나라의 힘이 약해지면 공법의 공정성을 기대할 수 없었다.

〈고종실록〉에서 고종은 "영국·프랑스·미국·러시아 같은 구미 여러 나라에서는 정교하고 이로운 기계를 새로 만들고 나라를 부강하게 만드는 사업에 최선을 다하고 있다. 그들은 배나 수레를 타고 지구를 두루 돌아다니며 만국과 조약을 체결하여, 병력으로 서로 견제하고 공법으로 서로 대치하는 것이 마치 춘추 열국의 시대를 방불케 한다. 그러므로 천하에서 홀로 존귀하다는 중화도 오히려 평등한 입장에서 조약을 맺고, 척양에 엄격하던 일본도 결국 수호를 맺고 통상을 하고 있으니 어찌 까닭 없이 그렇게 하는 것이겠는가? 참으로 형편상 부득이하기 때문이다." 척화비를 뽑도록 교서를 내리면서 만국공법을 인용했다.

만국공법은 육영공원의 교과서로도 사용되었으며, 유길준의 〈서유견문〉, 황현의 〈매천야록〉, 정교의 〈대한계년사〉에서도 만국공법을 인용했다 조선의 지식인들은 만국공법의 내용을 잘 알고 있었지만 외국과 수호통상을 맺는 시대에서 약자인 조선은 만국공법의 혜택을 보지는 못했다.

6. 두모진해관 폐쇄

아무리 세상 돌아가는 것이 어두워도 국가는 어떤 이익과 손해를 보고 있고 백성들이 어떤 혜택과 피해를 보는지 알 수 있다. 개항으로 세금도 없는 무관세 상품이 쏟아져 들어오기 시작하니 당연히 이익 보는 쪽과 손해 보는 쪽이 생기기 마련으로 처음 문제가 발생한 곳이 부산의 두모진포였다. 두모진포는 지금의 부산진역 바닷가 쪽에 있었는데 1878년 조선은 개항장에서 일본과의 교역량이 증가하면서 일본 상품의 무관세 문제에 대한 인식을 하게 되었다. 조선정부는 부산 개항장 두모진포에 해관을 설치하였고 일본 상품의 수입에 관세를 부과하여 징수했다.

관세 징수에 따른 일본상품의 가격이 상승하게 되면서 일본 무역상들이 조선정부에 항의하는 사태가 벌어졌는데 조선 정부는 강경하게 대응했고, 일본 외무성은 두모진해관 설치는 강화도조약 위반이라고 대응했다. 일본은 군함을 동원하여 부산 앞바다에서 포사격을 하는 등의 무력시위도 벌렸고 결국 조선 정부는 12월에 두모진해관을 3개월 만에 폐쇄하는 것으로 끝났는데 이것이 두모진해관 사건이다.

1883년에 정식으로 부산해관이 설치되어 그 이후 계속 유지되고 있다. 두모진해관 사건으로 조선과 일본은 조일통상장정의 개정을 위해 교섭을 벌였고, 1882년 〈조미수호통상조약〉을 체결하면서 관세 문제의 중요성을 알게 되었으며, 〈1883개정.조일통상장정〉으로 기존의 장정을 개정하여 조선은 관세율을 정하고 일본 수입물품에 관세를 부과하게 되었다.

곡물 반출로 인한 피해를 막고자 1개월 전에 통보하는 것을 조건으로 방곡령 선포를 시행할 수 있게도 되었다. 2013년 부산해관 설치 130주년을 기념하여 부산경남본부세관은 지금의 부산 수정동 부산진세무서 부근에 '두모진해관' 표지석을 세우고 이를 기념하고 있다.

1876년 8월 조일수호조규의 체결 후 6개월 이내에 통상장정을 체결한다는 규정에 따라, 조선의 의정부 당상 조인희와 일본의 외무대승 미야모토 고이치는 〈조일수호조규부록〉과 〈조일무역규칙〉을 체결했다.

"(상략) 제3관. 논의하여 결정한 조선국의 통상하는 각 항구에서 일본국 인민이 땅을 빌려 거주하는 것은 모름지기 토지 소유자와 상의하여 그 액수를 정한다. 관청에 속한 토지에 내는 조세는 조선국 인민과 더불어 같다. 무릇 부산 초량항의 일본관은 종전에 수문과 설문을 설치했으나 지금부터 철폐하고 새로 정한 거리의 한도에 의거해 표식을 경계 위에 세운다. 다른 두 항구도 역시 이러한 예를 따른다.

제4관. 이후 부산항에서 일본국 인민이 통행할 수 있는 도로의 이정은 부두로부터 계산하여 동서남북 각 직경 10리(조선 거리)로 해 정하며, 동래부 가운데 한 곳에 이르러서는 특별히 이 이정 안에서 오갈 수 있다. 일본국 인민은 마음대로 통행하며 토산물과 일본국 물산을 사고 팔 수 있다. (중략)

제7관. 일본국 인민은 본국의 현행 여러 화폐를 사용해 조선국 인민이 소유한 물품과 교환할 수 있으며, 조선국 인민은 그 교환한 일본국의 여러 화폐로 일본국에서 생산한 여러 가지 상품을 살 수 있다. 이로써 조선국의 지정된 여러 항구에서 인민들은 서로 통용할 수 있다.

(하략)"

〈조일수호조규부록〉은 개항장 내에서 일본인의 거주 이동의 자유, 토지를 자유롭게 빌리는 행위, 개항장 10리(4km) 범위에서 자유로운 무역, 일본 화폐 유통을 하게 했다. 〈1876,조일무역규칙〉에서는 조일수호조규의 세부사항을 보충하여 개항장을 통해 일본인에 한해 미곡 수출입을 하고, 수출 및 수입 상품은 무관세였으며, 일본 상선에 한해 미개항장으로 화물 운송을 하는 등의 불평등한 무역규칙이었다. 〈조일무역규칙〉은 〈1876.조일통상장정〉이라고도 하여 무항세, 무관세, 곡물의 무제한 유출이 허용된 불공정규칙이었던 것을 1883년 개정으로 〈1883개정.조일 통상장정〉 체결로 불공정을 시정했다.

7. 동래부암행어사

조선에서는 여전히 수구파와 개화파의 논쟁이 치열한 가운데 일본과 조약을 맺었고 개항을 했으나, 조약에 따라 개화와 사절단 파견을 반대하는 유생들의 상소가 빗발쳐 일본에 사절단을 보내는 것부터 반대의 벽에 부딪혔다. 조선 정부는 일본에 사절단을 파견하려고 했지만 파견 반대를 무마하면서 어떻게 파견할지가 문제였다.

조선 세종 때 처음으로 일본에 통신사를 보냈는데 그 규모가 정사, 부사, 서장관 외 적게는 300명 많게는 500명으로 구성했고, 기간도 6개월에서 1년 정도 소요되었다. 임진왜란 전에는 왜구들의 금지를 위한 국서를 전달하는 일이었으나 왜란 이후에는 포로 교환이나 국정 탐색이 주임무였다. 임진왜란 이후에도 12차례나 일본에 통신사를 보냈고 지금도 부산과 시모노세키에서는 통신사를 재현하는 행사를 열고 있다.

〈경란록〉의 기록이다.

"우리나라는 일본과 바다 하나를 사이에 두고 있으며, 수레는 바퀴의 치수가 같고 글은 문자가 같다. 두 나라는 가장 가까운 이웃 나라이니, 강화를 맺지 않으면 전쟁을 하게 되는 것은 형세상 당연한 일이다.

그러므로 천여 년 동안 자주 우리의 변경을 침략해 왔다. 임진왜란의 경우 크게 패배하여 돌아갔지만, 아직도 승냥이와 같은 마음을 품고 있으며 잠시라도 그 수치심을 잊지 않고 있다. 근래에 일본국의 문화가 증진되었는데, 그것은 우리나라에 이롭지 않으며 조만간에 일이 일어날 것임은 진실로 예상했던 일이다. 그럼에도 불구하고 우리나라는 부국강병에 힘쓰지 않고 전적으로 편안함을 일삼으며 고질적인 당쟁과 권력쟁탈로 인하여 눈앞의 고식만을 능사로 삼았다.”

　　당시 전국 유생들이 개화정책을 반대하는 상황으로 이만손은 ‘영남만인소’라고 하는 상소를 올려 개화를 강하게 반대했다. 조선에서는 조사(朝士 조선 선비)들을 파견하면서 사절단이라고 부르지 않고 ‘동래부암행어사’라는 이름으로 파견했으며 부산까지 이동하는 과정에서도 암행어사의 역할을 하였다. 그만큼 개화에 대한 조선 정부의 의지는 강했다.

　　1876년부터 1883년까지 7년 동안에 조선 정부는 강화도조약이 체결되고 나서 각 국가에 몇 차례 사절단을 파견했다. 먼저 일본에 〈수신사〉를 2차례 파견했다. 1차 수신사로 1876년 김기수를 파견했고, 김기수는 수신사의 활동에 대해 〈일동기유〉, 〈수신사일기〉를 저술했다. 2차 수신사로 1880년 김홍집을 파견했고, 황준선의 〈조선책략〉과 정관응의 〈이언〉을 가져와 소개했다.

　　일본에 1881년 파견한 〈조사朝士시찰단〉은 12명을 조사朝士로 하는 12개 반으로 편성하여, 1반에 5명씩 전체 60명으로 구성하여 파견했다. 조사시찰단의 조사朝士는 조선의 선비라는 의미이고 예전에는 신사유람단이라고 했다. 12명의 조사는 각 전문 분야별 중견급 관리들로서 조준영, 박정양, 엄세영, 강문형, 조병직, 민종묵, 이헌영, 심상학, 홍영식, 어윤중, 이원회, 김용원이었다.

일본에서는 일본 공사인 하나부사가 동행하면서 일본 정계의 거물들을 만나도록 주선했다. 이들은 74일간 도쿄에 머물면서 서양문물을 적극적으로 도입한 일본의 근대기관들을 살피고 돌아왔고 이후 조선 개화 세력에 큰 영향을 주었고, 수행원으로 함께 갔던 유길준, 윤치호는 일본에 유학했다.

청나라에는 1881년 순천부사 김윤식과 많은 유학생들로 〈영선사〉를 구성하여 신식무기 학습을 목적으로 파견되었다. 이들은 체류 경비도 부족했고, 국내에서는 임오군란 발생으로 학습이 중단되어 그다지 성과를 거두지 못했다. 조선의 국내에서는 척화론이 팽배한 가운데 김윤식은 이홍장으로부터 미국과의 교섭 문제를 종용받았고 이에 대한 관심이 오히려 더 컸다.

이들이 귀국 후 얼마 지나지 않아 조선은 미국과 '조미수호조규'를 체결하였고, 1883년에는 삼청동에 최초의 기기창을 세웠다. 미국에 1883년 〈보빙사〉로 민영익을 전권대사로 파견하였는데 '보빙'이란 방문에 대한 답례를 뜻하는 것으로 미국공사 푸트를 조선에 파견한 답례였다.

민영익(1860~1914)은 민겸호의 양자로서 순종의 비인 순명효황후의 오빠로 미국 방문을 마치고 돌아올 때에는 유럽과 아시아를 경유하여 최초로 세계일주를 했고 온건개화파였으며 을사조약 이후 상하이로 망명하여 그곳에서 사망했다.

8. 조선책략, 한국책략

140년 전 청나라의 일본에 주재하던 외교관이 쓴 〈조선책략〉이 조선에 큰 영향을 주었다. 개화파는 '조선책략'을 조선의 나아갈 방향이라고 보았고, 척사파는 '조선책략'을 불태웠다. 140년 지나고 오늘에 와서 '한국책략'은 과연 무엇인가를 생각하게도 한다. 어느 시대나 미래에 대한 불확실성이 있으며 더구나 140년 전 근대로 넘어가는 제국주의 시대에 늦게나마 근대화로 들어선 조선의 길은 불안했다.

1880년 주일본 청나라공사관의 참찬관으로 있던 황준헌(1848~1905)이 〈조선책략〉을 썼고, 조선의 수신사로서 일본을 방문한 김홍집에게 이를 전달했다. 김홍집은 귀국해서 조선책략을 고종에게 바쳤고 고종은 조선 정부 대신들에게 〈조선책략〉을 읽도록 나누어 주었다. 조선책략에는 중국과 친하게 지내고, 일본과 관계를 맺고, 미국과 연결함으로써 조선이 자강을 도모할 수 있다는 내용이었다. 조선책략이 알려지면서, 보수적인 유생들은 상소를 올려 척사운동을 대대적으로 전개하는 가운데 조선 정부는 〈조선책략〉의 내용대로 개화정책을 지속적으로 추진했다.

개화 정책이 계속 추진되자 전국 유생들이 격분했고, 조선 말기 유생인 홍재학(1848~1881)은 관동 대표로서 서울에 올라가 〈만언척사소〉 척화 상소문를 올리고 통리기무아문의 혁파를 주장하고 개화 정책에 앞장섰던 김홍집, 이유원 등을 규탄했다. 홍재학은 개화만을 반대하는 게 아니고 왕까지도 거친 표현으로 공격을 했다가 죽임을 당했는데, 서소문 밖 형장에서 능지처참 당하기 전, 통곡하는 가족과 유생들에게, "내 이제 정의를 위하여 죽는데 왜들 우시오"라며 죽었는데 나이가 33세였다.

〈조선책략〉에서 "그러므로 오늘날 조선의 책략은 러시아를 막는 일보다 더 급한 것이 없을 것이다. 러시아를 막는 책략은 무엇인가. 중국과 친하고(親中國) 일본과 맺고(結日本), 미국과 연결(聯美國)함으로써 자강을 도모할 따름이다. (중략) 무릇 일본의 선창·총포국·군영에도 대개 가서 배울 수 있고, 서양인들의 천문·산법·화학·광학·지학도 모두 가서 배울 수 있다. 또 부산 등지에 학교를 설립하여 서양인을 맞아들여 교습시킴으로써 무비를 널리 닦아야 한다. 참으로 이같이 할진대 조선 자강의 터전은 이로부터 이룩될 것이다."라고 했다.

140년이 지나 그때나 지금이나 열강들에 둘러싸여 미국과 중국의 선택을 요구받고 있다. 우리나라는 지정학적으로 열강들 사이를 벗어날 수는 없고 과거나 현재나 그대로다. 현재 대한민국의 위상은 과거 조선과는 사정이 다르고, 국민들의 인식과 세계 각국이 보는 시각도 다르다. 그렇지만 부국강병과 국내적인 안정과 결속은 예나 지금이나 중요하다. 이제 '조선책략'이 아닌 '한국책략'을 우리 스스로 준비하고 대비해야 하지 않을까 본다.

조영헌 고려대 역사교육과 교수의 역사 속 하루, '21세기판 '조선책략'이다.

"물론 140년이 지난 지금 이런 조언을 공개적으로 제시할 중국 외교관은 없을 것이다. 그동안 국제 정세는 크게 몇 번 변했다. 그럼에도 불구하고 21세기 한국의 외교적 경관은 여전히 4개국에 집중된 국면에서 크게 벗어나지 못했다. 하지만 구호는 이렇게 바뀐 듯하다. "결미국結美

國, 친일본親日本, 연중국聯中國." 미국과 결속하고 일본과 친교하며 중국과 연대하라. 단 대한민국의 자강을 위해."

[서울경제, 2023.3.22.]

이종찬 전 국정원장의 〈대한민국의 길〉 인터뷰 일부이다.

– 미국과 중국의 갈등이 심화하는 모습입니다. 한국 외교는 어떤 지향을 가져야 할까요.

"조선조 말에 김홍집 통신사가 일본에 갔을 때 중국 외교관 황준원이 '조선책략'이란 책을 줬습니다. 거기에 길이 있어요."

– '조선책략'은 연미聯美 친중親中 결일結日을 말합니다.

"친중국 해라, 결일본 해라, 연미국 해라, 이랬잖아요. 그 문장 바로 밑에 뭐라고 써 있느냐면, 미국이라는 나라는 영토적 야심이 없고 사람을 천시하지 않는다고 토를 달아놨어요. 동양에 위치한 중국이나 일본이나 러시아는 전부 영토적 야심이 있단 말이에요. 그러니 영토적 야심이 없는 미국과 잘 지내라고 한 겁니다. 나는 그 대목에 상당히 유념합니다. 그게 뭐냐, 이승만 대통령 시절부터 미국을 끌어들인 게 동양 평화에 균형자 역할을 했습니다. 한미동맹은 이승만 대통령이 만들어낸 구조인데 굉장히 잘 만들었습니다. 미국이 우리나라와 동맹을 맺고 미군이 주둔하면서 동양의 나라들이 서로 견제하는 구도가 형성됐습니다. 나는 조선조 말 때부터 지금까지 이 구조가 기본이라고 봅니다. 한미동맹이 가장 중요한 축이다, 이거예요. 그러니까 이걸 흔들어 놓으면 다른 게 다 흔들려요."

– 중국의 영향력이 강해지는 형국입니다. 그가 처음으로 목소리를 높였다.

"중국과 가까워지는 것도 한미동맹의 축석 위에서 이뤄지고, 일본하고 가까워져도 한미동맹을 축으로 이뤄져야 해요. 그 기본 축을 흔들면 안 된다는 거야, 그 축에서 시작하는 게 국가 전략이다, 이 얘기를 강조하고 싶어요."

[신동아, 2019년 11월호, '대한민국의 길']

조영헌 교수는 21세기 대한민국의 길은 결미국, 친일본, 연중국에 있다고 이야기하고 있고, 이종찬 전 원장은 대한민국의 길이 한미동맹을 기본축으로 하여 이웃 나라로서 중국, 일본과 가깝게 지내는 데 있다고 했다. 21세기 대한민국의 길은 두 사람 모두 미국이 강조되고 있고 중심에 있다. 대한민국이 앞으로도 동양 평화의 균형자로서 역할을 할 수밖에 없는 운명이다.

지정학적인 대한민국의 운명을 숙명처럼 받아들이고 동양의 평화가 흔들리지 않도록 부국강병을 이루어야 한다. 국가가 힘이 약할 때 평화를 지키지 못하고 어떤 고난을 당했는지 역사는 말하고 있다. 어떻게 견뎌온 세월이고 어떻게 지켜온 땅인가. 대한민국의 지도자들은 국가 전략을 세우고 후손들을 위하여 국토를 보전해야 하며 대한민국의 국민들은 배움을 통하여 국가 지도자들이 게을리하지 않도록 하면서 자신의 일을 충실히 수행해야 한다.

9. 역모 미수

들어오는 세력이 있으면 밀려나는 세력이 있는 법이다. 민씨 척족들이 집권하면서 조선 정부의 요직들이 민씨 집안 사람들로 채워졌고 그 자리에 있었던 홍선대원군 쪽 사람들은 그 자리에서 밀려나면서 불만이 쌓였다. 홍선대원군 쪽 사람들은 10년이었다. 공평한 인사라고 하는 것은 예나 지금이나 어려운 일이고 권력을 잡은 쪽에서 탕평을 하는 것은 어려운 일이다. 사람 사는 세상의 일이란 것이 같은 이치이고 오죽하면 화무십일홍이란 말이 나왔겠는가. 역사를 보아도 권력을 잡은 쪽도, 권력을 놓친 쪽도 시간이 가면 바뀌기 마련이다.

〈경란록〉의 기록이다.
"남인 안기영, 권정호, 채동술 등이 역모를 꾸미고 불만이 있는 무리를 불러 모아 모월 모일에 능행陵幸할 때에 임금의 수레 앞에서 변란을 일으키고 이재선-임금의 서제-을 추대할 계획을 세웠다. 광주 하리下吏 아무개가 고변하여 옥사가 이루어졌다. 역적들이 모두 자복하여 이재선에게 형률을 적용하여 사사하였다."

1881년 홍선대원군의 측근으로 형조참의를 지낸 안기영은 이조참의를 지낸 채동술과 함께 홍선대원군의 서자인 이재선을 왕으로 추대하려고 거사를 시도했다. 이들은 홍선대원군이 실각한 후 민씨 척족들이 권력을 잡으면서 쇄국정책을 폐기하고 개항을 추진하는 데 대하여 불만을 가졌다. 민씨 척족을 몰아낼 거사를 모의하여 자금을 준비하였고 암살계획을 세우고 왜구토벌을 이유로 군사와 군기를 모았다.

기회를 기다리고 있던 중에 경기도 광주부 장교인 이풍래가 이를 알고는 밀고를 했고, 거사 기회를 엿보던 이들은 모두 체포되었고 안기영은 모반대역부도죄로 사형되었고, 채동술은 지정불고죄로 사형되었다. 홍선대원군의 서자 이재선은 의금부에 자수를 하여 심문을 받았고 제주도로 귀향 가서 사사되었다. 이를 안기영사건이라고도 한다.

이재선은 홍선대원군과 계성월 사이에서 서장자로 태어난(1842), 고종의 이복형인데 이들의 거사를 알고 있었는지 여부는 확실치 않으나 다만 홍선대원군은 사전에 알고 있었을 것으로 보여진다. 고종은 1907년 7월 그를 사면시켜 '완은군'으로 추봉했다.

[담론 3]

〈경란록〉의 기록이다.

"우리나라는 일본과 바다 하나를 사이에 두고 있으며, 수레는 바퀴의 치수가 같고 글은 문자가 같다. 두 나라는 가장 가까운 이웃 나라이니, 강화를 맺지 않으면 전쟁을 하게 되는 것은 형세상 당연한 일이다.

그러므로 천여 년 동안 자주 우리의 변경을 침략해 왔다. 임진왜란의 경우 크게 패배하여 돌아갔지만, 아직도 승냥이와 같은 마음을 품고 있으며 잠시라도 그 수치심을 잊지 않고 있다. 근래에 일본국의 문화가 증진되었는데, 그것은 우리나라에 이롭지 않으며 조만간에 일이 일어날 것임은 진실로 예상했던 일이다.

그럼에도 불구하고 우리나라는 부국강병에 힘쓰지 않고 전적으로 편안함을 일삼으며 고질적인 당쟁과 권력쟁탈로 인하여 눈앞의 고식만을 능사로 삼았다."

이범석은 일본과 수레바퀴의 치수가 같고 글은 문자가 같다고 했다. 수레바퀴의 치수가 같다는 것은 조선과 일본의 교류가 많았고, 수레바퀴가 표준화 되어 있었다는 의미다. 글도 한자를 썼으므로 문자가 같았다. 지정학적으로 서로 강화를 맺고 살던가 아니면 전쟁을 하게 되어 있다. 일본은 조선이 약해 보일 때에는 수없이 침공했다. 임진왜란 후 류성용은 징비록을 써서 남겼다. 300년이 지났고 경계심도 사라졌다. 부국강병보다는 세도를 누렸고 삼정이 문란했으며 일본은 다시 이때를 노렸다.

〈경란록〉의 기록이다.

"창고의 재화가 모두 겉치레에 쓸데없이 허비되어 늘 부족함을 걱정하였다. 군적이 감축되어 향병을 없애고 호세를 증가시킨 나머지 보존된 자가 거의 없었다. 또한 전혀 군대를 교련하지 않아, 장수들은 병술을 익히지 않고 구차히 제 뱃속만 채우는 것으로 살아가는 방도로 삼고, 군졸은 급박한 상황에 진격할 줄 모르고 창을 버리고 도망치는 것으로 기예를 삼았다. 이러한 약육강식의 시대를 맞아 어떻게 스스로 보존할 수 있겠는가.

그렇다면 전날의 유감을 풀고 선진국에 고개를 숙이고 교린을 맺고 외교문서를 능숙하게 잘 작성하기를 정나라 자산子産이 진나라와 초나라를 잘 섬김으로써 동맹을 맺고 침략을 당하지 않도록 도모하는 것과 같이 한다면 거의 나라를 유지할 수 있는 방도가 있었을 것이다. 그럼에도 불구하고 한갓 중국의 강대함만 믿고 전적으로 사대 관계만을 고집하고 의지하여 주인으로 삼았다."

중국은 기원전 770년 주나라 때부터 진나라 진시황이 중국을 통일했던 기원전 220년까지 550년 동안이 춘추전국시대이다. 춘추전국

시대 강대국인 진나라와 초나라 사이에 끼어있던 약소국가 정나라가 있었다. 정나라는 지정학적인 위치 때문에 무수한 침략을 받았다.

정나라의 자산子産은 기원전 585년에 출생했고 원래 이름은 공손교이다. 자산은 그의 호이다. 어릴 때에는 아버지를 따라 전쟁터를 누볐다. 자산은 국가 내란을 수습하면서 재상까지 올랐다. 재상이 된 자산은 부국강병을 통해 정나라를 작지만 업신여기지 못하는 강소국으로 만들어 백성들이 잘사는 나라를 만드는 게 꿈이었다. 춘추전국시대에 약소국 정나라 재상이었던 자산은 간공, 정공, 헌공, 성공 등 4조정의 재상으로 있으면서 국내 정치를 안정시켰다.

패권을 다투던 강대국 진나라와 초나라의 사이에서 외교수완을 발휘하여 강소국으로서 정나라를 무사하게 보전하였다.

박기종 커리어코칭 칼럼니스트, 〈약소국 정나라를 강소국으로 만든 재상 '자산 子産'…"나의 목표는 내 나라가 더 이상 괄시받지 않는 것이다"〉이다.

사마천은 〈사기〉에서 이 시기의 정나라를 이렇게 표현했다

"자산이 재상이 되고 1년 후 못된 장난질을 일삼는 어린아이들이 없어졌다. 2년 후에는 시장에서 외상으로 물건을 사는 사람이 없을 정도로 돈이 돌았다. 3년 후에는 밤이 되어도 문단속 하는 집이 없었고 길에 물건이 떨어져도 아무도 주워가지 않았다. 4년 후에는 농부가 농기구를 밭에 두고 집으로 오는 밝은 세상이 되었고 5년 후에는 백성들이 군역 때문에 힘들어하지 않았다."

자산은 국내 정치의 안정과 더불어 외교력에도 온 힘을 다했다.

정나라의 목적은 오로지 생존이었다.

"정나라는 '조진모초 朝晉慕楚' 즉 아침에는 진나라를 섬기고 저녁에는 초나라를 섬기는 형편에서 자산 이후 '종진화초 從晉和楚' 진나라는 따르고 초나라와는 친하게 지내는 '외교적 자주성'을 확립할 수 있었다."

[매일경제, 2016.4.27.]

〈경란록〉의 기록이다.

"일본과는 대화할 적에 원수처럼 대하거나 초나라와 월나라처럼 아무런 관계가 없는 것처럼 보았다. 형세가 절박하여 어쩔 수 없는 지경에 이르러 강화조약을 맺었는데, 우리나라 사람 가운데 어찌 통상 조략의 정식을 대략적으로 아는 사람이 없었겠는가. 그런데도 지체가 낮은 사람은 버려두고 오직 지위가 높은 사람을 선정하였기 때문에 시무를 알지 못하는 완고한 무관 출신 고위 관리로 전권대신을 삼아 조략을 잘못 체결하기에 이르렀다."

춘추전국시대 5대 강국에 들었던 오나라와 월나라는 철천지원수였다. 월나라 윤상의 뒤를 이은 구천은 오나라를 침략하여 오나라의 합려를 죽였다. 합려의 뒤를 이은 오나라 부차는 월나라를 공격하였고, 구천은 패배한 상태에서 어떻게든 살아남아 후일을 도모할 생각이었다. 오나라의 노예가 된 구천은 부차의 마굿간에서 말을 돌보며 지내야 했다. 장작더미 위에서 잠을 자고 쓸개를 핥으며 지냈다. 10년 후 오나라의 빈틈을 본 구천은 월나라 군사를 동원해 오나라를 공격하여 부차를 귀향 보냈으나 부차 스스로 목을 매었다. 이것이 와신상담이다.

이처럼 오나라와 월나라 사이가 서로 원수지간이지만 오나라 사람과 월나라 사람이 함께 배를 타고 가다가 풍랑을 만나면 생존을 위해 손을 잡았다 하여 '오월동주'라는 말이 생겼다. 이러한 월나라는 초나라와도 원수지간으로, 월나라가 쇠약해지면서 결국 초나라에 당했다. '초월지간'이라는 말도 여기서 나왔다. 개와 원숭이 사이를 뜻하는 '견원지간'과 같은 말이다.

이범석은 조선과 일본을 춘추전국시대 월나라와 초나라처럼 보았다. 일본은 강화도에서 운요호 사건을 일으켜 조선과 강화도조약을 맺었다. 조선으로서는 어쩔 수 없는 지경에 가서야 강화조약을 맺었으니 불평등했다. 일본은 미국의 페리 제독이 거대한 군함 4척을 끌고 왔을 때 조약을 맺고 개항을 했다. 이 방식 그대로 일본은 조선에 적용했던 것이다.

일본 대표 구로다가 조선 대표 신헌에게 조약을 맺자고 했을 때, 신헌은 그동안 조약 없이도 서로 교역을 해오지 않았느냐고 반문할 정도였다. 조선 대표 신헌은 조약이 무엇인지 몰랐던 것이다. 쇄국하느라 전 세계에 유행하던 만국공법을 조선만 몰랐다. 조선의 위기는 그렇게 시작되었다. 조선을 대표한 신헌은 1811년 출생하여 1876년 당시 65세의 강고한 무관 출신이었다. 뿐만 아니라 신헌은 이미 병중에 있었지만 전권대관으로 임명되었다. 신헌은 2개월간 있었던 강화도조약 체결과정을 〈심행일기〉로 남겼다. 강화도는 심장과 같은 곳이라고 하여 '심도'라 불렀기 때문이다. 사회학자 송호근 교수는 심행일기를 바탕으로 소설 〈강화도, 심행일기〉를 썼다.

■ 문신 최익현이 시정의 큰 잘못을 나열한 상소는 수천 마디였고, 여러 조목으로 진술한 내용은 바로 화폐를 이정(바르게 다스림)할 것, 문세를 폐지할 것, 만동묘를 복설할 것, 4흉四凶의 관작을 추삭追削할 것, 종실의 끊어진 대를 제대로 입후할 것 등이었다. 기타 논한 내용도 모두 바르고 강직한 말이었다. 그 때문에 임금이 가납(기꺼이 받아들임)하여 등용하려고 하자, 사헌부와 사간원이 합계(임금에게 글을 올림)하여 크게 반발하였다. -당시 간관은 모두 남인이었다.-

영상 홍순목이 야대(왕이 밤중에 신하를 불러 베푸는 경연)에서 최익현에게 벌을 내려 죽이도록 청하는 지경에 이르자, 임금은 부득이 최익현을 제주로 유배를 보냈다. 당시 최익현의 명성이 치솟아 온 나라가 우러러 보았는데, 기호 지역의 선비들은 모두 길가에 기다렸다가 큰절을 올렸으며, 또 유배지까지 따라간 사람이 많았다. 경향의 사림이 소청을 설치하고 계속 황묘(만동묘)를 다시 세울 것, 4흉을 추율할 것, 아울러 -원문 결락- 호전(청나라 돈)을 폐지하고 상평통보를 사용할 것을 청하였다. 이에 대원군이 국정을 사양하고 물러났다.

명성황후의 친동생 민승호와 왕대비의 친조카 조영하와 홍인군 이최응이 함께 국정을 주도하였다. 그런데 1년이 채 되지 않아서 민승호가 소사燒死(불에 타 죽음)하자 여러 민씨들이 번갈아 세도를 장악하여 어지러운 정사가 이전 사례보다 심하였다. 병권과 재부, 큰 고을과 군현이 모두 민씨 집안의 물건이 되었고, 금마옥당이 모두 다 사냥개처럼 끌고 매처럼 부리던 외척의 빈객들이었다. 당시 사람들이 다음과 같은 노래를 불렀다.

사내아이를 낳으면 민씨 집안의 사위가 되기를 원하고　生子願爲 閔家壻

딸아이를 낳으면 민씨 집안의 며느리가 되기를 원하네　生女願爲 閔家婦

나라 사람들이 이처럼 질시하였으니, 어찌 오랫동안 복록을 누릴 수 있겠는가. 이것이 바로 갑을의 난리(갑오년(1894)과 을미년(1895) 난리)를 초래한 원인이 되었다.

〈계유년(1873, 고종10)〉

■ 황태자가 탄생하여 조야에서 칭경하고 나라에 사면령을 크게 내리고 증광시를 설시하여 취사하였다. 화기를 맞아 저궁(황태자)의 무궁한 복록을 기원하는 일을 급선무로 삼고 무녀와 술객을 뽑으니, 이들이 궐내에 가득 찼다. 북 치는 소리가 내전에서 끊이질 않았고 척전법으로 길흉화복을 점치는 술수가 궐문 밖에 어지럽게 진설되었다. 그들은 모두 초무(무당)와 당거(중국 전국시대 양나라 사람으로 관상가)로서 과거와 미래를 알고 흉한 일을 피하고 길조를 성취하도록 하였다. 또 벼슬아치 중에 홍승지의 신령스러운 경전과 정참판의 총령 叢鈴(무당이 신령을 부르기 위해 흔드는 방울) 있었다. 마침내 이궁, 별관, 음사,

불우(사찰)를 팔도 명산에 세운 것이 천 백여 군데나 되었다. 날마다 달마다 기도를 올렸는데 그 비용은 모두 관찰사나 수령의 자리를 매입하는 것과 향민의 부호에게 관직을 강제로 팔아먹는 수입에서 나온 것이다. 또 취렴하는 신하로 하여금 백성의 전토와 곡식을 빼앗게 하고, 산해의 잡세를 새로 책정하였다. 광산을 개척하여 금은을 채굴하고 선박을 관리하여 어염세를 거둔 것이 모두 거대한 재화였는데, 이를 내장원에 저장해 놓고 무함巫咸 (저자 주-중국 상고시대 황제 때 신무와 계함의 준말이며 〈열자〉에 제나라에서 온 계함이 인간의 생사, 존망, 화복, 목숨 등의 운명을 마치 귀신처럼 잘 알아맞혔다)으로 하여금 이를 강 귀신에게 던져 주게 하고 곤명으로 하여금 이를 산 귀신에게 던져 주게 하였다. 왕세자에게 경서를 강론하는 서연의 경우 사부와 보양하는 관원을 헛되이 설치만 하고 글을 읽는 소리가 들리지 않으니, 탄식을 견딜 수 있겠는가? 이때 뜻있는 선비 홍재학과 백낙관 등 여러 사람들이 상소문을 올려 직간하였다가 죽임을 당한 자가 많았다. 홍재학이 참형을 당할 적에 수레바퀴가 부러지고 우레와 지진이 크게 일어났다. 하늘의 경계하심이 이와 같은데 오히려 살피지 못하였으니, 이 역시 운명이로다.

〈갑술년(1874, 고종11)〉

■ 일본 장수 구로다 기요타카가 군함을 거느리고 와서 남양 앞바다에 정박하니, 온 나라에 큰 소동이 일어났다. 또 일본 군사가 종선(큰 배에 딸린 작은 배)을 타고 우리나라 연해를 두루 다니니, 여러 군의 관민

이 그 의도를 헤아리지 못하고 민심이 흉흉하였다. 조정이 이를 걱정하여, 한편으로는 각 도道와 군郡에서 군대를 점검하여 군병을 증가시키도록 하였고, 또 한편으로는 강계의 포수를 경성으로 불러올리고 또 한편으로는 각 영의 중군으로 하여금 군병을 거느리고 행주 등지에 나아가 지키게 하였다.

   판부사 신헌과 부총관 윤자승을 문정사로 정하여 강화도에 가서 그들이 온 의도를 묻게 하였다. 저들이 수호교린이라고 말하니, 조정에서 부득이 강화하였다. 그동안 4~5개월 동안 소란이 크게 일어나고 전국이 바늘방석에 앉아 있는 듯하다가 일본 군함이 다시 일본으로 돌아간 후 국민이 차츰 안정되었다. 뒤에 하나부사 요시타다가 와서 통상조약을 맺자 또 큰 소동이 일어났다. 이로부터 영국, 미국, 프랑스, 독일, 러시아 등 여러 열강의 군함이 연속해 와서 큰 소란이 일어났지만, 이를 다 기록할 수 없다.

〈병자년(1876, 고종13)〉

■ 남인 안기영, 권정호, 채동술 등이 역모를 꾸미고 불만이 있는 무리를 불러 모아 모월 모일에 능행할 때에 임금의 수레 앞에서 변란을 일으키고 이재선–임금의 서제(어머니가 다른 동생)임–을 추대할 계획을 세웠다. 광주 하리 아무개가 –성명을 망실함– 고변하여 옥사가 이루어졌다. 역적들이 모두 자복하여 이재선에게 형률을 적용하여 사사하였다.

〈신사년(1881, 고종18)〉

■ 담론하는 자가 다음과 같이 평한다. 우리나라는 일본과 바다 하나를 사이에 두고 있으며, 수레는 바퀴의 치수가 같고 글은 문자가 같다. 두 나라는 가장 가까운 이웃 나라이니, 강화를 맺지 않으면 전쟁을 하게 되는 것은 형세상 당연한 일이다. 그러므로 천여 년 동안 자주 우리의 변경을 침략해 왔다 임진왜란의 경우 크게 패배하여 돌아갔지만, 아직도 승냥이와 같은 마음을 품고 있으며 잠시라도 그 수치심을 잊지 않고 있다. 근래에 일본국의 문화가 증진되었는데, 그것은 우리나라에 이롭지 않으며 조만간에 일이 일어날 것임은 진실로 예상했던 일이다. 그럼에도 불구하고 우리나라는 부국강병에 힘쓰지 않고 전적으로 편안함을 일삼으며 고질적인 당쟁과 권력쟁탈로 인하여 눈앞의 고식만을 능사로 삼았다.

또한 창고의 재화가 모두 겉치레에 쓸데없이 허비되어 늘 부족함을 걱정하였다. 군적이 감축되어 향병을 없애고 호세를 증가시킨 나머지 보존된 자가 거의 없었다. 또한 전혀 군대를 교련하지 않아, 장수들은 병술을 익히지 않고 구차히 제 뱃속만 채우는 것으로 살아가는 방도로 삼고, 군졸은 급박한 상황에 진격할 줄 모르고 창을 버리고 도망치는 것으로 기예를 삼았다. 이러한 약육강식의 시대를 맞아 어떻게 스스로 보존할 수 있겠는가.

그렇다면 전날의 유감을 풀고 선진국에 고개를 숙이고 교린을 맺고 외교문서를 능숙하게 잘 작성하기를 정나라 자산(子産)이 진나라와 초나라를 잘 섬김으로써 동맹을 맺고 침략을 당하지 않도록 도모하는 것과 같이 한다면 거의 나라를 유지할 수 있는 방도가 있었을 것이다. 그럼에도 불구하고 한갓 중국의 강대함만 믿고 전적으로 사대 관계만을 고집하고 의지하여 주인으로 삼았다.

그리고 일본과는 대화할 적에 원수처럼 대하거나 초나라와 월나라처럼 아무런 관계가 없는 것처럼 보았다. 형세가 절박하여 어쩔 수 없는 지경에 이르러 강화조약을 맺었는데, 우리나라 사람 가운데 어찌 통상조약의 정식程式을 대략적으로 아는 사람이 없었겠는가. 그런데도 지체가 낮은 사람은 버려두고 오직 지위가 높은 사람을 선정하였기 때문에 시무를 알지 못하는 완고한 무관 출신 고위관리로 전권대신을 삼아 조약을 잘못 체결하기에 이르렀다.

-『만국공법』에는 각국 공관을 개항지 안에 설치하고 도성 안에는 건설하지 못하게 되어 있으나, 이번 이 조약에서는 '인천지한성仁川之漢城'의 한 행 가운데 '지之' 자로 저들에게 속임을 당하였다. 그러므로 저들이 이를 빙자하여 도성 안에 공관을 짓고 크게 시장을 열었다-

또 외무독판 김윤식은 청당에 붙은 자로써 청관을 도성 안에 설치하는 것을 허락하였다. 그 때문에 각국이 모두 이를 모방하여 제일 먼저 이현에 일본인이 거주하고 공관을 건설하였다. 일본 공관은 황궁과의 거리가 근접하여 병력을 신속하게 움직이고 적을 은닉시키고 상권을 장악하게 되었으니, 매우 한탄스러운 일이다.

[출처 : 동학농민기념재단(www.1894.or.kr) 사료아카이브]

제4부

경제 침탈 시기
(1882~1893)

1. 선혜청 도봉소

생각지도 않던 곳에서 터질 것이 터졌다. 〈경란록〉의 기록이다.

"우리나라의 조세 세입은 여유가 있어서 백관에게 녹봉을 주고 군병에게 급료를 지급하였고, 이외의 각종 항목에 지출되었다. 그런데 어찌하여 국고가 텅 비어 백관과 군병에게 지급되는 녹봉과 급료를 4~5달 혹 1~2년을 지급하지 못하였는가."

이전에 조선 정부의 재정이 그렇게 나쁘지는 않았다. 조선은 인구에 비해서 곡물 생산량이 그리 부족한 정도가 아닌 나라였고 극심한 가뭄이 있을 때를 제외하고 넉넉하지 않아도 함께 먹고 살 수 있는 정도의 생산량을 가진 나라였다. 일본이 조선을 탐낸 이유도 곡물, 수산물, 황무지였다. 조선 정부가 군인에게 봉급이 밀려도 어느 정도이지 13개월이나 밀려 있었다.

봉급은 쌀로 지급되었다. 그런데도 봉급이 13개월이나 밀려있어 군인들이 어떻게 살았는지 모를 일이었다.

도봉소都捧所는 선혜청의 창고이다. 선혜청은 대동미, 대동포, 대동전의 출납을 관장하던 관청으로 쌀이나 포목과 같은 물자를 관리하였고 현재 서울 중구 남창동 숭례문수입상가 앞에 〈선혜청 터〉 표지석이 있는 곳이고, 실제 군인들에게 봉급으로 쌀을 지급한 곳은 도봉소 창고였다. 도봉소 창고에서 무위영 훈련도감 소속 구식 군인들에게 밀려있던 13개월 봉급 중 1개월 분 봉급을 쌀로 지급했다.

소설가 김주영은 소설 〈객주〉에서 "도저히 먹을 수 없는 식량을 급료로 받아 든 군병들은 경악했다. '이 곡식 자루를 한번 들여다보게. 곡식 자루에서 뜬내는 안 나고 갯내와 먼짓내뿐이니 이것이 어찌 사람의 입으로 들어갈 끼니가 되겠는가?'"라고 했다.

이때 지급된 쌀에는 모래와 쌀겨가 섞여 있었고, 이걸 받은 구식 군인들의 불만은 폭발하였고, 선혜청 도봉소의 관리들과 무위영 관리들에게 무차별 폭행을 가하였는데 1882년 7월 선혜청 도봉소에서 발생한 일이다.

〈경란록〉의 기록이다.

"6월 5영의 군졸들이 호조판서 김보현과 선혜청 당상 민겸호가 수개월간 군사의 급료를 지급해 주지 않음으로 인하여 거의 굶어 죽을 지경에 이르렀기에 군사들이 모여서 변란을 일으켰다."

선혜청 당상 민겸호는 난동 주동자들에 대해 체포령을 내렸고 이들을 붙잡아 포도청에 넘겨 사형을 언도하도록 지시한 사람으로 흥선대원군 부대부인의 남동생이고, 민비와는 친척으로 민씨 척족의 지도자였다. 구식 군인들은 먼저 흥선대원군의 친형이면서 민씨 척족들을 도와주던 흥인군 이최응을 무참하게 죽였는데 이때 이최응의 나이는 순조 때 출생 (1815)으로 67세였으며 흥선대원군의 바로 윗형이었고 흥선대원군과 사이가 좋지 않았으며 흥선대원군의 쇄국정책에 반대하고 개항 정책에 동조한 사람이었다.

구식 군인들은 선혜청 당상 민겸호 집으로 몰려갔고, 이런 사실을 미리 입수한 민겸호는 가족들은 먼저 도피시키고 민겸호 자신은 대궐로 가서 숨었다. 폭도로 변한 구식 군인들은 민겸호 집의 창고에서 꺼낸 재물들을 마당에 쌓아놓고 불을 질렀다. 구식 군인들은 운현궁의 흥선대원군에게 몰려가서 밀려있던 봉급의 완전한 지급을 약속받았고 흥선대원군은 측근을 통해 구식 군인들을 배후에서 지휘했다.

구식 군인들은 관아 무기고에서 무기를 탈취하여 무장하고 포도청과 경기감영, 의금부 등을 습격하였고 무장한 구식 군인들은 신식 군대인 별기군의 창설을 도와준 일본공사관으로 몰려갔다. 일본공사와 공관원들은 구식 군인들의 공격을 피해 제물포 항으로 도피했고 이들의 공격으로 일본공사관이 불탔으며 구식 군인들은 별기군 병영에 있던 일본인 교관을 포함하여 일본인 13명을 살해했다.

〈경란록〉의 기록이다.

"군병의 경우 급료가 아니면 입에 풀칠할 수가 없고 처자를 살릴 수가 없으니, 어떻게 굶주린 배를 참고 군대의 대열에 나아갈 수 있겠는가? 아, 호조와 선혜청 관리는 오로지 훔쳐 먹는 것을 일삼고 군졸들을 구휼하지 않았으니, 이 어찌 있을 수 있는 일이겠는가. 그 죄가 실로 용서받지 못할 것이다."

구식 군인들은 대궐로 쳐들어가 선혜청 당상 민겸호와 경기도 관찰사 김보현을 찾아내 살해하고 민비를 찾았는데 민씨 척족 세도의 중심에 있는 민비를 제거하려 했다. 이때 민겸호의 나이는 44세이고, 을사조약 때 자결한 민영환은 민겸호의 아들이다. 민비는 홍계훈의 등에 업혀 그의 동생 홍상궁이라고 속이고 대궐 뒷문으로 빠져 나가 장호원에 있는 충주목사 민응식의 집으로 피신하였다.

홍계훈은 민비를 피신시킨 공로로 출세하여 동학농민혁명 때에는 양호초토사가 되었고, 민비 시해 사건인 을미사변 때 광화문 앞에서 일본 낭인들의 침입을 막다가 죽었는데 그때가 나이 53세였다. 홍계훈은 이때 민비를 지키다가 죽은 궁내부 대신 이경직과 함께 1900년에 서울 장충단에 제향되었고 민응식은 민비의 피신처를 제공한 공로로 그 후 고속 승진을 하였다.

2. 대원군 재섭정 30일

임오군란은 다시 홍선대원군을 불러들였다. 고종은 사태의 수습을 위해서 홍선대원군의 복귀가 필요했고, 홍선대원군은 2번째 섭정을 하면서 개화정책과 관련된 모든 조치들을 폐기했으나 30일뿐이었다.

〈경란록〉의 기록이다.

"중궁전이 병화를 당해 죽은 모양새로 국휼(왕실의 초상)을 반포하고 혼전(왕비 장례 전각)을 설치하고 신민으로 하여금 상복을 입게 하고, 시신이 없이 의대(왕비 옷)만으로 장례식을 마련하였다. 국장도감과 산릉도감을 설치하고 총호사, 제조 이하 각 집사들을 선출하였으니, 그 상황이 가관이었다."

시신도 없는 상태에서 민비 장례를 위한 국모상도 발표했고, 구식 군인들에게는 밀린 봉급의 지급을 약속했다. 개화정책을 추진하던 조직인 통리기무아문과 2영, 별기군을 폐지하고, 5군영을 부활했으며 중앙과 지방의 민씨 척족들을 파직시키고 그 자리에 척화파 사람들을 임명했다. 밀려난 민씨 척족들은 청나라 군사지원 요청을 고종에게 건의했고, 고종은 청나라에 영선사로 가 있던 김윤식을 통해 청나라 군사지원을 요청했다.

8월에 청나라 북양대신 이홍장은 속국을 보호한다는 명분을 내세워 북양함대가 조선에 출동하도록 명령했고 이에 청나라 함선과 병력 3,000여 명이 제물포항으로 들어왔다. 일본은 일본인 거류민을 보호한다는 구실로 조선에 일본군 1개 대대를 파견시켰는데 수적으로 청나라 병력의 규모가 훨씬 컸다. 청나라 군사들은 군란 가담자들을 공격하여 가담자들을 체포했고, 체포된 군란 주모자에 대해서는 사형을 집행하였으며 군란은 청나라 군사들에 의해 진압되었다.

〈경란록〉의 기록이다.

"정랑 남정철이 당시의 일을 도독 정여창과 오장경에게 알려서 조선 군란의 상황과 가짜 국상을 반포한 일을 본국 정부에 보고하자, 대원군을 붙잡아 이송하라고 명한 청나라 황제의 비준이 있었다. 이에 정도독이 대원군과 회담을 청한 뒤 즉시 대원군을 붙잡아 청나라 봉천부로 보냈다가 이어 보정부로 옮겨 가두었다."

청나라 지휘부는 군란의 배후가 홍선대원군이라고 판단했고 청나라 군사의 대장 오장경은 홍선대원군을 초청하는 형식으로 불러서 바로 억류하고는 배에 태워 텐진으로 압송했고, 홍선대원군은 보정부에 감금되어 3년간 억류 생활을 했다. 이렇게 홍선대원군의 2번째 섭정은 1달 만에 끝이 났고 민비가 환궁을 하고 민씨 척족 세력이 다시 정권을 잡았다.

척화파들은 물러나고 온건개화파가 세도하면서 군란을 평정한 청나라에 의존하지 않을 수 없었는데 청나라는 조선에 군대를 상주시키고, 내정고문과 재정고문을 파견하여 내정에 간섭하기 시작했다. 이때 파견된 재정고문이 묄렌도르프이고 그가 당오전을 발행하도록 하여 조선 경제에 피해를 입히기도 했다.

3. 청나라의 횡포

도움을 요청하면 반드시 대가를 치루어야 하는 것이 세상 이치로 청나라군이 들어와 군란을 평정하였지만 청나라 역시 공짜는 아니었다. 그렇지 않아도 조선과 청나라는 속국 관계에 있었는데 조선이 도움을 요청해 와서 도와주었으니 청나라는 도와준 것 이상을 요구해왔다.

〈경란록〉의 기록이다.

"청나라 병사와 상인의 기염이 하늘을 찌를 듯하여 패악한 짓을 자행하며 우리나라 사람을 노예처럼 무시하고 수없이 다치게 하거나 살해하였다. 심지어 장수들이 욕을 당하고 이름난 선비가 결박당하는 지경에 이르렀으니, 국가의 형세가 위태로워 불쌍하였지만, 이 모든 수모는 스스로 초래한 것이다."

청나라 이홍장과 조선의 조영하는 통상에 관한 〈조청상민수륙무역장정, 1882.8.23〉을 체결하였는데 조선이 일본과 맺은 강화도조약과 같은 불평등한 것이었다. 명칭부터 조약이 아닌 장정章程(규정)이라는 표현을 사용하여 조선이 청나라의 속방이라는 것을 분명히 하고자 했으며 조선 국왕과 청나라 북양대신은 대등한 관계로 명시하였다.

조영하는 헌종 때 출생(1845)한 사람으로 민씨 척족과 결탁하고 최익현과 함께 홍선대원군을 하야시키는데 앞장선 사람으로 임오군란으로 홍선대원군이 재집권하자 청나라에 파병을 요청하기도 했다. 청나라와 외교 사무를 담당하여 청나라가 홍선대원군을 납치해 가는데 일조했고 고종과 민씨 척족의 신임을 받으면서 보수세력을 대표하기도 했으나 갑신정변 때 피살되었다.

조선 진주정사 조영하, 진주부사 김홍집, 문의관 어윤중과 청나라 2품함 저우푸, 2품함 마젠중과 맺은 〈조청상민수륙무역장정〉이다.

제1조 앞으로 북양대신의 신임장을 가지고 파견된 상무위원은 개항한 조선의 항구에 주재하면서 전적으로 본국의 상인을 돌본다. (중략)

제2조 중국 상인이 조선 항구에서 만일 개별적으로 고소를 제기할 일이 있을 경우 중국 상무위원에게 넘겨 심의·판결한다. (중략)

제3조 양국 상선은 피차 통상 항구에 들어가 교역을 할 수 있다. 모든 싣고 부리는 화물과 일체의 해관에 바치는 세금은 모두 양국에서 정한 장정에 따라 처리한다. (중략)

제4조 양국 상인이 피차 개항한 항구에서 무역을 할 때에 법을 제대로 준수한다면 땅을 세내고 방을 세내어 집을 지을 수 있게 허가한다. 토산물과 금지하지 않는 물건은 모두 교역을 허가한다. (중략)

이 장정으로 청나라 상인은 서울 양화진에 진출하여 무역업을 할 수 있도록 규정하였고 상업활동에 많은 특권을 가지게 되었다. 조선 연안에서는 청나라 어선들의 고기잡이가 성행할 수 있게 되었다. 청나라 군인들의 잡일을 도와주러 조선에 들어온 청나라 상인 40여 명이 인천 개항장에 정착하면서 이때부터 조선에 화교가 형성되기 시작했다.

지금의 서울 명동에 있는 중국대사관 있는 곳도 원래 포도대장 이경하의 집이었으나 이경하가 유배를 떠나 청나라의 원세개가 여기를 사용하였다. 그 후 화교가 매입하면서 영사관으로 사용하다가 대만대사관이 되었다가 현재는 중국대사관으로 사용하고 있다. 청일전쟁이 일본의 승리로 끝나면서 〈조청상민수륙무역장정〉도 폐기되었다.

4. 일본의 야심

이제는 일본이 나서서 일본인 피해자에 대한 보상을 조선에 요구해 왔다. 부패로 인하여 군인들에게 봉급을 못 준 대가는 컸고 청나라와 일본에 대해 조선은 부채만 생겼다. 일본은 조선에 대해 피해보상만으로 만족할 의도도 아니었다.

1882년 8월 청나라 군사들이 임오군란을 수습하면서 흥선대원군은 청나라에 압송되었다. 민씨 척족이 다시 정권을 잡으면서 청나라의 조선에 대한 영향력이 확대되었다. 일본은 임오군란으로 인한 사후처리 문제를 제기함으로서 청나라를 견제하고 조선에 대한 영향력을 회복하려고 하였다. 일본공사 하나부사 요시모토는 전권대신으로서 일본 군대를 앞세우고 제물포항으로 들어왔다. 하나부사 요시모토는 당시 40세의 일본 외무성에서 경험을 쌓은 외교관이었다.

조선은 영의정이던 이유원을 전권대신으로, 김홍집을 부관으로 임명했다. 이유원은 1814년 경주에서 출생하여 당시 68세였고, 경기도 양주에 약 200만 평의 땅을 가진 부자였고 한일합병 되고 이유원의 양자

이석영이 상속받은 재산과 이회영, 이석영 형제의 재산을 전부 팔아 만주로 가서 독립운동 자금으로 사용했던 집안이다. 부관 김홍집은 서울 출생으로 당시 40세였고, 조선의 마지막 영의정과 대한제국의 초대 총리를 지낸 사람으로 고종의 아관파천 때 군중들에게 돌로 맞아 죽은 사람이다.

〈제물포조약, 1882.7〉을 체결하는 과정에서 협상은 제물포에서 열기로 했으나, 실제 일본 군함인 '히에이 호' 함상 위에서 삼엄한 경계 속에 진행되었다. 일본공사관에 일본군을 주둔시키고, 비용은 조선이 부담하도록 했으며 20일 내에 군란책임자를 처벌하고, 일본인 피해 유족에게 보전금을 지급하기로 했다. 일본이 입은 피해에 대해서도 5년 동안 조선이 일본에 지급하고, 사죄사를 파견하기로 했으며 일본 상인의 여행 범위를 확대하기로 했다.

〈조일수호조규속약, 1882.7〉 체결을 통하여 부산, 인천, 원산에서 일본인이 자유롭게 다닐 수 있는 지역의 범위를 10리에서 100리로 확대했고 개항장에서 무역활동의 범위를 개항장의 반경 4km에서 40km로 확대했다. 서울 양화진에서 일본인이 무역활동을 할 수 있도록 허용하면서 일본의 공사, 영사, 수행원들은 조선 전 지역을 자유롭게 통행할 수 있는 특권을 보장받았다. 이 조약으로 일본은 조선에 군사적, 경제적 진출 기반을 마련하였지만, 청나라와 일본이 조선 땅에서 서로 격돌할 가능성도 높아지게 되었다.

〈강화도무역, 조일수호조규, 1876.2.〉를 보완하기 위해 〈조일수호조규부록, 1876.8〉과 〈조일무역규칙, 1876.조일통상장정〉을 맺었던 것을 개정하여 1883년 6월 〈1883개정.조일통상장정〉을 맺고 일본상품에 대한 관세 부과 조항과 최혜국 대우를 인정하였다. 〈한국한행이정협정, 1883.6〉을 맺어 인천, 부산, 원산에서의 일본인 활동범위와 치외법권을 규정하였다. 〈조일기류지간행이정약조, 1883.7〉 체결을 통하여 〈조일통상장정속약〉에 근거하여 인천, 부산, 원산의 일본인 거류지역을 구체적으로 확정하고 지역 내 일본인의 치외법권을 인정하였다. 위 약조에 따른 〈한국간행이정협정서부록 1884〉을 다음 해에 체결하여 일본인들의 경제활동이 확대되어 조선의 무역 주도권을 일본이 장악하게 되었다.

조선은 일본에 제물포조약에 따라 수신사를 약 4개월 동안 파견했는데 박영효를 특명전권대신 겸 수신사 대표로 하여 김만식, 홍영식, 서광범이 수신사로 파견되었으며, 고문으로 김옥균, 민영익이 참여했다. 수신사를 대표하는 박영효는 1861년 경기도 수원에서 출생하여 당시 21세였고, 철종의 딸 영혜옹주와 결혼하여 부마였고 고종과도 친척 관계가 되었고 김옥균은 당시 31세, 홍영식이 당시 27세였다. 수신사 일행 중에는 2년 뒤 갑신정변을 주도한 개화파의 김옥균·서광범이 있었고, 수구파의 민영익도 있었다.

박영효는 4개월간 일본에서 활동한 내용을 정리하여 〈사화기략, 使和記略〉이라는 견문록을 썼다. 책 이름 〈사화기략〉은 '사신으로서 일본에서의 간단한 기록'을 뜻하며 일본을 '왜倭'라고 부르지 않고 '화和'라고 부른 것은 큰 변화였다. 박영효는 일본으로 가는 배 〈메이지마루 호〉 안에서 현재 태극기와 유사한 모양의 국기를 그려 일본에서 사용하여 조선이 청나라의 종속이 아닌 자주국가임을 나타내고자 했다. 수신사가 일본으로 가면서 조선 유학생들을 인솔하여 갔고 귀국할 때는 이전에 갔던 유학생들을 데려왔고 유학생은 주로 일본의 어학교와 사관학교에서 공부를 했다.

이때 일본 유학생 중에 윤치호가 있었는데 윤치호는 일본 동인사 학교에서 2년간 공부했고, 돌아와서는 개화파와 교류하면서 갑신정변에도 참여했다. 이후 조선의 개화파는 급진개화파와 온건개화파로 나누어졌으며 김옥균, 박영효, 홍영식, 서광범, 서재필, 유길준, 윤치호, 등이 주도하는 급진개화파는 청나라와의 사대외교를 청산하고 일본의 메이지유신을 본받아 개화를 하자고 주장했다. 김홍집, 김윤식, 박정양, 어윤중, 김기수, 박제순, 민영익, 우범선, 지석영 등의 온건개화파는 청나라 양무운동을 본받아 동도서기론을 바탕으로 점진적으로 개화를 하자고 주장했다. 개화정책의 속도에 따라 일본당, 독립당으로 불려지는 급진개화파와 청국당, 수구당으로 불려지는 온건개화파의 갈등이 불가피했다.

5. 제물포항과 짜장면

강화도조약으로 제물포항이 개항되었고 〈인천항 일본조계조약, 1883.9〉 체결을 통하여 개항장은 지금의 인천시 중구 개항동, 신포동 일대의 조계지 지역이었다. 그 이전에 이미 일본은 〈부산항 조계조약, 1877.1〉, 〈원산진 개항예약, 1879.8〉을 체결한 바 있다. 인천시 중구 일대는 개항의 역사를 고스란히 간직하고 있는 지역이다.

임오군란 발생으로 청나라에 지원군을 요청했고 청나라 군사와 함께 청나라의 노무자들도 조선에 들어왔다. 청나라 노무자들은 국수에 채소와 된장을 얹어 비벼 먹던 작장면을 만들어 먹었고 개항이 되고 청나라 상인들이 들어오면서 작장면에 춘장과 캐러멜 시럽을 넣은 검은색의 짜장면이 만들어졌다. 그들은 중국 찐빵 포자와 중국 만두 교자도 만들어 먹었고 중국 식당이 생기면서 짜장면과 함께 팔기 시작했으며 조선인 입맛에도 잘 맞아 중국음식점 '공화춘'의 짜장면의 시작이었다. 청나라 상인들은 작은 호떡집을 차려서 조선인에게 호떡도 팔기 시작하였다. 인천역 부근 공화춘 자리가 지금은 '짜장면박물관'이 되었고, 국가등록문화재이다. 이렇게 차이나타운이 형성되었고 지금도 중국인 2세, 3세, 500여 명이 살고 있다.

삼국지벽화거리를 지나면 자유공원으로 6.25 때 '만국공원'이 자유공원으로 이름이 바뀌었다. 자유공원 부근에 외국인들의 사교클럽이었던 '제물포구락부'가 있으며 자유공원 서남쪽에 '청일조계지 경계계단'이 있고, 이 계단이 '일본인 조계지'와 '청나라 조계지'의 경계이다.

구인천일본제1은행지점 건물은 인천개항박물관으로 활용되고 있고 구인천일본제18은행지점 건물은 인천개항장근대건축전시관으로 활용되고 있으며 구인천일본제58은행지점 건물은 인천 중구요식업중앙회에서 사용하고 있다. 일본상선과 물류회사였던 구일본우선주식회사인천지점 건물은 현재는 인천시 소유로 인천아트플랫폼으로 활용하고 있다.

1883년 일본영사관으로 사용하던 곳은 일제강점기에는 인천부청사였고, 광복 후에는 인천시청사로 사용하다가 현재는 인천 중구청에서 사용하고 있다. 대불호텔은 조계지에 있던 우리나라 최초의 호텔로 경인철도가 개통되기 이전에는 제물포항에서 서울로 가기 위해서는 이곳에서 1박을 해야 했다. 경인철도가 개통되고 대불호텔은 중국음식점으로 사용하다가 철거되었으나 문화재청에서 대불호텔을 재현했다.

6. 구룡포 일본인 가옥거리

강화도조약 이후 조선이 개항을 하면서 일본 어민들은 조선 연안의 해안으로 어로 진출의 기회가 열려 활발한 어로활동을 시작했다. 반면 조선 어민들은 일본 어민보다 어로 기술도 덜 발달되었고, 어로 활동이 활발하지 않은 상태에서 일본 어민들이 조선 해안의 밑바닥까지 조업하는 기술로 마찰을 빚기 시작했다.

1880년 이후 일본 가가와현의 고깃배들이 물고기를 떼를 쫓아 포항 구룡포까지 왔으며 일부 일본 어민들은 이곳 포항 구룡포로 이주하여 살았다. 당시 가가와현의 해안은 어장이 좁아 어민들의 삶이 어려워 일본 어민들은 어장을 찾아 나섰고 이곳 구룡포 앞바다의 수산물 자원이 풍부하여 정착하는 일본 어민이 늘었다. 자연히 〈일본인 가옥거리〉가 형성되었고, 현재도 포항에는 〈구룡포 일본인 가옥거리〉가 남아 있다. 구룡포공원에는 일본인 도가와 야스브로의 공덕비도 있고 2012년 〈구룡포 근대 역사관〉도 개설했다.

〈경란록〉의 기록이다.

"며칠 되지 않아 일본공사 하야시 곤스케가 '호남어업기지' 양도를 요구하였는데, 역적 이지용이 임금에게 아뢰지 않고 또 외부의 관료와 협의도 하지 않는 채 마음대로 조인하여 양도하였다. 당시의 여론이 들끓고 각 공동모임이 크게 일어나 원세형 등 수천 명이 모여서 외부로 들어가 역적 이지용을 밟아 죽이려고 하자, 이지용이 담장을 넘어 도망갔다.

나는 마침 그날 하루 밤낮을 직숙하는 날이기에 직접 볼 수 있었다. 그가 백성들에게 곤욕을 당한 상황은 말로 표현할 수 없을 정도였다. 대체로 우리나라가 타국에 영토를 넘겨주는 것이 여기서부터 시작되었다."

경란록에서 호남어업기지 양도를 요구한 일본공사 하야시 곤스케는 1900년에서 1906년까지 한국에 주재하면서 이또 히로부미와 함께 을사조약을 주도했던 사람이다. 일본은 호남어업기지를 확보하고는 일본인들이 조선 연안에 침투하여 풍부한 수산물을 획득했다. 〈일인어채범죄조규, 1883〉는 일본 어민의 조선 해역에서 어로활동 중 범죄행위를 단속하는 조규로 영사관 재판규정으로 인해 조선 해안에서 불법을 저지른 일본 어민을 방조, 묵인하고 일본으로 도주를 도와주는 결과가 되었다.

〈조일통어장정, 1889〉 체결을 통하여 일본은 전라도·경상도·강원도·함경도 등 4개도 해안에서의 일본 어로를 합법화하였다. 그 대가로 일본 어로업자들은 조선에 세금을 납부하게 하고, 어류가공을 위한 일본인의 조선에 상륙은 하지 않기로 하였다. 일본에 대한 조선 해역 어로권의 양여였기 때문에 조선 경제 침탈을 위한 근거가 되었다.

〈조일통어장정〉이 체결된 이후 제주도에서는 일본 어민들의 제주 어장 침투에 제주 어민들의 생존권을 위협받고 있었다. 제주 어민들의 강력한 항의로 일본과 잠정적으로 일본 어민의 어업금지 조치가 있었지만 소용이 없었다. 일본 어민들은 제주의 포구 지역에서 불법적인 어로가 지속되었고, 제주 어민들은 이에 대항하여 집단봉기를 했다.

일본과 청나라 외에도 미국, 영국, 독일, 러시아, 이탈리아, 프랑스, 오스트리아 등 각국과 통상조약을 맺었다. 일본과의 제물포조약 체결 직전인 5월에 인천 동구 화수동에 있는 화도진공원에서 미국과 〈조미수호통상조약〉을 맺어, 서양과 맺은 최초 불평등조약이었고 조약을 체결한 화도진공원 안에는 표지석과 당시의 모습을 복원해 놓고 있다.

제물포조약 이후 청나라의 알선으로 인천에서 영국과 〈조영수호통상조약, 1882.10〉을 맺고 영국 군함의 조선에서 정박, 선원들의 상륙이 가능하게 되었으며, 과거 최초로 영국의 아머스트호가 1832년 홍주 고대도 부근에서 통상교섭을 요구했던 적이 있으나 교섭은 실패했다.

독일공사가 청나라에 알선을 요청하여 인천에서 독일과 〈조독수호통상조약, 1882.11〉을 맺고, 독일 상인들의 진출이 가능해졌고 조약 내용은 조영수호통상조약과 비슷했다.

〈북경조약, 1860〉으로 연해주를 점령하여 조선과 국경을 접하게 되었던 러시아제국은 청나라 이홍장이 추천하고 묄렌도르프의 도움을 받아 청나라 주재 베베르 공사가 서울에 와서 〈조로수호통상조약, 1884〉과 〈조로육로통상조약, 1888〉을 체결하여 함경도를 통한 육상무역의 길을 열었다. 경흥이 대러시아 무역을 위해 개방되었고 조차지도 허용되었으나 러시아는 원산과 절영도에 저탄소기지를 설치하려 하였으나 이루지 못했다.

이탈리아왕국은 주청 이탈리아공사가 조선에 와서 〈조이수호통상조약, 1884〉을 맺었고, 프랑스3공화국과 〈조불수호통상조약, 1886〉을 맺어 천주교 선교를 허용하게 되어 교민 신분을 보호받게 되었으며 오스트리아-헝가리제국과 〈조오수호통상조약, 1892〉을 맺었다.

7. 반역자 항렬

정변은 1884년 12월4일 우정총국에서 시작된 일로 우정총국은 지금의 서울 종로구 견지동에 있었고 우정총국 건물과 〈우정총국 터〉 표지석이 있다. 우정총국이 사용하기 이전에는 전의감이 사용한 건물이었고, 갑신정변 후 128년이 지난 2012년부터 그 건물에서 다시 우편 업무를 보고 있다. 통리교섭통상사무아문 산하 우정사에 우정총국을 설치했고 홍영식이 우정총관이었다.

홍영식은 철종 때 서울에서 영의정을 지낸 수구파 홍순목의 아들로 출생(1855)했고, 1881년 조사시찰단朝士視察團의 일원으로 일본을 시찰하고 와서 우체업무 도입을 건의하였으며 갑신정변을 일으켰으나 고종을 끝까지 호위하다가 29세에 살해당했고 갑오개혁 때 신원이 회복되었다.

홍영식 외 김옥균, 박영효, 서광범, 서재필이 갑신정변을 일으킨 급진개화파이다. 김옥균은 1851년 충청도 아산에서 출생하여 정변 당시 나이 33세로 일본에 유학시킨 서재필과 14명의 사관생도들이 개화파를 지원했고 비밀 무장조직을 만들고 정변을 지휘했고 〈기화근사〉, 〈갑신일록〉의 저서를 남겼고, 1894년 상해에서 홍종우에 의해 암살당했다.

박영효는 경기도 수원에서 출생(1861)하여 정변 당시 나이 23세로 광주유수로 있을 때 500여 명을 모집해서 신식군인을 양성하여 정변에 동원했고 친일파로 부유하게 살다가 서울에서 병사(1939)하였다. 홍영식과 함께 고종을 호위한 박영교가 그의 형이다.

서광범은 철종 때 평안도 평양에서 출생(1859)하여 정변 당시 나이 25세였고 미국으로 망명하여 살다가 1897년 미국에서 죽었다. 서재필은 전남 보성에서 출생하여(1864) 갑신정변 당시 나이 20세였고 갑신정변으로 집안 일가가 몰락했고 미국으로 망명하여 귀화했으며 미국에서 의사로 살다가, 귀국하여 〈독립신문〉을 발간하고, 독립협회를 결성했고, 1961년 미국에서 죽었다.

함경남병사로 있던 윤웅렬이 장정 500여 명을 신식군인으로 양성하여 정변을 지원했는데 윤웅렬은 윤치호의 아버지이기도 하다.

김옥균을 중심으로 개화파들은 조선에서 청나라 군사를 몰아내고 조선이 자주독립국이 되기 위해서는 정권을 잡아야 한다고 보았다. 정변을 준비하면서 거사의 시기를 보던 중, 청불전쟁이 발생하여 조선에 주둔하던 청나라 군사의 절반을 철군하게 되었다. 개화파에 적대적이던 일본공사도 태도를 바꾸어 병력지원과 자금지원을 약속받았다.

12월 4일 밤 10시. 조선 최초의 우정총국 개국 축하연이 끝나가고 있었고 우정총관 홍영식이 초청한 조선 정부의 관료, 조선 주재 외교관 등

18명의 내빈이 있었다. 건물 밖에서 "불이야"라는 소리와 함께 민영익이 피투성이가 되어 들어왔고, 축하연은 아수라장이 되었다.

〈경란록〉의 기록이다.

"당시 박영효, 김옥균, 홍영식, 서광범, 서재필 등 5적이 경복궁의 시어소에 들어가서 임금을 위협적인 말로 협박하기를, "현재 우정국에 큰 변란이 발생하여 민영익이 참화를 입었으니 장차 대궐을 범할 우려가 있습니다. 바라건대 속히 파천하소서"라고 하였다. 이 말을 듣고 임금이 두려워 도보로 북장문을 나오니, 그 무리들이 유인하여 경우궁에 이르러 가두었다."

김옥균, 박영효, 서광범은 고종이 있는 창덕궁으로 가서, 미리 손을 쓴 문지기의 도움으로 궁으로 들어가, 김옥균이 고종을 만나 청국군이 변을 일으켰다고 거짓 보고하여 창덕궁 서쪽에 있는 경우궁으로 피신하도록 했다. 변란이 발생한 것처럼 위장하기 위해 창덕궁 안에서 화약이 폭발하는 소리를 나도록 했으며 창덕궁 밖은 일본 군인이 지키고, 창덕궁 안은 서재필과 개화파를 따르는 사관생도들이 지키도록 하였다. 고종이 경우궁으로 피신하고 경우궁 외부는 일본공사와 약속한 대로 일본군과 일본경찰 병력이 출동하여 호위하게 했다. 경우궁은 지금의 서울 계동 현대빌딩 부근으로 순조의 생모 수빈 박씨 사당이 있던 곳이다.

〈경란록〉의 기록이다.

"교지를 사칭하여 현직 국무대신 민태호, 조영하, 민영목과 각 영 대장 한규설, 윤태준, 이조연을 불러들였다. 생도 유혁로, 정난교, 서재창, 윤치호 등 10인을 시켜, 각기 예리한 칼을 지니고 궁전 계단 앞에 나열해 있다가 들어올 때마다 한 명씩 찔러 죽이게 하였다. 임금의 지위가 호흡하는 한 순간 사이에 있을 정도로 급박하였다."

급진개화파는 늦은 밤에 왕명이라고 하여 대신들을 소집케 하고 창덕궁 궐문 앞에서 윤태준, 한규직, 민태호, 민영목, 조영하 등 수구파 대신들이 입궐하는 대로 암살했고 청나라에 의존하는 민씨 척족 세력들도 제거했다. 급진개화파는 신 정부수립에 착수하여 고종의 사촌 형 이재선과 협의하여 새 정부 각료를 선정하면서, 각국 공사관에 정변 사실도 통보했다. 급진개화파 사람들만으로는 각료 인선에 한계가 있어 온건개화파, 왕실 종친들도 참여시키는 연합정부를 구성하였다.

12월 5일 고종과 민비는 경우궁이 좁다고 하여 옆의 계동궁으로 거처를 옮겼다가 고종이 민비의 부탁을 들어 창덕궁으로 환궁했다. 김옥균은 고종과 민비의 창덕궁 환궁에 대해 경비 범위가 넓어지는 것을 우려하여 반대했지만 고종의 명을 거역할 수 없었다. 개화파는 비상회의를 열어 개혁안을 논의하고 밤을 세워가며 최종 개혁안을 결정하여 고종에게 상주하였다.

12월 6일 아침 개화파는 신 정부수립을 공포하고 개혁안으로 〈정령 14개조〉를 고종이 전교하는 형식으로 발표하고 시내에 게시하였다. 자주독립국가, 신분제 폐지, 조세 개혁, 내각제 정부, 군사제도 개혁, 행형제도 개혁, 부패 척결 등의 당시로서는 획기적인 방안들이었다.

김옥균 〈갑신일록〉 개혁안이다.

"1. 대원군을 즉시 환국하도록 할 것. 2. 문벌을 폐지하여 인민 평등의 권리를 제정하고, 사람에게 관직을 택하게 하고 관직으로써 사람을 택하지 말 것. 3. 전국적으로 지조법을 개혁하여 아전들의 부정을 막고 백성의 곤경을 구제하며, 더불어 국가 재정을 넉넉하게 할 것. 4. 내시부를 혁파하고, 그 가운데 우수한 재능이 있는 자는 등용할 것. 5. 전후로 부정하여 나라를 병들게 한 것이 두드러진 자는 정죄할 것. 6. 각 도의 환곡은 영구히 중단할 것. 7. 규장각을 혁파할 것. 8. 급히 순사를 두어 도둑을 막을 것. 9. 혜상공국을 혁파할 것. 10. 전후로 유배간 자와 금고된 자는 그 사정을 고려하여 석방할 것. 11. 4영을 합하여 하나의 영으로 하고, 영 중에서 장정을 뽑아 근위대를 급히 설치할 것. 12. 무릇 국내 재정은 모두 호조가 관할하고, 그 외의 모든 재정 관청은 폐지할 것. 13. 대신과 참찬은 매일 합문안의 의정소에서 의논하여 아뢰어 결정하고, 정령을 반포해 시행할 것. 14. 의정부와 6조 외에 무릇 불필요한 관청은 모두 혁파하고, 대신과 참찬으로 하여금 참작 협의하여 아뢰도록 할 것."

민비는 민씨 세력을 동원해 청나라에 병력파견을 요청하도록 했고, 고종도 이를 승인했다. 그날 오후 청나라 군사들이 창덕궁 등을 공격하기 시작했고, 먼저 창덕궁을 지키는 조선의 군사들이 맞서 싸웠지만 실패했으며 개화파의 지원군들이 청나라 군사와 맞서 전투를 벌였으나 실패했다.

〈경란록〉의 기록이다.

"저 갑신년 5적은 본래 경박한 재주로 외교에 뛰어나다고 자칭하며 임금을 높이고 윗사람을 친애하는 의리를 따르지 않고 몰래 외국의 손을 빌려 분수를 범하려는 계획을 품고서 간사한 계획을 세워 종묘사직을 위태롭게 하였으니, 어찌 역적이라는 이름을 면할 수 있겠는가?"

일본군이 지원하기로 했던 약속은 지켜지지 않았고 청나라 군사들의 공격이 시작되자 오히려 일본군은 철병을 했고 급진개화파를 지원하는 사관생도와 무장 군인들도 넓은 창덕궁을 방어하기에는 수적으로 절대 부족이었다. 이로써 개화파의 정변은 3일 만에 끝이 났다.

〈경란록〉의 기록이다.

"원세개가 깨닫고 군대를 거느리고 속히 담장을 넘어 여러 역적을 도륙하려고 하자 역적들이 모두 달아나서 이현(종로4가 지역)에 있는 일본 공사관에 숨었다. 그리고 그날 밤 인천으로 가서 군함을 타고 일본으로 가서 생명을 보전하였다."

김옥균, 박영효, 서광범, 서재필 등의 주도 세력은 일본으로 망명을 했고, 홍영식, 박영교, 일부 사관생도들은 고종을 청나라 군사들에게 넘기고 피살되었다.

〈경란록〉의 기록이다.

"이른바 여러 역적의 집을 도성의 백성들이 모두 불을 질러 도성 안이 난장판이 되는 듯하였다."

민씨 척족 세력들은 개화파를 색출하여 피살하였고 개화파는 몰락했으며 군사를 지원한 청나라는 조선에 대한 내정 간섭은 더욱 심해지게 되었다. 청나라는 조선의 정변 발생에 대한 정보파악이 늦어졌다는 사실로 인하여 전신선을 가설했으며 전신선을 통해 청나라는 청일전쟁의 패배로 조선에서 물러날 때까지 조선을 통제했다.

〈경란록〉의 기록이다.

"어버이의 묘소에 나아가면 원통한 귀신이 슬피 울음을 울 것이고 집을 나와 친족을 만나면 예전의 항렬이 다 바뀌어 있을 것이니 어찌 부끄럽지 않겠는가."

갑신정변 주도 5명의 친족들은 이들의 정변을 반역 행위를 보아 가문의 수치로 여겼고 이름에서 항렬의 글자를 바꾸었다. 김옥균의 '균均'자 항렬은 '규圭'자로 바꾸었고, 박영효의 '영泳'자 항렬은 '승勝'자로 바꾸었으며, 서광범의 '광光'자 항렬은 '병丙'자로 바꾸었고, 서재필의 '재載'자 항렬은 '정廷'자로 바꾸었으며, 홍영식의 '식植'자 항렬은 '표杓'자로 바꾸었다. 청일전쟁에서 일본이 승리하게 되고 이들은 사면복권 되었으나 개인들의 인생은 각각 길이 달랐다.

8. 적반하장 조약

　　조선 정부는 갑신정변 직후 일본으로 망명한 김옥균 외 개화파 사람들의 소환을 일본에 요구하였고 다케조에 일본공사가 갑신정변에 개입한 사실을 비판했다. 일본은 조선의 갑신정변과는 무관하다고 주장하면서 적반하장으로 갑신정변에서 일본인이 입은 피해의 보상과 불에 탄 일본공사관의 건축비를 요구했다. 일본은 일본군과 일본 군함을 앞세우고 외무상 이노우에 가오루를 전권대사로 한 대표단을 서울로 보냈다.

　　이노우에 가오루는 이토 히로부미와 친구 사이로서 강화도조약 체결 때 일본의 협상대표를 맡은 바 있었는데 일본 군인들을 대동하고 낙선재로 가서 고종을 예방하고 배상을 요구했다. 고종은 전권대사로 좌의정 김홍집을 임명하여 협상하도록 했으며 김홍집은 당시 43세이고, 이노우에 가오루는 당시 49세였는데 의정부에서 협상을 진행하면서도 일본은 무력적 위협으로 협상을 몰고 갔다.

　　협상은 3일 만에 끝났고 〈한성조약, 1885.1〉을 체결했고 그 결과는 조선이 일본에 오히려 사과하면 일본은 조선이 부담할 보상금액을 줄여주는 내용이었다. 김옥균과 주도 세력들에 대한 송환은 망명자를 송환할 수 없다는 이유로 거부되었다. 다케조에 일본공사의 갑신정변 개입문제에 대해서는 고종의 '일사래위日使來衛(일본공사는 와서 짐을 보호해 달라)'라는 교지를 받았다는 주장을 하며 반발했다. 조선은 땅과 공사비를 부담하고 남산 기슭 진고개에 일본공사관을 신축하여 이전하게 했고 갑신정변 때 일본군 대위를 살해한 것으로 지목된 자를 일본공사가 보는 데서 처형했다. 조선의 특파전권대신 좌의정 김홍집과 일본의 특파전권대사 이노우에 가오루가 〈한성조약〉을 맺었다.

제1조 조선국은 일본에 국서를 보내 사의를 표명한다.

제2조 이번에 피해를 입은 일본국 인민의 유가족과 부상자를 돌보아 주고, 아울러 상인들의 화물이 훼손·약탈된 것을 보충하기 위해 조선국은 11만 원을 지불한다.

제3조 이소바야시 대위를 살해한 흉도를 조사·체포하여 중죄로 처벌한다.

제4조 일본 공사관을 새로운 곳으로 옮겨 신축해야 하므로 조선국은 땅과 건물을 내주어 공사관 및 영사관으로 사용할 수 있도록 한다. 그것을 수축이나 증축할 경우 조선국이 다시 2만 원을 지불하여 공사비로 충당하게 한다.

제5조 일본 호위병의 막사는 공사관 부지로 정하되 제물포조약 제5관에 비추어 시행한다.

(하략)

같은 해 4월 일본은 이토 히로부미를 전권대신으로 임명하여 베이징에 파견했으며 청나라는 북양대신 이홍장을 전권대신으로 하고 회담장소는 텐진으로 정했으며 이홍장은 1823년에 출생하여 당시 62세였고, 이토 히로부미는 1841년 출생하여 당시 44세였다. 10년이 지나 청일전쟁이 끝나고, 텐진에서 만났던 이홍장과 이토 히로부미는 일본 시모노세끼에서 다시 만났을 때에는 사정이 바뀌었다. 패전국의 이홍장, 승전국의 이토 히로부미는 청일전쟁을 마무리하는 시모노세끼조약을 체결했는데 역사의 아이러니가 아닐 수 없다.

청나라 이홍장과 일본 이토 히로부미가 〈톈진조약, 1885.4〉을 체결했는데 일본 주둔군과 청나라 주둔군이 조선 땅에서의 철수와 재파병에 관한 조약이었다. 일본의 주장은 일본군이 출동한 것은 고종의 요청으로 이루어졌고, 일본군과 일본공사가 청나라 군사의 공격을 받은 것에 대해 사과와 책임자 처벌을 요구했다. 청나라는 일본이 조선의 개화파와 갑신정변을 공모했다는 소문이 있다며 유감 표명을 요구했고, 일본인 피해는 조선 군인들의 공격 때문이라고 주장하면서 팽팽하게 대립했다. 이 문제는 사건을 다시 조사하고 책임자가 있을 경우 처벌한다는 선에서 마무리되었다.

양쪽 군대가 조선에서의 철군과 재파병 조건이 문제였다. 청나라는 조선의 종주국 입장에서 조선이 요청할 경우 재파병할 수 있다는 입장이었고, 일본은 불가피한 경우를 제외하고 양국 모두 조선에 대한 재파병은 불가하다는 입장이었다. 결국 이 문제에 대해서는 일단은 양국의 군대를 조선에서 철수시키고, 재파병 시에는 서로 통보한다는 선에서 합의되었다. 이것이 문제였다.

여기서 제기된 재파병 문제는 10년 후 동학농민혁명의 발생으로 청나라 군사와 일본 군사가 동시에 조선에 들어오는 근거가 되었고 조선의 운명을 가르는 청일전쟁의 원인이 되었다.

이것이 문제의 1885년 〈톈진조약〉이다.

제1조 청과 일본은 조선 반도에서 즉시 철수를 시작해 4개월 안에 철수를 완료한다.

제2조 청일 양국은 조선에 대해 군사고문을 파견하지 않는다. 조선은 청일양국이 아닌 제3국에서 1명 이상 수 명의 군인을 초치한다.

제3조 장래 조선에 출병할 경우 상호통지한다. 파병이 불가피할 경우에도 속히 철수시켜 주둔하지 않는다.

이 조약으로 청나라 군대와 일본 군대는 7월에 조선에서 철군했다. 조선 정부는 청나라와 일본에서 군사고문을 초빙하지 않게 되어, 1888년 궁성호위대의 군사고문으로 미국교관을 초빙하였고, 1892년 통제영학당 훈련을 위해 영국교관을 초빙했다.

9. 영국 거문도 점령 23개월

1885년 4월부터 1887년 2월까지 영국은 3척의 동양함대를 파견하여 조선의 거문도를 불법 점령했다. 영국은 거문도를 영국 해군성장관 조지 해밀턴의 이름을 따서 '해밀턴항'이라고 불렀다. 거문도는 여수시에 속해 있는 면적이 12㎢이고 여수와 제주도 사이에 위치한 섬으로, 섬 주변의 수심이 깊고 바닷길의 길목에 위치한 전략적인 요충지였으며 고도, 동도, 서도의 3개 섬으로 이루어져 있고 서도가 가장 큰 섬이다. 점령 당시 거문도에는 2,000여 명이 살고 있었지만, 지금은 300여 세대, 700여 명만이 살고 있다.

러시아는 부동항을 획득하기 위해 남하정책을 추진하여 1860년 블라디보스토크를 점령했고, 청나라와 북경조약을 맺어 연해주를 영유했다. 1884년 조선과 러시아가 통상조약을 맺어 조선 진출을 확대하려고 했고 러시아의 남하정책에 따라 조선 영흥만 점령계획에 대한 소문이 돌면서 영국은 대책을 강구해야 했다. 영국은 러시아의 남하를 저지할 목적으로 거문도를 점령하고 점령 사실을 일본과 청나라에 통보하고, 조선에는 통보하지 않아 조선은 모르고 있었다.

청나라가 조선정부에 영국의 거문도 점령을 허가하지 않도록 하라고 통보하면서 조선정부는 뒤늦게 알게 되었고 조선정부는 경략사 이원회를 거문도에 파견하여 사실을 확인했다. 영국은 청나라 주재의 영국공사를 통해 조선에 공식 통고를 뒤늦게나마 했고, 조선정부는 영국에 강력 항의를 했다. 영국은 거문도에서 1887년 2월 철수하기 까지 23개월간을 점령하고 있었다.

거문도를 점령한 영국군은 최소 300명, 최대 800명의 군사가 주둔했으며 영국의 군함도 최소 5척에서 최대 10척이 정박했다. 영국군은 거문도에 병영시설 등 여러 시설을 갖추고 제방도 설치했고 거문도 주민을 시켜 공사를 하면서 노동에 대한 보수를 지급했으며 거문도 주민들에 대한 의료방역도 해 주었다. 영국군은 거문도 주민에 대해 호의적이었고, 섬 주민들과 관계도 좋았다. 홍콩에 있는 영국해군 중국본부와의 통신을 위해 거문도와 상하이 간의 해저 통신선을 설치했는데 덕수궁에 전화가 설치된 것은 그로부터 11년 후인 1896년이었다.

조선정부는 영국의 거문도 점령사실에 대해 주도적인 역할을 못 했고 청나라와 영국과의 교섭에 의존했다. 영국도 처음에는 거문도를 조선으로부터 조차하는 방안을 청나라에 제시했으나 이홍장의 강력한 반대가 있었다. 조선은 갑신정변 이후 청나라의 내정간섭이 심해져 러시아를 끌어들이려 했고 영국은 직접 조선에 조차하는 방안을 제시했으나 조선-러시아 밀약이 탄로 나면서 협상 가능성이 없어지게 되었다. 조선정부는 영국에 돈을 받고 거문도를 조차해 주는 것은 영원히 거문도를 잃을지도 모른다고 보았다. 러시아는 조선정부에 영국의 거문도 점령을 항의하면서 제주도를 점령하겠다고 위협적으로 나왔고 일본은 거문도 주위를 순항하면서 영국의 거문도 점령을 관망했다.

이런 가운데 영국과 러시아 사이의 충돌지점인 아프가니스탄 협정이 조인되면서 영국의 러시아에 대한 견제도 완화되었다. 영국 외상은 청나라가 타국의 거문도를 점령하지 못하게 해준다면 철수의사가 있음을 밝혔다. 청나라의 이홍장은 러시아공사를 통해서 영국이 거문도에서 철수하게 되면 러시아는 조선 영토를 침범하지 않겠다는 약속을 받았고 영국은 거문도 철수 의사를 청나라와 조선에 통고했다. 조선정부는 영국군의 거문도 철수 후에 경략사 이원회를 거문도로 파견하여 철수사실 확인을 했고 23개월 만에 종결되었다.

당시는 영국과 러시아의 'The great Game' 시대로 조선의 작은 섬 거문도가 열강의 접점이 되어 세계적 관심을 끌었고 조선정부도 거문도가 지정학적으로 중요하다는 사실을 배우는 계기가 되었다. 영국의 거문도 점령 사건을 통해 조선정부의 국제관계 협상이 청나라에 의존한다는 사실을 보여주었으며 힘으로 겨루는 국제관계에서 힘이 부족한 조선은 협상의 주체가 되지도 못했다. 청나라가 영국과의 협상에서 주도적 역할을 하면서 청나라가 조선에 대한 종주권이 있음을 보여주었고 조선에 대한 청나라의 내정 간섭은 오히려 더 심해졌다. 현재 거문도에는 영국 군인의 무덤과 비석이 일부 남아있고, 영국공사관에서 참배를 한다고 한다.

10. 일본과 식량전쟁

1889년과 1890년에 일본은 조선에서 곡물을 반출해 갔고 지방 관찰사는 그 지역에서 일본으로의 곡물방출을 막으려는 식량전쟁이 있었다. 방곡령은 조선정부 또는 지방기관이 곡물 유통을 차단시켜 반출을 막는 경제에 대한 일종의 통제수단이었다. 개항 이전에는 국가 안에서 지방별로 여러 차례 방곡령을 발포하여 곡물의 지역별 수요공급을 조절했다.

강화도조약으로 개항한 이후, 일본 무역상들이 조선에서 곡물을 매집하여 가져가는 바람에 조선에서는 곡물이 부족하거나 곡물 가격이 상승하는 현상이 나타났다. 〈조일통상장정, 1883〉에서 조선정부는 일본으로의 과도한 곡물 유출을 막을 수 있도록 '방곡시행권'을 가지게 되었다. 그해 11월 함경도 원산에서 방곡령이 있었고, 그 후에도 여러 지역에서 방곡령이 수 십건 발포되었다.

일본에서 곡물 흉작(1889)으로 인한 식량문제가 발생하여 조선으로부터 대규모 수입을 통해 곡물 부족을 해결하려고 곡물 매집이 성행하였다. 일본은 조선의 곡물을 반입함으로써 일본 내에서 곡물 가격을 조절할 수 있는 수단도 되었다. 1889년 5월 황해도 관찰사 조병철은 방곡령을 발동하여 곡물 운송을 금지하고 일본 상인의 곡물 반출이 중단되었으나, 일본영사의 항의로 곡물 운송금지가 해제되는 일이 있었다.

1889년 9월 함경도 관찰사 조병식은 1년 동안 곡물반출금지를 그해 10월부터 시행하겠다고 조약의 절차에 따라 1개월 전에 조선정부 통리아문에 보고했다. 함경도는 보고한 대로 10월부터 1년 동안 함경도 지역의 곡물을 반출금지 시킨다고 조치했으나 조선정부가 일본에 함경도 방곡령을 전달하는 과정에서 함경도 방곡령이 10월에서 1개월이 지난 이후부터 시행된다고 전달하였다. 이러한 실수로 일본은 함경도 방곡령 철회와 일본 측 손해를 배상하라는 요구를 받게 된 사건이 발생했으나 함경도 관찰사는 강경하게 대응했다. 일본은 함경도관찰사의 파면을 요구하고 나왔고, 이에 조선정부는 함경도관찰사에 대해 감봉 조치와 함께 강원도관찰사로 전보조치를 시켰다. 방곡령은 일본의 요구대로 10일 만에 철회되었고 손해배상 문제는 1891년에 다시 거론되었다.

1890년 3월 황해도관찰사 오준영은 방곡령을 발포하여 일본 상인이 4개월 동안 매집한 대규모 곡물 운송이 금지되고 압류되는 일이 있었다. 일본은 조선정부에 방곡령 철회를 요구하고 나섰고, 결국 20일 만에 압류되었던 곡물을 풀어주고 운송시켰던 일이 있었다.

조선은 당시 평상시에도 곡물 사정이 넉넉치 못할 뿐 아니라, 특히 흉작시에 곡물을 지키는 일이 주민들 삶을 영위하는 데 절대적으로 중요했다. 지방관으로서는 민심을 안정시키고 주민들의 삶을 지키기 위해서는 방곡령을 실시하지 않을 수 없는 실정이었으나 조선정부는 일본의 항의를 수용하고 방곡령을 철회하도록 하여 방곡령의 의미를 퇴색시켰다.

일본 무역상의 활동영역이 개항장에서 10리(4km)로 정해졌을 때에는 조선 중개인이 매집해서 넘겨주는 곡물을 가져갔다. 장정의 개정으로 활동영역이 개항장에서 100리(40km)로 확대되면서 일본 무역상들이 직접 곡물을 매집할 수 있게 되어 조선 중개인들의 활동영역은 줄어들었고 조선 곡물시장에서의 일본 무역상의 영향력은 커졌다. 더구나 개항장 내에 설치된 일본의 여러 은행 지점들은 일본 무역상에게 자금을 대출해 주어 조선 내에서 곡물 매집을 지원했다.

일본 무역상들의 활발한 활동은 조선의 농민들에게는 갈수록 불리하게 되었고, 더구나 춘궁기에 더욱 어려운 상황을 만들었다.

일본으로 곡물 반출이 심해지면서 전국 단위나 지방 단위의 방곡령이 곳곳에서 발포되었는데 식량을 가져가려는 자와 식량을 지키려는 자 사이의 일종의 식량전쟁이었다. 조선정부는 기상악화에 따른 흉작이 방곡령을 발포하는 원인이라고 밝혀도 일본은 자체 조사해본 결과는 흉작이 아니라는 등의 억지 주장을 내세우면서 조선정부를 압박했다. 그때마다 일본은 방곡령의 부당함을 억지 주장하며 방곡령 해제를 요구하였고 조선정부는 일본의 요구를 받아들이고 방곡령을 중지시켰다.

1891년에 와서는 일본은 그동안의 조선의 방곡령 조치에 따른 일본 측 손해배상을 조선정부에 공식적으로 제기했다. 조선정부는 협상에는 임하였으나, 일본의 강경한 요구에 결론을 내지 못했다. 청나라 원세개가 조선과 일본의 손해배상 협상에 중재를 맡게 되었고 2년 가까이 끌다가 결국 조선이 일본에 11만 엔을 배상하는 것으로 종결되었다. 일본은 조선의 방곡령을 무력화 시키고, 조선을 일본의 식량 공급 기지로 만들려는 수작으로 방곡령의 실효성은 감소하면서 일본의 곡물 수입은 증가했다.

조선 연안에서의 일본 어선들의 어업활동도 활발해지면서 수산물 반출도 증가하였고 개항장을 통한 일본 무역상의 교역량은 늘어갔으며 조선의 민생경제는 멍들어 갔다. 일본강점기에 가서는 3차례의 산미증식계획으로 곡물유통 뿐 아니라 곡물생산에도 개입하였고 조선에서 곡물과 수산물 반출을 확대하면서 식량기지화 했다.

11. 통제영학당 폐교

통제영은 임진왜란 중 경상·충청·전라 3도 수군을 통합한 함대를 편성하기 위해 설치되어 수군통제사의 지휘를 받는 연합함대로 편성되었고, 강화도에 설치한 통어영과 함께 조선 후기까지 존속했다. 개화사상가들은 개항장에 수영을 설치하고 외국 교관을 초빙하여 군사를 훈련시켜야만 바다를 막을 수 있다는 상소를 올렸다.

1893년 조선정부는 근대적 해군사관학교인 통제영학당 설립에 관한 칙령을 공포하고, 강화도 갑곶나루 근처에 청나라에서 빌려온 차관으로 해군사관학교 건물을 새로 지었다. 그 해 처음 해군사관생도 50명과 수병 300명을 모집하여 통제영학당을 개교했다. 통제영학당 사관생도는

18세에서 26세까지의 양반 자제로 구성되었다. 통제영학당 교관은 영국 해군대위 윌리엄 콜웰과 하사관 제임스 커티스였다. 교육과목은 영어, 군사학, 항해학, 포술학 등으로, 콜웰은 군사학과 항해학을 가르쳤고, 커티스는 포술학을 가르쳤다. 영국 교관들은 사관생도들에 대해서 상당히 총명해 보였고, 교련도 빠르게 향상되었다고 평가했다. 통제영학당은 동학농민혁명과 청일전쟁이 발생함에 따라 교육운영이 제대로 이루어지지는 못하였다.

조선에 통제영학당이 설립되어 해군장교를 양성하는 교육이 시작되자 일본은 이를 경계하였다. 1894년 일본의 해군대위가 강화도 해군관청과 통제영학당을 시찰하고 보고문서를 작성하여 일본에 보고했다. 그 문서는 일본 방위성 사료관에 지금도 보관되어 있는데 통제영학당의 규모, 위치, 생도교육 등의 내용이었다. 보고서에 따르면 통제영학당은 한옥 1동과 민가 2동으로 구성되어 있었고, 본관 구역은 교사당과 생도 기숙사로 사용되었고, 영어를 가르친 영경교당이 있었다고 했다.

일본은 청일전쟁에서 승리하자 통제영학당의 영국 교관들을 해고하였고 통제영학당을 해체하도록 조선 관리들에게 압력을 행사하여 결국 폐교되었다. 일부 생도는 영어교사를 따라 한성영어학교로 옮겨갔고, 나머지 생도들은 육군으로 옮겨갔다. 1896년 5월 교관들이 영국으로 귀국하면서 최초의 해군사관학교였던 통제영학당은 사라졌다.

통제영학당의 위치는 구강화대교와 신강화대교 사이에 있었고, 면적은 6,381㎡였다. 사관학교로 사용하던 건물은 없어지고 터만 남았고, 영국인 교관들이 거주했던 강화도 관청리 250번지의 관사는 보존되어 있다. 인천시는 2001년 통제영학당이 있었던 자리인 '강화통제영학당지'를 인천기념물 제49호 지정하였고 해군참모총장은 2009년 통제영학당 옛터에 표지석을 세워 최초 해군사관학교가 있었던 사실을 기록하고 있다.

2009년 4월 강화도에 대한민국 해군이 세운 〈통제영학당〉 표지석이다.

"〈개화〉와 〈쇄국〉의 혼란스런 시대 상황을 겪으며 오로지 조국의 바다를 지킬 구국의 인재를 양성하고자 최초의 근대식 해군사관학교인 〈통제영학당〉이 이 터에 뿌리내렸다.

바야흐로 빛나는 대한민국해군의 정체성을 확립하고 자긍심을 고취하고자 여기 표지석을 세운다."

[담론 4]

〈경란록〉의 기록이다.

"나라가 혼란하려고 하는 데에는 반드시 임금 가까이 아부하는 신하가 있기 때문이다. 그래서 임금은 가장 먼저 신하의 어짊과 사특함을 살펴야 하는 것이다."

"아무런 조치를 취하지 않고 편안히 앉아 있었으니 장차 자신에게 불길이 이르는 줄을 모른 것이다. 이는 지위가 높아 고기를 먹는 관원이면서도 계책이 없는 사람이다."

경란록에 '지위가 높아 고기를 먹는 관원'이면서 '계책이 없는 사람'이라고 했는데 육식자비肉食者鄙, 즉 肉(고기 육) 食(먹을 식) 者(놈 자) 鄙(비루할 비)에서 온 말이다.

고기를 먹는 높은 지위에 있는 사람이 대책 없다는 말로서 "고기 먹는 자들이 꾀한 일인데, 무엇 때문에 또 참견하려 하는가肉食者謀之 又何間焉"라는 〈춘추좌전〉의 구절이다.

"노나라 장공 10년에 이웃 제나라 군사들이 노나라 땅을 침범해 노장공이 응전에 나서자 조귀라는 선비가 계책을 내놓겠다며 임금에게 알현을 청했다. 향리 사람들이 "육식하는 자들이 다 알아서 할 텐데 대부도 아닌 자가 왜 끼어들려 하는가?"라며 비웃었다. 조귀는 "고기 먹는 자들은 욕심만 많지 물정을 몰라 원대한 계책을 세우지 못한다"고 응수했다. 귀족들은 제 앞가림에만 급급해 제대로 대책을 세우지 못하니 자기가 나서서 임금을 돕겠다는 것이다."

[서울&, 2018.1.25.자 <잠깐 고사성어> 참고]

〈경란록〉의 기록이다.

"너희들이 차지한 것이라곤 자신의 뱃속만 채우는 정도에 불과하였다. 속담에 '큰 창고를 다 불태우고 쌀가루나 주어먹는다'는 것이 바로 너희들을 두고 한 말이 아니겠는가?"

경란록에 '큰 창고를 불태우고 쌀가루나 주워 먹는다'고 하여 나라를 넘겨주고 받은 것은 고작 작위와 은사금 이었고 마치 불 탄 창고에서 쌀가루 주워 먹는 불쌍한 처지로 보였다. 조선 말기 농민들은 수탈을 당할 대로 당하였고, 부패한 고관들은 집 창고에 보물을 쌓아두고 지냈다. 창고가 불타는데 보물이 무슨 소용인가.

지위가 높은 장수들은 백성들 앞을 지나면서 뽐내고 거들먹거렸으나 구식군인들은 밀린 월급으로 모래 섞인 쌀을 받고 군란을 일으켰다. 청나라 군인을 불러들였고, 청나라 군인들은 조선의 구식군인들을 무참하게 살육했다. 군인들과 함께 중국인 노무자들도 따라 들어와 인천 개항장에서 작장면을 만들어 먹으면서 지냈고, 차이나타운의 시작이었다. 급진개화파들은 왕을 궁 밖으로 피난시키며 정변을 일으켰다. 일본은 개화파를 지원했으나, 정변 후에는 배상금을 청구했고 곡물도 반출해 갔다. 일본 어민들은 조선 연안에서 마음 놓고 어업을 했고 포항 구룡포에 일본인 가옥거리가 생겼다. 영국군은 거문도를 점령했다.

조선정부는 속수무책이었고 조선정부 대신들은 급변하는 시대 상황에 대책이 없었으며, 성리학을 공부한 사람들의 한계였고 어찌할 줄을 몰랐다. 부정부패도 한몫을 했으며 부패한 관리들은 나라를 넘기고도 잘 살았다. 백성들이 문제였으며 조선의 백성들은 노예가 되어 살거나 의병으로 나섰다. 깨어 있던 지식인들은 유배갔거나 탄식만 하다가 죽었다.

〈경란록〉의 기록이다.

대체로 그들이 역모를 일으킨 실상은 아무리 변명하더라도 가릴 수 없다. 지금 신진들의 말은 당동벌이黨同伐異의 논의에 불과하니, 굳이 취택할 필요가 없다.

경란록의 당동벌이는 黨(무리 당) 同(한가지 동) 伐(칠 벌) 異(다를 이)으로, 일의 옳고 그름은 따지지 않고 뜻이 같은 무리끼리는 서로 돕고 그렇지 않은 무리는 배척한다는 뜻으로 후한서 당동전에서 비롯된 말이다. 진시황이 중국을 통일하고 중앙집권화를 이룩한 이래 권력은 황제 한 사람에게 집중되었다. 황제를 둘러싼 친위집단이 권력을 농단하게 되고, 그 중심에 환관과 외척세력이 있었으며 국교인 유학을 공부한 선비집단이 성장하였고 명망 있는 인물을 중심으로 뜻을 같이하는 당인들이 있었다. 후한 때에는 황제가 어린 나이에 즉위하여 황태후가 섭정하였고, 황태후의 친인척인 외척들이 실권을 잡았다. 후일 장성한 황제의 친위세력은 환관들이었다.

선비집단세력, 외척세력, 환관세력이 서로 물고 물리는 정권다툼을 벌이는 과정에서, 옳고 그름을 떠나 다른 집단을 무조건 배격했다. 이를 가리키는 말이 당동벌이이다. 전한은 외척세력이 망쳤고, 후한은 환관세력이 망쳤다고도 한다. 후한 말에 이르러 환관세력들은 외척세력과 선비집단세력을 탄압하였고, 지식인 관료집단인 선비집단세력이 황실을 버림으로써 후한이 자멸했다.

[두산백과 두피디아, 두산백과 참고]

〈경란록〉에서 신진들이라고 함은 급진개화파를 의미하는 것으로 같은 무리는 무조건 두둔하고 다른 사람들에 대해서는 무조건 물리치는 세력이라고 보았다.

〈경란록〉의 기록이다.

더구나 당시 직책을 체직시키는 것은 임금이 직접 명한 것이 아니라 왕명을 사칭한 것임이 분명하다. 위왕의 밀부도 진비는 의심하여 병력을 양도하지 않으려고 하였다. 장수를 바꾼 것이 어찌 우리 임금이 기꺼이 한 일이겠는가?

진나라 소왕이 군대를 보내 조나라 한단을 포위하였다. 위나라 신릉군이 '위왕의 병부'를 몰래 훔친 다음 10만 군대를 거느리고 있던 진비에게로 가서 '위왕의 병부'를 보여주고 군대를 넘겨받아 지휘하려고 하였다. 진비가 '위왕의 병부'를 의심하였고 군대를 넘겨주려고 하지 않았으며 위나라 신릉군은 진비를 죽이고 그 군대를 인솔하여 조나라를 구원하였다.

[네이버 지식백과, 중국상하오천년사 참고]

〈경란록〉에서 갑신정변의 변란이 발생한 상황에서 군병을 움직이지 않은 것에 대해 신릉군이 몰래 훔쳐온 '위왕의 밀부' 조차도 진비는 의심하였다는 것을 비유하였다. 군병을 움직이지 말라는 지시가 임금의 명이라고 하더라도 변란이 일어난 상황에서는 진비처럼 의심을 했더라면 변란을 진압할 수 있지 않았겠는가 하는 의미이다.

〈경란록〉의 기록이다.

무릇 이와 같았다면 우리 임금을 물과 불 속에서 구제하고 우리 장수를 화살과 탄환이 쏟아지는 사이에서 도와 저 역적을 사로잡고 그 목을 베어 종묘사직을 다시 편안하게 하였을 것이다. 어찌 공의를 권장하여 속죄하고 다시 기린각麒麟閣에 공신의 그림을 그리지 않았겠는가.

기린각의 유래는 한나라 선제가 공신들의 초상화를 그려 기린각

麒麟閣에 두었다는데 있다. 기린각은 한나라 제7대 황제인 무제가 성
군이 출현하면 나타난다는 기린을 포획한 기념으로 지었던 장안 미앙
궁 안에 있던 전각 이름이다. 한무제의 후손인 선제는 이 기린각에 곽
광이라는 신하 등 11명 공신들의 얼굴을 그려 걸어놓았다. 색이 바래
지 않는 단청으로 그려서 그 명예가 후세에 영원히 기억되도록 했다.
공신들은 황제 궁궐 전각에 자신들의 초상화가 걸려 있었으니, 그들
의 명예가 높아졌고, 중국인들은 기린각에 초상화 걸려 있는 것을 최
고의 영광으로 여겼다. 그리고 장차 나라의 큰 재목이 될 만한 자질을
갖춘 사람을 '기린아麒麟兒'라고 부르게 되었고, 훗날 나라를 위해 크게
공을 세워 기린각에 초상화를 걸게 될 것이라는 뜻이 담겨있다.

[카카오 스토리, 오늘의 천자문 참고]

[경란록으로 보는 세상 4]

■ 6월 5영의 군졸들이 호조판서 김보현과 선혜청 당상 민겸호가 수
개월간 군사의 급료를 지급해 주지 않음으로 인하여 거의 굶어 죽
을 지경에 이르렀기에 군사들이 모여서 변란을 일으켰다. 수상 이
최응, 호조판서 김보현, 선혜청 당상 민겸호를 구타해서 죽이고 즉
시 궐내로 들어가 중궁전을 붙잡아 구타하는 등 망극한 행위를 자
행했으니, 앞으로 어떤 화가 있을지 예측할 수 없었다. 무예청 별감
홍재희가 말을 둘러대서 중궁전을 빼앗아 등에 업고 건춘문으로 나
가 화개동 시직侍直 윤태준의 집에 숨어 있었다. 그 다음날 세마(세자
호위 담당) 민응식이 중궁전을 모시고 충주 장호원에 있는 종제(사촌 아
우) 민형식의 집으로 가서 숨었다. 군란을 일으킨 군사들은 즉시 모
여서 운현궁으로 가서 대원군을 모시고 입궐하여 개정(관리의 임용)하
였는데, 대원군은 근정전에 앉아 교지를 사칭하고 인사행정을 하여
이재면으로 병권을 담당하게 하고 내외의 요직을 모두 총애하는 인
물, 남인과 북인으로 제수하였다. 그리고 유배지에 있던 문객門客을
사면하여 높은 관직을 제수하였다.

중궁전이 병화를 당해 죽은 모양새로 국휼(왕실의 초상)을 반포하
고 혼전(왕비 장례 전각)을 설치하고 신민으로 하여금 상복을 입게 하
고, 시신이 없이 의대(왕비 옷)만으로 장례식을 마련하였다. 국장도감

과 산릉도감을 설치하고 총호사, 제조提調 이하 각 집사들을 선출하였으니, 그 상황이 가관이었다.

■ 당시 청국의 구원병이 와서 훈련원에 유진留陣하였다. 정랑 남정철이 당시의 일을 도독 정여창과 오장경에게 알려서 조선 군란의 상황과 가짜 국상을 반포한 일을 본국 정부에 보고하자, 대원군을 붙잡아 이송하라고 명한 청나라 황제의 비준이 있었다. 이에 정도독이 대원군과 회담을 청한 뒤 즉시 대원군을 붙잡아 청나라 봉천부로 보냈다가 이어 보정부로 옮겨 가두었다.

이에 임금의 권한이 다시 회복되고 중궁전을 충주에서 모셔 오도록 하면서 충청병사 구완식에게 호위하게 하였다. 그래서 병사 구완식이 졸지에 군사를 점검하고 행군하였다. 호서 전역의 인심이 크게 요동하고 유언비어가 난무하였으나, 며칠 되지 않아 드디어 잠잠해졌다. 충청병사 구완식은 금장에 올랐다.

중궁전의 지위가 다시 안정되어 전 왕실이 예전처럼 기뻐하게 되었다. 그리고 경과를 설행하고 사면령을 내렸다. 민응식, 윤태준, 홍재희, 남정철을 모두 등용하였다. 북도인 이용익이 하루에 천리 길을 가는 보술이 있었는데, 봉서를 가지고 왕래한 공로가 있어 양성현감으로 삼았다. 그밖에 공로에 상을 하사받는 사람이 많았다. 그동안 4, 5개월간의 난리는 이루 다 기록할 수가 없다. 군란 이후 경성에 거주한 사람 중 난리를 피해 낙향하려고 황급히 달아났다가 갈 곳을 몰라서 평소 친분이 전혀 없는 집에까지 거처한 사람이 많았다.

당시 청나라에 추종한 사람 중 등용된 자가 많았다. 청국 사신으로 한 번 톈진에 갔다가 돌아오면 모두 좋은 벼슬과 높은 관직을 얻을 수 있었기에, 당시 사람들이 이를 청당이라고 지목하였다. 또 청나라 병사와 상인의 기염이 하늘을 찌를 듯하여 패악한 짓을 자행하며 우리나라 사람을 노예처럼 무시하고 수없이 다치게 하거나 살해하였다. 심지어 장수들이 욕을 당하고 이름난 선비가 결박당하는 지경에 이르렀으니, 국가의 형세가 위태로워 불쌍하였지만, 이 모든 수모는 스스로 초래한 것이다.

〈임오년(1882, 고종19)〉

■ 10월 경성에서 우정국을 신축하여 고관을 초청하고 큰 연회를 설행하였다. 석양이 질 무렵 무뢰배 10여 명이 갑자기 침입하여 칼로 민영익을 찌르고 그 귀를 베었다. 당시 박영효, 김옥균, 홍영식, 서광범, 서재필 등 5적이 경복궁의 시어소에 들어가서 임금을 위협적인 말로 협박하기를, "현재 우정국에 큰 변란이 발생하여 민영익이 참화를 입었으니 장차 대궐을 범할 우려가 있습니다. 바라건대 속히 파천하소서"라고 하였다. 이 말을 듣고 임금이 두려워 도보로 북장문을 나오니, 그 무리들이 유인하여 경우궁에 이르러 가두었다. 물샐 틈이 없이 다섯 역적이 임금 주위를 빙 둘러싸고 일본공사 다케조에 신이치로를 시켜 온갖 위협과 공갈 협박을 다하였다. 한편으로 교지를 사칭하여 현직 국무대신 민태호, 조영하, 민영목과 각 영

대장 한규설, 윤태준, 이조연을 불러들였다. 생도 유혁로, 정난교, 서재창, 윤치호 등 10인을 시켜, 각기 예리한 칼을 지니고 궁전 계단 앞에 나열해 있다가 들어올 때마다 한 명씩 찔러 죽이게 하였다. 임금의 지위가 호흡하는 한순간 사이에 있을 정도로 급박하였다.

■ 청나라 장수 원세개가 하도감(훈련도감 본영)에 있었는데, 전주 문관 이봉구가 원세개에게 가서 위급함을 구원해야 한다는 뜻으로 설득하였다. 원세개가 깨닫고 군대를 거느리고 속히 담장을 넘어 여러 역적을 도륙하려고 하자 역적들이 모두 달아나서 이현(종로4가 지역)에 있는 일본 공사관에 숨었다. 그리고 그날 밤 인천으로 가서 군함을 타고 일본으로 가서 생명을 보전하였다. 유독 홍영식만은 망령되게 임금의 보살핌을 믿고 용서해 줄 것이라고 희망하였다. 그래서 임금을 모시고 북묘에 가서 사면해 달라고 간청하였지만, 임금이 그를 벽장 속에 가두었다가 내어 사법관에게 넘기자, 도성의 백성들이 마구 찔러 죽였다. 생도 몇 명 역시 붙잡혀 능치처참을 당하였다. 윗사람을 범하였던 군졸도 다 죽임을 당하였다. ―홍영식이 교지를 사칭하여 영상으로 삼는 자― 도성 안이 큰 혼란에 빠져 사람들이 황급히 달아나 피신하였다.

대왕대비 조씨, 대비 홍씨, 중궁전 민씨, 왕세자 4궁이 보교를 타고 바삐 동소문 밖으로 나갔지만, 어디로 향해 가야 할지 몰랐다. 퇴임 장수 이경하가 나이가 들어 각심사에 은퇴하여 살고 있었는데, 4전(대왕대비 조씨, 대비 홍씨, 중궁전 민씨, 왕세자)이 가까운 곳에 파천하였다는 소식을 듣고 직접 가서 자신의 집으로 모시고 와서 음식과 잠자리를 마련해 주었다. 이경하의 서자 이범진이 도성 안에서 피란하다가 4전이 부친의 집에 있다는 소식을 듣고 달려가서 모셨다. 이범진이 직접 모시고 궁궐로 돌아온 뒤 아부로 총애를 받아 청요직과 고관으로 크게 등용되어 권세를 크게 휘둘렀고 온 가문이 번창하였다. 이른바 여러 역적의 집을 도성의 백성들이 모두 불을 질러 도성 안이 난장판이 되는 듯하였다.

〈갑신년(1884, 고종21)〉

■ 담론하는 자가 다음과 같이 평한다.

우리나라의 조세 세입은 여유가 있어서 백관에게 녹봉을 주고 군병에게 급료를 지급하였고, 이외의 각종 항목에 지출되었다. 그런데 어찌하여 국고가 텅 비어 백관과 군병에게 지급되는 녹봉과 급료를 4~5달 혹 1~2년을 지급하지 못하였는가. 그리하여 대개 관리들이 굶주림을 참고 벼슬살이를 하면서 관작을 중히 여기게 되었다. 또 어리석은 백성들을 속여 나대(공금을 백성에게 빌려주거나 꾸어줌)하여 그 이익을 먹고 살았다.

군병의 경우 급료가 아니면 입에 풀칠할 수가 없고 처자를 살릴 수가 없으니, 어떻게 굶주린 배를 참고 군대의 대열에 나아갈 수 있겠는가? 아, 호조와 선혜청 관리는 오로지 훔쳐 먹는 것을 일삼고 군졸들을 구휼하지 않았으니, 이 어찌 있을 수 있는 일이겠는가. 그 죄가 실로 용서받지 못할 것이다. 또 대장이 된 사람이 자기의 높은 지위를 다행스럽게 여기고 거느리고 있던 군졸들의 배고픈 원망을 모르고 바로잡을 방도를 생각하지 않아서 난리를 일으키는 지경에 까지 이르렀으니, 이 어찌 간성의 재목이겠는가?

정부의 대신이 된 자는 앉아서 후한 녹봉을 받고 매관매직하며 뇌물을 받고 자신의 가옥과 제 뱃속만을 윤택하게 하면서 관원과 군졸이 기아상태에 이른 상황을 모르니 이 어찌 섭리의 재목이겠는가. 그렇다면 이 책무는 아래에 있고 위에 있지 않은 것이다. 이씨, 김씨, 민씨가 화를 당한 것은 하늘이 내린 토벌이다. 오직 명성황후가 아무리 국정에 관여하였다고 하더라도 관작을 매매하는 일에 불과하였고, 비록 제사를 지내 기복하였더라도 단지 내탕고의 돈을 가져다 쓴 것이다. 외고가 탕진된 것을 전적으로 곤전에게 원망을 돌려서는 안 된다.

이번 이 변란을 만난 것에 대하여 사람들은 모두 사주한 자가 있는 것으로 의심하였다. 비록 그것이 정확한지 알 수 없지만, 그 처사만을 보면, 어찌 그 비방을 면할 수 있겠는가. 그 은신했을 때를 논하면, 집정관은 응당 성심으로 국내에 방문하여 받들어 맞아다가 지위를 회복시켜서 전의 혐의를 깨끗이 씻어 버리고 속히 화합을 도모하며, 곤덕을 새롭게 하고 종실과 외척들이 모두 국정에 관여할 수 없게 하며 여러 신료들로 하여금 각각 여러 직무를 극진히 함으로써 잘 다스려지는 정치를 도모하게 하였다면, 전화위복으로 국가를 공고한 기반으로 만드는 경사가 되지 않았겠는가?

또 곤전이 과연 실덕하여 암탉이 울어 나라를 망하게 하는 근심이 있었다면, 정부의 고위관리 이하 모든 신료들이 일제히 정청하여 대조에 아뢰어 폐위시켜 서인으로 삼는 것이 비록 부득이한 일일지라도 오히려 해야 할 일이나, 이미 살해를 당한 실적이 없었으며, 또 그 시신을 찾지 않고 가짜로 국휼을 반포하여 억지로 신민들에게 상복을 입게 하고 가짜로 의대만으로 장례식을 치르고 산릉자리를 잡고 도감을 설치하는 등 아이들의 장난과 같은 짓을 하여 나라의 체모를 크게 훼손시키고 외국에게 수모를 당하는 지경에 이르렀으니, 이 또한 부끄럽지 아니한가?

■ 담론하는 자가 다음과 같이 평한다.

나라가 혼란하려고 하는 데에는 반드시 임금 가까이 아부하는 신하가 있기 때문이다. 그래서 임금은 가장 먼저 신하의 어짊과 사특함을 살펴야 하는 것이다. 저 갑신년 5적은 본래 경박한 재주로 외교에 뛰어나다고 자칭하며 임금을 높이고 윗사람을 친애하는 의리를 따르지 않고 몰래 외국의 손을 빌려 분수를 범하려는 계획을 품고서 간사한 계획을 세워 종묘사직을 위태롭게 하였으니, 어찌 역적이라는 이름을 면할 수 있겠는가?

근자에 신진의 젊은 사람들이 이 일을 논하기를, "다섯 사람은 오로지 옛 정치를 개혁하여 문명국으로 개진하려고 한 것이지, 임금과 나라를 바꾸려고 한 것은 아니다"라고 한다. 이 말은 비록 반신반의하는 처지인 것 같지만, 반드시 그렇지 않은 점이 있다. 그 무리들이 만일 옛 것을 혁신하려고 하였다면, 이미 임금의 신임을 받아 밤낮으로 공무에서 임금과 좋은 의견을 나누는 처지였으니, 마땅히 아침저녁으로 각국 문화의 상황을 진달하고 간절한 정성으로 임금의 마음을 돌리기를 기하여 상하가 서로 믿고 화합해서 차츰 실행해나가고 그 늦음을 걱정하지 말아야 했다.

만약 혹 임금의 마음이 끝내 깨닫지 못했을 경우는 단지 명철보신을 위해 사직하고 고향으로 물러났다면 오히려 충신이나 지혜로운 선비가 되었을 것이다. 그 무리들은 그렇게 하지 않았다. 임금의 총애를 받아 지위를 확보한 날로부터 은밀히 다른 마음을 품고 있었으며 힘이 센 무뢰배 10여 명을 집에 데리고 있으면서 훗날의 쓰임에 대비하였다. 제일 먼저 큰 가옥을 짓고 화려하게 건물을 치장하여 어느덧 대궐의 건물과 같았다. 모든 행동이 분수를 범하고 예의가 없는 짓이었다. 매양 향촌의 절친한 사람이나 친척들을 만나면 말하기를, "오래지 않아 너희들이 벼슬길에 올라 크게 형통하리라"고 한 것은 바로 다른 나라의 힘을 빌려 흉악한 계획을 행하려는 것이었다.

또 당시 나라의 척리와 충신이 모두 피살을 당하였다. 그런데 황제의 가장 측근인 이재원을 임금 곁에 불러 두고 죽이지 않는 이유는 교지를 내려 옥새와 비단 도포를 탈취하는 등의 일에 이용하고자 한 것이 분명하다.

(저자 주·당나라 현종이 이태백을 불러 악장(樂章)을 짓게 하고는 상으로 짐승 모양을 그린 비단 도포를 준다고 했다. 그런데 악장을 다 지은 뒤에 현종이 짐짓 장난삼아 그 비단 도포를 주지 않았다. 이에 이태백이 이를 빼앗으려고 하자 현종이 웃으면서 주었다는 말이

있다.)

　바야흐로 양위를 독촉하고 전지할 때 이재원을 시켜 먼저 임금의 옥로玉鷺를 거두게 하였는데 이재원이 벌벌 떨며 감히 손을 댈 수가 없었다. 그러자 임금이 친히 스스로 깨뜨려서 이재원의 훗날 죄명을 가리고자 하였다고 한다. 이 일을 비록 눈으로 직접 본 것이 아니더라도 어찌 전혀 근거 없는 말이겠는가. 더구나 황제의 곁에 모시던 유재현은 저들이 찬탈하고 반역한 실상을 직접 보고 통렬하고 분한 마음으로 욕을 하다가 즉석에서 칼을 맞고 피살되었으니, 이것이 분명한 증거가 아니겠는가.

　대체로 그들이 역모를 일으킨 실상은 아무리 변명하더라도 가릴 수 없다. 지금 신진들의 말은 당동벌이黨同伐異의 논의에 불과하니, 굳이 취택할 필요가 없다. 대개 우리나라 임금은 선세로부터 국란을 당할 경우 도성과 궁궐을 스스로 지킬 수 없으면 파천하는 것을 장기로 삼아 이내 일상적인 버릇이 되어 버렸다. 만약 그 때에 위에서 맹렬한 기세로 단호히 결단하여 즉시 각 군영의 장수와 병졸을 불러 호위하게 하고, 또 정부의 여러 신료들을 불러 계책을 세우게 하였다면 저들이 감히 가까이 나오지 못하고 스스로 달아나 물러났을 것이다. 군병은 명분 없이 움직일 수 없다. 또 각 군영의 장수가 경우궁에 들어간 때는 사태가 급박하게 전환된 것을 스스로 헤아려 알 수 있었을 것이다. 비록 법을 범하더라도 각기 칼과 총을 휴대하고 군병을 거느리고 기세를 몰아 곧장 전폐에 들어가, 한편으로는 임금을 보호하고 한편으로는 저들의 군사와 접전하였다면,

청나라 군사의 구원병이 아니더라도 저들은 스스로 도망갔을 것이다. 어찌하여 혼자 맨손으로 평상시처럼 부름에 대궐로 들어갔다가 흉악한 역적의 칼날에 죽임을 당했단 말인가? 혹자가 말하기를, "궁궐의 담장은 매우 높고 일본병사가 궁궐을 빙둘러 에워싸고 있어서 넘어 들어갈 수가 없었다"고 하나, 이 역시 그렇지 않다. 각 군영의 장수와 병졸은 그들의 군병보다 배가 더 많았으니, 각기 죽음을 각오하고 용감히 진격하며 건장한 자를 택하여 선봉으로 삼았으면 담장도 넘을 수 있고 대문도 부술 수 있었다. 더구나 우리 측이 많고 저들이 적고, 우리는 죽음을 각오한 병사들이고 저들은 재물에 현혹되어 온 군사들이니 형세가 만일 위급한 지경에 이르면 저들은 필시 먼저 달아났을 것이다. 이처럼 궁문 내외에서 접전이 일어났다면, 저들은 두려운 마음이 자연히 생겨서 필시 감히 강제로 황제의 양위를 재촉하거나 황제를 협박하여 욕을 보이지 못했을 것이다. 또 들으니, 당시 일본 군함이 바다 가운데로 나와 있다가 배가 파손되어 도착할 수 없었다고 한다. 이곳에 있던 일본병사가 많지 않았음을 또한 헤아려 알 수 있다.

대체로 변란이 발생할 기미는 일전에 미국공사가 장수 윤태준의 ○○(원문결락)에게 수일 내에 귀국에 필시 큰 일이 일어날 것이라고 한 말이다. 이 말을 미국공사가 장신 윤태준에게 하자, 윤태준은 이질 서재필에게 이에 대해 물어보았다. 서재필은 저들과 같은 무리로 얼굴색이 변하며 답하기를, "이런 황당무계한 말을 무엇 때문에 저에게 말하십니까. 저는 다시 대답하지 않겠습니다"라고 말하고 즉시 일어났다. 윤태준이 전혀 의심 없이 편히 믿고 있다가 마침내 부름을 받고 궁궐에 들어가 먼저 그들의 칼날에 죽임을 당하였다고 한다. 윤장은 진실로 몽매한 사람이다. 응당 대궐에 들어가겠다고 고하고 미리 방어책을 세웠다면 어찌 임금이 파천하는 사태가 발생하였겠는가? 설령 임금께서 미혹되어 저들이 아부하는 말을 듣고 망녕되이 파천하였더라도, 윤태준은 반드시 미리 각 영사에게 통지하여 역적을 물리치고 임금을 보호할 계책을 준비하였다면 괜찮았을 것이다. 아무런 조치를 취하지 않고 편안히 앉아 있었으니 장차 자신에게 불길이 이르는 줄을 모른 것이다. 이는 지위가 높아 고기를 먹는 관원이면서도 계책이 없는 사람이다.

또 각 군영의 병방으로 말하자면, 여러 영사가 단신으로 부름을 받고 입궁하여 군신이 모두 철롱鐵籠 가운데에 구금되어 있었으니, 어느 겨를에 임금의 명을 받들고 대장大將의 명령을 수행할 수 있었겠는가. 병방은 아장이다. 대장이 없으면 아장이 대신 군병을 지휘해야 하는 것인데, 이처럼 화란의 상황이 급박히 내달리던 시기에 어찌 마음 편히 하고 병력을 움직이지 않았단 말인가? 혹자가 말하기를, "각 군영의 병방을 임시로 체직시키면 군병을 움직이는데 어려움이 있다"고 하나, 이 역시 그렇지 않다. 옛 명장이 말하기를, '장수가 외지에 있으면 임금의 명을 따르지 않는 경우도 있다'라고 하였다.

더구나 당시 직책을 체직시키는 것은 임금이 직접 명한 것이 아니라 왕명을 사칭한 것임이 분명하다. 위왕의 밀부도 진비는 의심하여 병력을 양도하지 않으려고 하였다. 장수를 바꾼 것이 어찌 우리 임금이 기꺼이 한 일이겠는가? 여러 장관이 당연히 일체 단합하여 군졸을 엄히 단속하고 사리를 가지고 깨우쳤다면 교화 속에서 자라고 배양되었던 군사들이니 어찌 저들을 배반하고 이들에게 와서 죽음을 각오하고 용감히 나아가 이리저리 진격하지 않았겠는가. 무릇 이와 같았다면 우리 임금을 물과 불 속에서 구제하고 우리 장수를 화살과 탄환이 쏟아지는 사이에서 도와 저 역적을 사로잡고 그 목을 베어 종묘사직을 다시 편안하게 하였을 것이다.

어찌 공의를 권장하여 속죄하고 다시 기린각麒麟閣에 공신의 그림을 그리지 않았겠는가.

그런데 다음날 청병이 군사를 일으켜서 우영 병방 신석희를 붙잡아 끌고 가서 군사를 거느리고 선두에 서서 나아가게 하였다. 신석희는 임금의 명령과 장수의 명령이 없는 상황에서 어찌 할 바를 모르고 청나라 장수의 강압을 어기기 어려워 부득이 군사를 이끌고 앞장서서 길잡이가 되어 탄환 없이 빈총만을 쏘았다. 하지만 청나라 군사가 이를 보고 신석희를 협박하자 눈물을 흘려 두건이 적실 정도였지만 할 수 없이 탄환을 장전하여 총을 발사하였다. 마침내 청나라 장수 원세개와 입궁하여 성공한 후 죄안으로 삼지 않았다. 이를 가지고 본다면 위에서 진술한 말은 임시변통에 통달한 담론이 아니겠는가. ─옛 역사를 상고해 보건대, 임금이 포위를 당할 경우 외지에 있는 장수와 군사가 당연히 가서 구출한다. 우리나라는 평상시의 규정을 고수하고 마음 편히 앉아만 있었으니 우활한 선비의

평상시 습속이 아니겠는가–

    다만 여러 역적으로 –5적 및 생도– 말하자면, 대대로 녹봉을 받은 은혜를 전혀 아랑곳하지 않고 반역의 마음을 외람되이 품었다가 혹 주륙을 당하였거나 혹 달아나 목숨을 보전한 자들이다. 그러나 부모와 처자까지 화를 당하게 하였는데, 무슨 얼굴로 다시 고국으로 돌아올 수 있단 말인가. 국가가 바뀌는 혁명 이후 스스로 제 시절을 만났다고 여기니 뻔뻔하게 염치가 없다. 다른 사람이 침을 뱉고 있음을 알지 못하고 세력을 빙자하여 남을 멸시하며 의기양양하며 즐거워하고 있으니 진실로 가소롭다. 너희 역적이 한 번 생각해 보라. 이역에서의 나그네 생활로 풍상을 겪었지만 한갓 10년 노고만을 받았고, 더구나 열국의 사필에 백세동안 씻을 수 없는 죄명에 있어서랴.

    어버이의 묘소에 나아가면 원통한 귀신이 슬피 울음을 울 것이고 집을 나와 친족을 만나면 예전의 항렬이 다 바뀌어 있을 것이니 어찌 부끄럽지 않겠는가. 결국에는 일본에 나라를 양도하고 이완용에게 재물을 양도하였다. 너희들이 차지한 것이라곤 자신의 뱃속만 채우는 정도에 불과하였다. 속담에 '큰 창고를 다 불태우고 쌀가루나 주어먹는다'는 것이 바로 너희들을 두고 한 말이 아니겠는가?

[동학농민기념재단(www.1894.or.kr) 사료아카이브]

제3편

난세에 살다가

이범석이 난세에 살았다고 한 기간은 32세였던 1894년 동학농민혁명이 발생한 때부터 48세 였던 1910년 한일합병 때까지이다. 16년의 기간 동안에 동학농민혁명, 청일전쟁, 을미사변, 아관파천, 대한제국 건국, 러일전쟁, 을사조약, 정미조약, 군대해산, 의병토벌, 한일합병까지 한국 근대기의 암울한 사건들이 이어졌다.

1894년 고부에서 탐학에 저항하여 봉기한 동학농민군은 황토현에서 승리하고 전주성까지 점령했고, 파병 요청을 받은 청나라 군사가 조선에 들어오고 텐진조약에 따라 일본 군사도 조선에 들어왔다. 국가 안위를 고려한 동학농민군은 전주화약을 맺고 해산했으나 일본군은 물러가지 않은 채 경복궁을 점령했고 동학농민군은 반외세운동으로 다시 봉기했으나, 일본군의 신식무기에 밀려 참패했다. 일본은 청일전쟁에서 승리하여 조선에서 청나라를 몰아내고 내정에 개입했다. 러시아는 프랑스, 독일과 손잡고 일본이 요동반도를 청나라에 반환하도록 하였다. 조선정부는 친러내각이 성립되었고 일본은 을미사변을 일으켜 민비를 시해하고, 고종은 러시아 공사관으로 파천했다.

러시아공사관에서 돌아온 고종은 대한제국으로 국호를 바꾸고 황제로 즉위하여, 광무개혁을 실시하였고 미국에서 돌아온 서재필은 자주적인 독립국가를 꿈꾸며 독립신문을 발간하고, 독립협회를 설립하여 만민공동회를 열었다. 일본은 영일동맹을 맺고, 전쟁에 대비하여 대한제국과 한일의정서를 체결했으며 러일전쟁을 일으켜 일본이 승리하면서 한반도 지배에 대한 밀약으로 대한제국의 국권을 침탈하기 시작했다.

러일전쟁 후 일본은 대한제국의 식민지배를 위해 외교권을 빼앗고 통감부를 설치했다. 고종은 헤이그 밀사파견을 이유로 강제로 퇴위를 당하고 순종이 즉위하였으며 일본은 대한제국의 군대를 해산시키고 사법권, 경찰권을 빼앗고 1910년 한일합병을 했다. 대한제국의 국민들은 항일의병으로 맞섰고, 자결과 암살로 저항했다.

제5부

청—일 대립 시기
(1894~1895)

1. 외배미들 녹두

동학농민혁명을 이끈 전봉준은 지금의 정읍시인 전라도 태인현에서 철종 때 출생(1855)하여 서른 살 정도에 전라도 고부로 이사하여 서당을 열어 아이들을 가르치면서 한약방도 하였다. 서당 선생을 한 것으로 보아 몰락한 양반 집안으로 보여진다. 전봉준은 5척(152cm 정도)으로 키가 작고 단단해 보여 어릴 때 녹두가 별명이었고 동학농민혁명 때 녹두장군으로 불렸다.

'새야 새야 파랑새야 녹두밭에 앉지 마라, 녹두꽃이 떨어지면 청포장수 울고 간다'는 가사에서 녹두가 전봉준 장군을 나타내고 녹두밭은 백성들 삶의 터전을 말한 것이며 파랑새는 관군과 청나라 군사의 군복색이 파란색을 띄고 있었기 때문에 농민군의 입장에서 관군과 청나라 병사를 의미했다. 파랑새들이 녹두밭을 휘저으면 녹두꽃이 떨어져 녹두 농사를 망치고 청포묵 장수들의 생활이 어려워지는 상황을 비유했다. 녹두로 청포묵으로 만들기도 하였고 녹두전을 부쳐 먹으며 주식을 대신했다. 조선 말기 농민들의 생활은 지배층의 수탈로 인해 피폐했고, 농민들은 평생동안 운명처럼 농사일만 하면서 살 수밖에 없었다.

전봉준은 고부에서 동학에 가입하고 접주(동학 포교소의 책임자)가 되었으며 운현궁에서 2년 정도 식객으로 지내기도 했다. 동학농민혁명이 있기 전 해인 1893년 전봉준은 접주로서 손화중이 대접주로 있는 김제의 금구에서 열린 금구집회에 참석했다.

지도상으로 금구가 소재한 김제지역과 고부가 소재한 정읍지역은 만경강과 동진강을 끼고 있는 조선 제일의 곡창지대이다. 쌀 생산에 의존하던 조선정부의 재정은 전라도 곡창지대가 정부의 주요한 수입원이었다. 이 지역 관청에 말단 관리 한 명만 있어도 집안 전체를 먹여 살릴 수 있다고 할 정도이며 이 지역의 군수는 중앙정부에 뇌물을 바치면서 그 자리를 유지했다.

김제지역은 지평선이 있는 '김제 만경 외배미들'(그 지역에서는 '징게 맹게 외배미들'이라고 함)이다. '외배미들'이란 이배미 저배미 할 것 없이 모두 한배미로 툭 트여 있는 들판이라는 의미다. 김제평야, 만경평야는 산지가 대부분인 한국에서 보기 드문 대평원 지역같은 지평선을 볼 수 있는 곳이다. 이런 지역이다 보니 관리들에 의한 농민 수탈도 다른 지역보다 더 심했다. 그나마 풍년이 들 때는 수탈을 당해도 먹고 살 정도였지만, 1893년 전라도의 극심한 가뭄으로 농민들이 이전과 동일한 세금을 내면서 먹고 살 수 없는 지경이 되었다.

가뭄으로 인해 파견된 균전사 관리는 농민들에게 묵은 땅을 개간하여 추수하면 세금을 면제해 주겠다고 하는 약속을 어기고 추수 후에 세금을 챙겼다. 거기다 양곡을 운반하던 전운사의 관리 역시 선박 수선비 조로 농민들에게 비용을 거두어 들여 농민들의 불만이 쌓여 가고 있던 때였다. 동학농민혁명은 조선 제일의 곡창지대인 김제평야, 만경평야 지역에서 발생했다.

1894년 1월 전라도 고부 말목장터에 모였던 1,000여 명의 농민들은 전봉준을 지도자로 추대하고 봉기했다. 수탈의 대명사 고부군수 조병갑은 도망을 갔고, 후임 군수 박원명이 농민들을 달래며 농민봉기가 진정되는 듯했다. 기름에 불을 붙인 사람은 중앙에서 현지 실정을 조사하러 내려온 안핵사 이용태였는데 800명의 역졸들을 시켜 농민들을 폭력적으로 붙잡아 처벌하면서 동학농민혁명의 계기가 되었다. 2월 고부에서의 민란은 동학농민전쟁으로 사태가 커졌고, 동학농민군은 황토현전투, 장성전투를 거쳐 4월에는 전주성을 점령했다. 5월 5일 조선정부의 파병요청으로 청나라 군사가 아산으로 들어왔고 일본군은 5월 6일 인천을 통해 서울로 들어왔다.

청나라와 일본 양국 군사의 개입에 부담을 가진 조선정부와 동학농민군은 청나라군과 일본군의 철수를 위해 5월 7일 전주화약을 맺었고 동학농민군들은 자진해산했다. 6월 21일 일본군은 경복궁을 습격하여 점령하였고, 6월 23일 서해 풍도 앞바다에서 일본군함이 청나라 군함을 공격하여 침몰시키면서 7월 1일에 가서야 선전포고를 하면서 청일전쟁이 발발했다. 전봉준과 김개남이 이끄는 동학농민군은 9월 삼례지역에서 재집결하여 일본군에 대한 반일투쟁을 시작했고 동학 북접을 이끌던 손병희도 동학농민군에 합류하였다.

동학농민군은 '반외세'를 기치로 내걸고 재래식 무기로 무장하였으나, 조선 관군과 일본군의 연합군은 최신 무기로 무장하여 전국 각지에서 동학농민군과 연합군이 전투를 벌였고, 동학농민군은 연합군에게 밀렸다. 전봉준의 동학농민군과 손병희의 동학농민군은 논산에서 합류하여 공주로 진격했다. 11월 공주 우금치전투에서 동학농민군과 연합군의 치열한 전투가 있었으나, 동학농민군들은 후퇴하게 되었고 원평전투와 태인전투에서 동학농민군이 패배하면서 해산했다.

동학농민군을 이끌던 전봉준, 손화중, 김개남이 12월 체포되었고 김개남은 바로 처형되었으며, 전봉준과 손화중은 서울로 압송되어 심문을 받았다.

안도현의 시 〈서울로 가는 전봉준〉이다.
"눈 내리는 만경 들 건너가네 해진 짚신에 상투 하나 떠가네
가는 길 그리운 이 아무도 없네 녹두꽃 자지러지게 피면 돌아올거나
울며 울지 않으며 가는 우리 봉준이
풀잎들이 북향하여 일제히 성긴 머리를 푸네
그 누가 알기나 하리 처음에는 우리 모두 이름 없는 들꽃이었더니
들꽃 중에서도 저 하늘 보기 두려워
그늘 깊은 땅속으로 젖은 발 내리고 싶어 하던 잔뿌리였더니

봉준이 이 사람아 그대 갈 때 누군가 찍은 한 장 사진 속에서

기억하라고 타는 눈빛으로 건네던 말 오늘 나는 알겠네

들꽃들아 그날이 오면 닭 울 때

흰 무명띠 머리에 두르고 동진강 어귀에 모여

척왜척화 척왜척화 물결 소리에 귀를 기울이라"

전봉준에 대해 5차에 걸쳐 심문이 있었는데 심문기록인 〈1차 공초-
심문, 답변〉 일부이다. 공供은 전봉준의 답변이다.

문問 : 생업은 무슨 일로 하느냐?

공供 : 선비로 생업을 삼고 있사옵니다. (중략)

문問 : 한 지경의 인민이 강제로 빼앗긴 해를 다 입었는데 너 홀로 없
다는 것은 무슨 까닭이냐?

공供 : 학구로 업을 삼아 전답이라 하는 것이 3두락 밖에 없는 까닭입
니다. (중략)

문問 : 한 지경의 인민이 다 강제로 빼앗긴 해를 입었는데 너 홀로 없
다는 것은 진실로 아혹訝惑하다.

공供 : 이 몸은 아침에 밥을 먹고 저녁에 죽을 먹을 뿐이니 강제로 빼
앗을 것이 무엇이 있겠소. (중략)

문問 : 학정을 처음부터 행하였다면 무슨 연고로 즉시 기뇨(소란을 일으
킴) 하지 아니하였느냐?

공供 : 한 지경의 인민이 참고 또 참다가 종말에는 부득이하여 행함입

니다.

문問 : 너는 해를 입음이 없는데 기뇨는 무슨 까닭이오?

공供 : 일신의 해를 위하여 기포함이 어찌 남자의 일이 되리요. 중민
이 원통하고 한탄하는 까닭으로 백성을 위하여 해를 제거하고
자 함입니다.

[동학농민혁명재단 사료아카이브]

전봉준, 손화중, 최경선 등 동학농민군 지도자에 대한 선고재판이 열
렸고 재판부는 법무아문 대신 서광범, 협판 이재정, 일본영사 우치다였
다. 전봉준에게 사형을 선고한 사람은 갑신정변의 주역이었던 법무아문
대신 서광범이었는데 갑신정변 후 미국으로 망명하여 미국시민권자로
특사령을 받아 귀국해서 사법제도를 개혁하면서 재판업무를 맡았고 그
후 을미사변에 연루되어 다시 미국으로 가서 1897년 사망한 사람이다.

서광범은 전봉준에 대해 "〈대전회통〉 '형전' 중 '군복을 입고 말을 탄
채 관문에서 변란을 일으킨 자는 즉시 사형한다'는 조항에 따라 처형한
다. 이상의 이유로 피고 전봉준을 사형에 처하노라." 선고를 했다. 전봉
준은 최후진술로 "정부의 명이라면 한 번 죽는 것이 굳이 아까울 것 없
다. 삼가 목숨을 바치겠다."라고 하고 추가로 "나는 바른 길을 걷다가 죽
는 사람인데 대역죄를 적용한 것은 실로 천고의 유감이다."라고 했다.

다음날 새벽 2시 전봉준은 손화중, 최경선, 김덕명, 성두한 등과 함
께 교수형을 당했고 당시 나이 41살이다. 전봉준이 처형 전에 "다른 할
말은 없다. 그러나 나를 죽일진대 종로 네거리에서 목을 베어 오가는 사

람에게 내 피를 뿌리라. 어찌 이 깜깜한 적굴에서 암연히 죽이느냐" 고 했다. 전봉준은 〈운명시〉를 남겼고 그의 시신이 어디에 묻혔는지 알 수 없었다.

오피니언, 운명殞命 전봉준 기사 내용이다.

"때를 만나서는 천지가 모두 힘을 합하더니　　　　　時來天地皆同力
운이 다하니 영웅도 어쩔 수 없구나.　　　　　　　運去英雄不自謨
백성 사랑 정의 위한 길에 허물이 없었건만　　　　愛民正義我無失
나라를 위하는 일편단심 그 누가 알리.　　　　　　愛國丹心谁有知
– 최현식 편저 『갑오농민혁명사』(신아출판사, 1994)

정읍의 향토사학자 최현식씨는 1974년 5월 정읍군지에 수록할 자료를 모으다가 천안 전씨 족보에서 전봉준의 작품으로 추정되는 한시를 발견한다. 이 시는 '전봉준 장군' 난의 여백에 '殞命 유시'라는 제목으로 기록되어 있었다. 이를 1974년 5월11일자 경향신문이 곧바로 보도하였고, 소설가 김동리의 번역을 함께 실었다."

[대구일보 2019.5.14.]

2. 신원과 복합伏閤상소

동학농민혁명은 봉기가 시작된 것은 고부 봉기였지만, 동학교도들의 집단적인 행동은 신원운동에서부터였다.

〈경란록〉의 기록이다.

"봄에 이른바 동학당으로 어두귀면(물고기 머리에 귀신 얼굴이란 뜻)한 몇 명이 대궐문 밖에 나와 엎드려 붉은 보자기로 싼 상소문을 올려서 감히 그들의 우두머리 최제우의 신원을 청하였다."

1892년 10월부터 1893년 3월까지 3차례의 교조신원운동이 있었는데 교조신원운동은 무엇인가? 교조 신(伸(펼 신)원寃(원통할 원) 운동으로 교조는 동학 창시자 최제우를 말하고, 신원은 가슴에 맺힌 원한을 푼다는 의미이다. 동학 창시자인 최제우가 1864년 처형된 후 그의 억울함을 풀어 달라는 동학교도들의 운동이 교조신원운동이다.

1차 교조신원운동은 공주집회 또는 공주취회로서 1892년 10월 동학교주 최시형의 제자들과 동학교도들이 충청도 공주에서 모여 집회를 하고 충청감사에게 교조의 신원을 위한 소장을 제출하였는데, 답장도 받게 되어 소기의 성과를 보았다. 11월 삼례집회로서 다시 전라도 완주군 삼례 지역에서 동학교도들은 대규모 집회를 가지고 이들은 전라감사에게 동학금지령을 해제하고 동학을 인정해 달라는 것과 지방관들의 동학교도에 대한 부당한 괴롭힘을 중지시키도록 요구하는 소장을 제출했다. 전라감사로부터 동학금지령을 해제하는 것은 조정의 문제이며, 동학교도에 대한 부당한 괴롭힘은 중지시키겠다는 답변을 받게 되었다. 완주군 삼례읍은 동학교도들이 교조신원운동을 열고, 동학농민혁명 2차 봉기를 준비한 곳이기도 하며 지금도 완주군 삼례읍에서는 삼례문화예술촌을 중심으로 동학농민혁명을 기념하는 행사를 열고 있다.

2차 교조신원운동은 동학교도들이 1893년 2월 서울로 상경하여 복합상소운동을 전개했는데 복합伏閤상소운동은 伏(복)은 엎드릴 복이고, 閤(합)은 궁궐문을 의미한다. 50여 명의 동학교도들은 경복궁 광화문 앞에 엎드려서 3일 밤낮 동안 교조 최제우의 억울함을 호소하였고 상소를 한 지 3일째 고종은 동학교도들이 집으로 돌아가 생업을 하면 동학교도들의 소원대로 시행하겠다는 답을 전해 주었다. 이를 믿고 동학교도들은 해산하여 고향으로 돌아갔으나, 조선정부는 복합상소의 주모자를 체포하고, 복합상소를 제대로 막지 못한 전라감사와 한성판윤을 문책했다. 이로 말미암아 지방관들의 동학교도들에 대한 탄압은 더욱 심해지게 되었다.

홍선대원군은 경복궁 광화문 앞에서 복합상소운동을 벌이는 기회를 틈타 손자인 이준용을 왕으로 추대하려고 시도하려다 실패하기도 하였다. 홍선대원군의 반대 세력은 복합상소운동을 홍선대원군이 동학교도들을 시켜서 일으킨 일이라고 주장하기도 하였다.

〈경난록〉의 기록이다.

"동학당이 점차 세력이 커져 보은에서 그 무리들이 많이 모여 난리를 일으키고 행패를 부렸다. 정부에서 선유사 홍계훈을 파견하였는데, 이들을 어루만지고 그 악행을 양성하였다."

3차는 교조신원운동은 보은집회로서 평화적 운동을 포기하고 대중적인 시위운동으로 방법을 바꾸어 1893년 3월 교주 최시형의 승인 아래

약 20,000여 명의 동학교도들이 충청도 보은 장내리에서 집회를 했다. 이들은 일본과 서양 세력을 배척하고 의병을 일으킨다는 뜻의 '척왜양창의斥倭洋倡義'라는 구호를 외치며 시위운동을 벌였는데 이 구호는 보은집회에서 처음 사용되었다.

동학교주 최시형이 보은으로 거주지를 옮긴 후 보은은 동학과 농민혁명의 중심지가 되었고, 동학농민전쟁의 격전지였던 보은군 보은읍 성족리에는 2007년 보은동학농민기념공원이 조성하여 동학농민혁명군 위령탑, 동학동산, 민중광장, 죽림광장, 인내천정, 돌성 등을 조성했으며 지역 도로명도 '동학로'로 하였다.

전라도 지역 남접 동학교도들은 김제의 금구지역에서 전봉준, 손화중 주도로 집회를 전개했는데 이를 금구취회라고 하며 이들은 보은에 모인 북접 동학교도들과 합세하여 서울로 올라가 척왜척양을 주장하기로 결의했다. 조선정부는 급히 어윤중을 양호선무사로 급파해서 동학교도들을 달래었고, 북접 지도자들은 이를 받아들이고 4월에 전체 동학교도들을 해산시켰다.

해산한 남접의 동학교도들은 전봉준, 손화중, 김개남의 지휘 아래 다음 해 전라도 고부지역을 시작으로 전국적인 동학농민혁명을 일으키는 원동력이 되었다. 당시 금구지역은 당시 금구현 원평리 지역으로, 지금의 김제시 금산면 지역에 해당하며 동학농민군이 전주성을 공격하러 가는 길목이고, 공주 우금치전투에서 패배하고 마지막 전투를 벌였던 곳이기도 하다. 지금은 김제시 금구면이 별도로 있다.

3. 만석보 물세水稅

1892년 전라도 고부군수로 조병갑이 부임해 왔다. 고부 지역은 원래부터 비옥하고 넓은 배들(이평)평야 지역으로 지금의 전라북도 정읍시 이평면 하송리 지역이며, 이 지역에 저수지인 보가 하나 있었는데 이 보 하나로도 농사를 짓는 데 부족함이 없었던 곳이다.

유홍준의 〈나의 문화유산답사기 2〉에서, "배들평야는 배 밭이 많아서 이평이 아니고 배가 이곳까지 드나들었다고 해서 그냥 배들이라고 불렀는데 일제 때 지적도를 만들면서 면 서기가 그 뜻은 모르는 채 '이평梨坪'으로 적은 것이 지금껏 그대로 내려온 것입니다. 굳이 한자로 말하자면 '선입船入이 되는 것이죠.'라고 하는 지역이다."

조병갑은 상류에 있는 멀쩡한 보를 둔 채, 농민들을 동원하여 하류에 또 다른 보를 쌓도록 하였고 흉년없이 농사를 짓는다는 뜻으로 이름을 만석보萬石洑라 했다. 보를 쌓으면서는 산주들의 승낙도 받지 않고 나무들을 베어다 사용하여 주민들의 원성을 샀는데 정읍천과 태인천(또는 동진강) 건너는 다리 아래 쪽에 있는 흔적이 당시 만석보를 쌓았던 흔적으로 남아있다.

조병갑은 새로운 만석보의 물을 사용한다고 농민들로부터 물(水) 세를 거두어들여 700여 석을 쌓아 놓았고 그의 아버지 선정비 명목으로 고부 주민들에게 세금을 올리도록 했고, 없던 죄명을 만들어서 고부 주민들에게 죄를 뒤집어씌우고 벌금을 걷기도 했다. 이렇게 거둔 돈으로 일부는 조선정부 고위층에 뇌물을 바쳤다.

〈경란록〉의 기록이다.

"전라도 고부군수 조병갑, 장흥부사 이용태, 전운사 조필영, 전라감사 김문현 등이 탐욕스럽게 백성을 학대하였기 때문에 민란이 일어났다. 그럼에도 조정은 탐관오리를 죄주지 않고 난민만을 치죄하여 백성들이 모두 동학으로 들어갔다."

1893년 고부 농민들은 견디다 못해 고부군수 조병갑에게 세금을 줄여 달라는 진정서를 몇 차례 제출했으나, 오히려 조병갑은 농민 대표들을 붙잡아 하옥시키고 고문을 했으며 전라북도 관찰사에게 탄원서를 제출했으나 아무런 답변도 없었다. 전봉준의 아버지 전창혁도 고부 농민들 요청으로 탄원서를 작성하여 제출했고, 이 일로 전창혁은 고부 관청에 잡혀가 심하게 매를 맞고 한 달 만에 장독으로 죽었다. 1894년 2월 전봉준과 농민들은 이 만석보를 부숴버렸고 이 일이 동학농민혁명의 시작점이 되었다.

조병갑이 도망가고 1898년 새로 부임한 고부군수는 만석보를 철폐했고, 농민들이 〈만석보혁파선정비〉를 세워주었다.

'1892년 5월 고부군수로 부임한 조병갑이 농민들을 강제로 동원하여 만석보를 만들고, 과도한 물세를 징수하여 배들평야에서 농사짓던 농민들을 수탈하였다. 그리고 이것이 동학농민혁명의 시발점이 되었다. 보란 농사에 필요한 물을 저수하기 위해 쌓은 둑을 말한다. 이때 농민들은 전봉준장군을 필두로 만석보를 부수었고, 1898년 새로 부임한 군수 안길수가 만석보를 완전히 철폐하였다. 이에 농민들이 '군수 안길수 만석보

혁파선정비'를 세웠다.'

1998년 시인 양성우가 〈만석보 시〉를 쓰고, 1999년 시비를 세웠다.

"반벙어리 다 죽은 허수아비로 갑오년 흰 눈 쌓인 배들 평야에

성난 아비들의 두런거리는 소리. 만석보 허무는 소리가 들리는가 그대 지금도

그 새벽 동진강머리 짙은 안개 속에 푸른 죽창 불끈 쥐고 횃불 흔들며

아비들은 몰려갔다. 굽은 논둑길로 그때 그 아비들은 말하지 못했다. (중략)

굶주려도 굶주림을 말하지 못하고 억울해도 억울하다고 말하지 못했다.

열이면 열, 백이면 백 주눅 들고 천이면 천, 만이면 만 주눅 들어서

죽은 땅이 꺼지도록 한숨만 쉬고 빌어먹을 이놈의 세상 밤도망이라도 칠까?

열이면 열, 백이면 백 한숨만 쉬었다.

제 똥 싸서 제 거름 주고 제가 거둔 곡식은 제 것이 아니었다.

차라리 오뉴월이면 송장메뚜기라도 잡아먹지

오동지섣달 길고 긴 밤.

그 허기진 배 오죽 했으리 모진 목숨이 원수였고 조병갑이 원수였다.

(중략)

이노옴, 조병갑아

자네, 손화중이 동문으로 가고 한번 지른 함성으로 삼문이 부서지고

또 한번 지른 함성으로 동헌 지붕이 불에 탔다.

창문을 열어라. 감옥문을 부숴라.

조병갑이를 놓치지 마라. 갈기갈기 찢으리라.

죽창이 없으면 괭이로 찍고 몽둥이가 없으면 발로 밟으리라.

자네, 김개남이 앞뜰로 가고

자네, 손화중이 뒤뜰로 가게.

앉은뱅이 이빨 물고치는 북소리, 고부 산천 회오리치며 크게 울렸나니

여우같은 조병갑이 옷 바꿔 입고 어디론가 흔적 없이 뺑소니치고

분바른 계집들 후들후들 떨며 목숨을 빌었다. 맨땅에 엎드려.

이제 와서 그 흙탕물 어찌 두고 보랴 원한 쌓인 만석보 삽으로 찍으며

여러 사람이 한 사람처럼 소리소리 쳤다.

만석보를 허물어라. 만석보를 허물어라.

터진 붓둑 밀치며 핏물이 흐르고, 여러 사람이 한 사람처럼 얼싸안고 울었다. (하략)"

전라남도 장성군 장안리에 살던 유학자였던 변만기는 '봉남일기'라는 기록을 남겼다. 변만기의 할아버지 변상철은 봉서일기, 남동생 변승기는 회산일기를 남겼는데 봉남일기와 함께 전라남도 문화재 자료 제199호로 지정되어 있다. 동학농민혁명이 일어난 1894년부터 장성을 중심으로 있었던 일을 일기로 30년간 기록을 했으나 6.25전쟁 때 일부가 소실되어 1903년까지 10년간의 일기가 남아있다. 봉남일기에서는 제2차 동학농민혁명부터 동학농민군과 관군의 전투, 동락농민군과 일본군의

전투를 기록하였다.

4. 무혈입성과 전주화약和約

    1894년 3월 무장 지역에서 농민전쟁의 창의문을 발표하면서 봉기한 동학농민군 5,000여 명은 고부를 점령하고, 백산에서 진을 치고 백산대회를 열어 농민봉기의 '4대명의'를 선포하고, 농민군이 지켜야 할 '12개조 기율'을 발표한 후 전주성을 향해 진군했다.

    "1. 사람을 죽이지 않고 물건을 파괴하지 않는다. 2. 충과 효를 모두 온전히 하며 세상을 구하고 백성을 편안케 한다. 3. 일본 오랑캐를 몰아내어 없애고 왕의 정치를 깨끗이 한다. 4. 군대를 몰고 서울로 들어가 권세가와 귀족을 모두 없앤다."

    4월에 동학농민군을 쫓아오는 감영군과의 첫 번째 전투는 지금의 정읍 덕천면 황토현에서 벌어졌고 동학농민군은 무방비 상태의 감영군을 새벽에 기습 공격한 황토현 전투에서 대승을 거두었다. 동학농민군은 전주성으로 향하지 않고 방향을 바꾸어 오히려 남하하면서 동학농민군의 세력을 키웠다.

    같은 해 4월에 초토사 홍계훈이 이끄는 경군은 남하하던 동학농민군과 전라도 장성 황룡촌에서 마주했고 경군의 선봉대가 황룡촌 장터에서 점심을 먹고 있던 동학농민군을 먼저 공격하여 타격을 입히는 것을 시작으로 황룡촌 전투가 벌어졌다. 경군은 기관총, 소총으로 무장했고, 동학 농민군은 지방 관아에서 입수한 재래식 무기였음에도 지리에 밝은 동학 농민군은 황룡촌 삼봉 위에서 아래로 닭을 키울 때 쓰는 장태를 굴리며 죽음을 무릅쓰고 공격하여 신식무기로 무장한 경군을 퇴각시키고는 황 룡촌에서 전주성으로 향했다.

같은 해 4월에 동학농민군은 전주성 밖 시장에서 장꾼들과 섞여 있 다가 대포소리와 총소리가 울리면서 놀란 장꾼들과 동학농민군이 함께 전주성 서문과 남문을 통하여 성안으로 들어갔다.

전주성 안으로 들어선 동학농민군은 성 안과 성 밖에서 함성과 총소 리를 울렸고 전주성은 이미 무방비 상태였으며, 동학농민군은 무혈입성 으로 전주성을 점령했다. 전주감사 김문현은 파면 상태에 있었고, 성을 지키던 파수병들도 도망가기에 바빴다.

이어서 홍계훈의 관군은 완산에서 진을 치고 전주성을 향해 야포로 선제공격하였고 5월 3일까지 전주성 밖에서 공방전을 벌였던 동학농민 군은 관군의 대포공격으로 큰 피해를 입고 전주성 안으로 퇴각했으며 동 학농민군은 많은 전사자와 부상자가 발생했고 일부는 도망을 갔다.

〈경란록〉의 기록이다.

"묘당廟堂에서 역적을 토벌하는 방책을 논의할 적에 대신 김홍집이 청나라에 구원병을 요청하자고 아뢰니, 임금이 그 술수에 빠져 주청을 윤허하였다."

고종은 동학농민군을 진압하기 위해 청나라 군대 파견요청안을 제안하였고 병조판서 민영준이 의견이 다른 대신들을 설득하고 또 직접 청나라의 원세개를 만나 청나라 군대파병을 요청했다. 5월 4일 청나라는 군사 약 2,500여 명을 아산만으로 상륙시켰으며 5월 6일에는 텐진조약에 따라 청나라 파병사실을 통보받은 일본은 일본군 약 6,000여 명을 인천항으로 상륙시켰다. 전봉준은 외국군이 대거 국내 상륙함에 따라 외세가 조선에 개입하게 되는 위급한 상황을 파악하여 5월 7일 관군과 농민군은 12가지의 폐정을 개혁하고 전라도 지역의 농민자치조직인 집강소를 설치하기로 합의하는 평화협정인 전주화약을 맺었다. 이로써 관군과 동학농민군은 전주성에서 철군 및 해산을 하게 되었다.

〈폐정개혁안〉이다.

"1. 도인과 정부와의 사이에는 숙혐을 탕척하고 서정을 협력할 것, 2. 탐관오리는 그 죄목을 사득해 일일이 엄징할 것, 3. 횡포한 부호배를 엄징할 것, 4. 불량한 유림과 양반배는 못된 버릇을 징계할 것, 5. 노비문서는 불태워버릴 것, 6. 칠반천인의 대우는 개선하고 백정 머리에 쓰는 평양립은 벗어 버릴 것, 7. 청춘과부의 개가를 허락할 것, 8. 무명잡세는 일체 거두어들이지 말 것, 9. 관리 채용은 지벌을 타파하고 인재를 등용할 것, 10. 왜와 간통하는 자는 엄징할 것, 11. 공사채를 막론하고 기왕의 것은 모두 무효로 할 것, 12. 토지는 평균으로 분작하게 할 것이다."

[한국학중앙연구원, 한국민족문화대백과사전]

〈경란록〉의 기록이다.

"당시 일본 역시 군병을 출동시켜 일본군은 곧장 경성으로 들어가 도성 남산에 유진하였다.

–만국공법에 어느 한 나라가 병력을 움직이면 각국이 모두 병력을 움직일 수 있다고 하였다. 구미 여러 나라가 병력을 출동시키지 않았는 데 일본만 군병을 동원하니 특별히 다른 뜻이 있는 것이다–"

조선에 입성한 일본군은 조선의 내정을 간섭하기 시작했고 이어서 6월 2일 김홍집을 앞세운 친일내각을 구성하고 조선정부에 내정개혁을 강요했다. 6월 21일 일본군은 경복궁에 침입하여 고종을 감금하였고 25일 에는 1차 갑오개혁을 강행했다.

5. 묵사동천 노인정

조선에 들어온 일본군은 조선에서 나갈 생각이 없었고 계속 주둔할 명문을 찾은 것이 조선의 내정개혁 요구하였는데 1894년 7월에 3차에 걸 쳐 노인정회담을 열었다. 노인정은 서울 남산에 있는 민영준의 별장이었 는데 이전에는 신정왕후의 아버지로 권세를 누렸던 풍양 조씨 조만영의 별장이었다. 조만영은 묵사동천이 흐르던 남산에 '노인정'이라는 이름의 정자를 지었고, 한강변 동호(금호의 옛 이름)에는 '쌍호정'이라는 정자를 지어 세도가로 살았다. 묵사동천은 남산에서 발원하여 청계천으로 흐르던 실개천으로 지금은 복개되었으며 상류에는 묵사라는 절이 있어 묵사동천이라 했다. 지금 서울 필동에는 〈노인정 터〉 표지석만 남아있다.

"조선조말(1840년 건립) 풍양 조씨의 정자터로 갑오개혁을 논의했던 곳"

민영준은 1852년 서울에서 출생하였고, 1901년 민영휘로 개명한 사람으로 한일합병 때 자작 작위를 받았다. 조선의 내정개혁을 요구하는 일본 측과 이에 대응하는 조선 측이 3번에 걸쳐 노인정에서 만남을 가졌는데 이것을 '노인정회담'이라고 부른다. 동학농민군이 전주화약을 맺고 자진해산했기 때문에 청나라군과 일본군은 조선에서 주둔할 명문이 없어졌으나 일본이 조선정부에 내세운 것이 내정개혁 요구였고 조선이 내정을 개혁하기 전에는 일본군을 철수시킬 수 없다는 주장이었다.

7월 7일 노인정에서 일본공사를 대표로 하는 일본 대표단과 조선 대표단이 1차 노인정회담을 했다. 일본은 '내정개혁방안강목'이라는 27개항의 방안을 조선 대표단에게 제시했는데 이 방안에는 중앙행정, 지방행정, 군사제도, 화폐제도, 교육제도 등의 개혁이 포함되어 있었다.

2차 노인정회담은 7월 11일 열렸고 일본은 개혁방안 27개항을 시한별로 3종류로 분류하고 방안에 따라 10일 내 실시할 것, 6개월 내 실시할 것, 2년 내 실시할 것을 조선에 요구했으며 조선정부는 개혁을 실행할 교정청이라는 개혁추진 기구를 설치했다.

3차 노인정회담은 7월 15일 열렸고 조선 대표단은 일본 측에 일본군의 철수를 요구하였고, 내정개혁에 대해서는 조선이 교정청을 통해 독자적으로 실시를 하고 있다고 하여 이번 개혁방안에 대한 거부의사를 밝혔다. 이에 일본 측은 내정개혁이 실시되지 않는다면 일본군이 철수할 수 없다는 것과 조선에 대한 속방론을 주장하였고 7월 23일 일본군이 경복궁을 무력으로 점령하여 홍선대원군을 추대하고 친일정부를 구성했다. 이어서 풍도해전을 일으키면서 청일전쟁을 시작했다.

1894년 7월부터 12월까지 5개월간 제1차 김홍집 내각이 성립되었다. 일본이 청일전쟁에서 승세를 잡으면서 경복궁을 점령한 상태에서 홍선대원군도 불러들여 친일내각을 구성하고 군국기무처가 중심이 되어 김홍집을 총재관으로 하여 1차 갑오개혁을 200여 건 단행하여 신분제도, 정부조직, 관료제도, 재정제도, 화폐제도 등을 개혁했다.

청일전쟁에서 승리한 일본은 개혁에 불만을 가지고 있던 홍선대원군을 제거하고 박영효를 귀국시키면서 1894년 12월부터 1895년 7월까지 7개월간 제2차 김홍집-박영효 연립내각을 구성했다. 이번 내각은 중추원이 중심이 되었고 일본인 40여 명을 고문관으로 한 친일내각으로서 '홍범 14조'를 발표하여 2차 갑오개혁을 추진했다.

〈홍범14조〉이다.

"1. 청나라에 의존하는 생각을 끊어 버리고 자주독립의 기초를 튼튼히 세운다. 2. 왕실 규범을 제정하여 왕위 계승 및 종친과 외척의 본분과 의리를 밝힌다. 3. 대군주는 정전에 나와서 일을 보되 정무는 직접 대신들과 의논하여 재결하며, 왕비나 후궁, 종친이나 외척은 정사에 관여하지 못한다. 4. 왕실 사무와 국정 사무는 반드시 분리시켜 서로 뒤섞지 않는다. 5. 의정부와 각 아문의 직무와 권한을 명백히 제정한다. 6. 인민의 조세는 모두 법령으로 정한 비율에 따르고, 함부로 명목을 더 만들어 과도하게 징수할 수 없다. 7. 조세의 과세와 경비 지출은 모두 탁지아문에서 관할한다. 8. 왕실 비용을 솔선하여 절약함으로써 각 아문과 지방 관청의 모범이 되도록 한다. 9. 왕실 비용과 각 관청 비용은 1년 예산을 미리 정하여 재정 기초를 튼튼히 세운다. 10. 지방 관제를 서둘러 개정하여 지방 관리의 권한을 한정한다. 11. 나라 안의 총명하고 재주 있는 젊은이들을 널리 파견하여 외국의 학술과 기예를 전수받아 익힌다. 12. 장관을 교육하고 징병법을 적용하여 군사 제도의 기초를 확립한다. 13. 민법과 형법을 엄격하고 명백히 제정하여 함부로 감금하거나 징벌하지 못하게 하여 인민의 생명과 재산을 보호한다. 14. 인재를 등용함에 있어 문벌에 구애되지 말고, 관리를 구함에 있어서 조정과 민간에 두루 걸침으로써 인재 등용의 길을 넓힌다."

[국사편찬위원회, 사료로 본 한국사]

조선은 교육제도, 지방제도, 사법제도, 경찰제도의 개혁을 추진했으나, 재정의 한계로 개혁은 중지되었고 김홍집은 사임하여 박영효 단독내각이 되었으며 고종은 교육입국조서를 발표했다.

삼국간섭을 일으켜 러시아가 힘을 얻고 있는 상황에서 고종은 친일 성향의 김홍집을 파면하고 대신에 박정양 과도내각을 구성하였다가 박영효가 반란사건으로 물러나면서 민비가 주도하여 김홍집과 제휴한 친러내각인 제3차 김홍집 내각을 구성하였고 이범진, 이완용도 참여했다.

친러내각에 대한 위기감을 가진 일본은 을미사변을 일으켜 민비를 시해하였고 조선에 새로운 내각으로 4차 김홍집 내각이 되었다. 이때 친일성향의 유길준, 조희연이 참여하여 3차 갑오개혁인 을미개혁을 추진하였고 단발령을 실시했는데 단발령은 민중들의 반발을 불러왔고 각지에서 의병을 불러일으켰다. 김홍집은 을미사변에 관여된 책임을 지고 자결을 결심했으나 유길준의 만류로 실패했다.

고종이 러시아공사관으로 파천하고 조선정부에는 친러내각이 수립되었다. 러시아공사관에서 고종은 총리대신 김홍집, 내부대신 유길준, 농상공부대신 정병하, 군부대신 조희연 등 을미4적과 법무대신 장박을 역적으로 선포하고 처형하도록 명령했다.

유길준, 조희연, 장박은 일본으로 망명했고, 총리대신 김홍집은 일본군이 만류하는 가운데 러시아공사관으로 가서 고종을 배알하겠다고 죽을 각오로 거리로 나섰다가 김홍집, 정병하는 러시아공사관으로 이동하는 길에 순사에게 붙잡혀 광화문으로 끌려갔고 광화문 앞에서 보부상들에게 돌로 맞고 집단 구타를 당하고 사지가 찢겨 목숨을 잃었는데 나이 54세였으며 김홍집 부인도 아들을 죽이고 자결했다.

왜 이런 비극적인 일이 일어났을까? 김홍집은 철종 때 서울에서 출생했고(1842), 1880년 제2차 수신사로 일본에 파견되었다가 오면서 황준헌의 〈조선책략〉을 가져와 개화를 주장했으며 1885년 일본과 한성조약을 체결한 사람으로 능력면에서 탁월함이 인정되어 조선의 마지막 영의정과 대한제국의 초대 총리대신을 지냈던 사람이다.

6. 덕률풍과 신고산타령

미국에서 알렉산더 그레이엄 벨이 전화기를 발명한 것은 1876년이었고, 조선에는 1882년 청나라 영선사가 가지고 온 전화기 2대가 처음이었는데 6년 만이었다. 이때 전화기를 텔레폰의 중국식 표기 '덕률풍德律風'이라고 했으며 1896년 경운궁 내에 처음 궁내부 주관으로 가설하였고 고종이 덕률풍으로 신하에게 칙명을 내리면 신하는 전화기에 큰절하고 받았다.

이후 서울-인천 간 전화가 개설되었고 민가에 개설된 것은 1902년이 처음으로 정보통신의 획기적 변화가 일어났다. 일본군 장교를 살해하여 인천감옥에 투옥된 김구를 살린 것도 고종의 덕률풍이었고 순종 때에는 홍릉까지 전화선을 연결하여 전화기를 애용했던 고종을 전화로 문안했다. 전기는 1887년 경복궁 건청궁 향원정에 전등을 처음 설치하면서 들어왔다. 고종황제가 사용했던 덕률풍은 KT원주연수원 내에 있는 'KT원주통신사료관'에 전시되어 있다.

개항 이후 서구로부터 근대문물을 수용하면서 3가지의 큰 변화가 있었다. 첫째는 전신과 전화와 같은 통신이었고 둘째는 기차, 전차와 같은 교통이었으며 세째는 양복, 양장과 같은 복장이었다. 전신선은 소통의 수단으로서 문자를 전송했으며 전신선 가설은 조선 백성들의 생활을 위한 것이라기보다는 청나라가 조선에서 임오군란, 갑신정변 같은 사태 발생시 신속한 정보를 전달받기 위해서였다.

1885년 9월 서울-인천 사이에 처음으로 전신선이 청나라에 의해 가설되었고 10월 서울–의주 사이에 서로전신선이 개통되었으며 청나라를 통한 국제전신과도 연결되었다. 1888년 6월 서울–부산 사이에 남로전신선이 개통되었고, 1891년 6월 서울–원산 사이에 북로전신선이 개통되었다. 청일전쟁이 발생하면서 일본은 서로전신선과 북로전신선을 군사용으로 강점하였고, 삼국간섭 이후에는 강점했던 전신선들을 반환했다가 러일전쟁 때 일본은 다시 우리 전신선을 강점했다.

일본은 조선에서의 수탈과 대륙진출을 목적으로 철도를 개설했는데 철도가 운행된 것은 1899년 일본에 의해 노량진–제물포 사이가 처음이었고 국내 들어온 열차는 '모갈 1호'가 처음이었다. 서울–부산의 경부선 철도는 러일전쟁 중인 1905년 일본에 의해 병력과 물자 운송을 위해 개통했고 서울–신의주 경의선 철도는 1906년 개통했으며, 대전–목포의 호남선 철도는 1914년 개통했다. 용산–원산의 경원선 철도는 조선 내륙에서 물자를 원산으로 이동시켜 일본으로 실어가고 일본의 물자를 조선 내륙으로 실어오는 노선으로 일제강점기인 1914년 개통했다.

〈신고산타령〉이다.

[어랑어랑 어허야 어허야 더야 내 사랑아]

신고산新高山이 우루루 함흥차咸興車 가는 소리에

구고산舊高山 큰 애기 반봇짐만 싸누나

고산 마을은 북한 강원도 안변군에 있는 시골 마을 이름으로서, 경원선의 역이 있는 마을은 신고산 마을이라고 했고, 옛 마을은 구고산 마을

이라고 했으며 그 후에 북한이 행정구역을 개편하면서 고산군 지역이 된 곳이다. 철도 개통은 시골마을 사람들의 생활을 변화시켰고, 신고산타령은 옛 마을 구고산의 젊은 사람들이 함흥과 같은 도시로 떠나는 모습을 노래했다.

철도의 역사를 볼 수 있는 철도박물관은 경기도 의왕에 있다.

또 하나의 변화는 교육이었는데 1895년 고종의 〈교육입국조서〉를 반포했다.

"독서나 습자로 옛 사람의 찌꺼기를 줍기에 몰두하여 시세의 대국에 눈 어둔 자는, 비록 그 문장이 고금을 능가할지라도 쓸데없는 서생에 지나지 못하리로다. 이제 짐이 교육의 강령을 보이노니 헛이름을 물리치고 실용을 취할지어다. 곧, 덕을 기를지니, 오륜의 행실을 닦아 속강을 문란하게 하지 말고, 풍교를 세워 인세의 질서를 유지하며, 사회의 행복을 증진시킬지어다.

다음은 몸을 기를지니, 근로와 역행을 주로 하며, 게으름과 평안함을 탐하지 말고, 괴롭고 어려운 일을 피하지 말며, 너희의 근육을 굳게 하고 뼈를 튼튼히 하여 강장하고 병 없는 낙을 누려 받을지어다. 다음은, 지를 기를지니, 사물의 이치를 끝까지 추궁함으로써 지를 닦고 성을 이룩하고, 아름답고 미운 것과 옳고 그른 것과, 길고 짧은 데서 나와 남의 구역을 세우지 말고, 정밀히 연구하고 널리 통하기를 힘쓸지어다. 그리고 한 몸의 사를 꾀하지 말고, 공중의 이익을 도모할지어다. 이 세 가지는 교육의 강기이니라. 짐은 정부에 명하여 학교를 널리 세우고 인재를 양성하여 너희들 신민의 학식으로써 국가중흥의 대공을 세우게 하려 하노니, 너희들 신민은 충군하고 위국하는 마음으로 너희의 덕과 몸과 지를 기를 지어다."

고종은 교육입국조서에서 충군하고 위국하는 마음으로 덕, 몸(체), 지를 길러 사회행복을 증진시키고 국가중흥을 세우자고 했으며 교육입국조서의 반포로 조선정부에서는 소학교와 중학교 등을 설립하게 되었다.

이태진 서울대 명예교수는 인터뷰 〈고견을 듣는다〉에서 고종이 교육조서를 반포하여 국민들이 지.덕.체를 기르도록 한 것은 매우 필요한 일이었다고 보았다.

–고종이 가장 먼저 한 것이 무엇입니까.

"국민 창출, 근대적인 국민 창출 이것을 정조의 소민 보호론을 확대해서 근대화합니다. 그렇다면 국민 창출로 제일 필요한 건 뭐냐 하면 교육이다, 그래서 교육조서 발표합니다. 지덕체 3육 교육이 바로 그때 선언이 됩니다. 그런데 이 지덕체 3육 교육은 원래 미국 개척시기 18~19세기 중등 교육의 강령입니다. 원래는 17세기 영국의 존 로크의 교육 사상인데 미국 식민지 개척 식민지 시대에 이주해 온 사람들이 학교 중등교육에 강령으로 삼았어요. 굉장히 앞선 개념입니다. 당시 서양 지식에 관해서는 고종이 제일 앞서 있었습니다. 미국인 선교사와 당시 조선을 찾는 지식인들로부터 많이 들었어요. 한성순보를 발행하면서 뉴스 소스에도 많이 접합니다."

–근대에 대한 지식은 개혁으로 나가가는 동력이 되었나요.

"1896년에 왕비 명성황후 1주기 때 당시 조선에 선교사로 와 있던 아펜젤러와 호머 헐버트 육영공원 교수 두 분이 고종과 인터뷰를 했어요. '코리아 레포지터리'라는 잡지에 싣기 위해서 인터뷰를 했는데, 8페이지 정도 영문판 기사입니다. 그걸 또 왜 (연구자들이) 아무도 안 보는지 난 모르겠어요. 거기서 두 기자가 하는 말이 '지금 조선 군주는 조선에서 최고의 지식인이다'라는 겁니다. 그렇게 규정을 하고 있습니다. 자기네들과 통한다는 얘기죠. 시살 지덕체 교육을 지금으로서도 굉장히 근대적일 뿐 아니라 현대적입니다."

[디지털타임스, 2023.1.1.]

고종이 교육조서를 선포하기 이전인 1883년 원산개항장 안에 원산학사가 최초의 근대 사립 보통학교였고, 최초의 근대 중등학교는 1885년 미국 선교사 아펜젤러가 설립한 배재학당이다.

민영익이 보빙사로 미국을 시찰하고 돌아와 교육제도에 대한 보고를 했고 미국공사관의 도움을 받아 신식교육기관으로서 육영공원이 1886년 설립되었다. 최초의 근대 공립학교인 육영공원은 양반 자제를 대상으로 하였고 학생은 35명 정도였으며 영국공사를 한 이한응과 이완용이 육영공원 출신이다. 교사는 미국인 헐버트, 벙커, 길모어 등 3명이 있었고, 영어로 수업을 했으며 교과서도 영어로 되어 있었다. 서울 정동에 있다가 5년 후 전동으로 이전했으며 1894년 재정문제로 8년 만에 폐원되었고, 이후 영어학교가 설립되었으며 보통교육을 제도화한 것은 1894년 갑오개혁을 하면서이다.

우리가 기억해야 할 외국인으로서 미국인 교사 호머 헐버트는 〈대한제국 멸망사_The Passing of Korea_, 1906〉라는 책을 썼는데 그 책의 헌사에서, 당시 국권이 침탈되고 있던 시기임에도 대한제국 국민의 민족정신이 언젠가 깨어날 것이라고 보았다.

"비방이 극에 달하고 정의가 빛을 잃은 이때에 나의 큰 존경의 표시와 변함없는 충성의 맹세로서 대한제국 황제 폐하에게,

그리고, 지금은 옛 한국이 낯선 한국에게 자리를 내주는 모습을 목격하고 있으나 민족정신이 어둠에서 깨어나면 잠은 죽음의 모습을 하지만 죽음 그 자체는 아니라는 것을 증명하게 될 대한제국 국민들에게, 이 책을 바친다."

7. 풍도해전 청일전쟁

1894년 7월 25일부터 1895년 4월까지의 일이었다. 조선정부는 동학농민혁명의 진압을 위해 청나라에 파병을 요청하였고 25일 새벽 청나라는 제원호, 광을호로 병력을 태우고 와서 서해안 아산에 상륙시켰다. 이들 청나라 북양함대 소속의 순양함과 운송선은 임무를 마치고 청나라로 돌아가는 중이었고, 풍도 앞바다에서 수색 중에 있던 일본 순양함 3척은 청나라의 순양함과 운송선을 발견하고 선전포고도 없이 발포하기 시작했다. 이에 광을호는 침몰했고, 제원호는 백기를 올리고 파손된 상태로

여순항으로 귀환했다. 이어서 청나라 병력 1,000여 명을 태운 영국 용선의 고승호와 무기를 실은 조강호가 뒤따라 아산으로 향하여 풍도 앞바다를 지나가고 있었고 일본 순양함은 이들 함선을 향해 발포하여 고승호를 격침시키고 조강호를 나포했다. 고승호에 타고 있던 청나라 병력 1,000여 명을 바다에 수장시켰고 영국인 선장과 외국인 선원 10여 명은 일본 순양함에 의해 구조되었다.

〈경란록〉의 기록이다.

"만국공법에 한 나라의 군병이 움직이면 각국이 모두 병력을 움직일 수 있다. 외무독판 조병직이 반드시 이를 알았을 것이다. 그럼에도 불구하고 모르는 듯이 두 마음을 품고 있는 김홍집의 말에 따라 아뢰어, 본국의 큰 난리로 청일전쟁이 발발하는 화근을 만들어 주었다.

이 또한 탄식스럽다."

풍도 주민들은 앞바다에서 벌어졌던 우뢰 같은 포격소리를 들었고 풍도 섬에까지 떠밀려 온 청나라 병사들의 사체를 거두어 섬에 묻어 주었다. 우리 서해 바다에서 벌어졌던 참혹한 풍도해전이 청일전쟁 속에 가려져 있다가 최근 역사 교과서에 포함되게 되었다. 130년이 된 풍도해전을 중국 사람들은 '갑오전쟁'이라는 이름으로 역사 교과서에 싣고 지금도 풍도를 찾아 그때를 기리고 있으며 일본은 역사 교과서에 일본함대가 청국함대를 침몰시켰다고 다루고 있다.

안산도시공사는 대부도에 있는 '어촌민속박물관'에서 열강들의 해전이 치욕의 역사이지만 우리 근대사에서 기억해야 할 사건으로서 풍도해전을 알리고 있다. 일본은 일본강점기에 풍도 후망산에 '청일전쟁 승전표석'을 세웠으나 후에 풍도 주민들이 뽑아버렸다. 서해의 작은 섬 '풍도'는 한국, 중국, 일본의 세 나라가 기억해야 하는 곳이다.

풍도 선착장 한쪽에 〈풍도소망탑〉 표지판이 있다.

"풍도는 1894년 청일전쟁의 분수령이 되었던 풍도해전으로 그 역사적 의미가 있다. 서해안 교통교역의 중심지이었을 뿐만 아니라 외세 침탈이 잦았던 섬이다. 소망탑은 풍도의 아름다움이 영원히 지속되기를 바라는 주민들의 소망을 상징적으로 표현하면서 동북아 평화를 기원하는 염원도 담겨있어 이곳에 기록을 해둔다."

풍도는 소망탑의 염원대로 동북아평화를 기원하는 시작점으로서 풍도 해안은 수심이 깊어 조수 간만의 차이가 커서 군사전략상 중요한 해역이다. 일본은 풍도해전으로 청일전쟁을 시작하여 조선에서 청나라를 몰아내고 조선 지배의 발판이 되었고 맥아더 장군은 6.25 때 풍도 앞바다에서 인천상륙작전을 개시하고 서울을 수복했다.

풍도는 지금은 안산시 단원구 풍도동으로 되어 있는 섬으로 지리상 안산시 대부도에서 24km, 당진시 석문면에서 12km 떨어져 있는 가까운 곳이다. 주민 90여 명이 살고 있으나, 외지 사람은 하루에 한 편밖에 배가 없어 당일로 다녀올 수 없는 곳이다. 원래 풍도는 〈고려사〉, 〈조선왕조실록〉에 풍도楓島로 쓰고 있는데 단풍이 아름답다고 하여 단풍나무 풍

楓의 풍도楓島였지만, 일제강점기를 거치며 풍요로울 풍豊의 풍도豊島로 바뀌었고 지금까지 풍도豊島로 사용되고 있다. 섬 이름을 바꾸자는 의견에 대해서 어업으로 생계를 유지하는 풍도 주민들은 풍요롭게 사는 것이 좋다고 하여 바꾸지 않고 있다고 한다.

일본은 풍도해전 6일 후인 8월 1일 청나라에 정식 선전포고를 했다. 10년 후 러일전쟁을 일으킬 때에도 일본은 선전포고 없이 먼저 기습 공격을 하고 나서 후에 선전포고를 하는 식이었다.

만국공법이 세상을 지배하던 시대임에도 일본은 철저히 무시했다. 영국 용선의 고승호를 침몰시킨 사건 역시 영국정부와 영국국민들이 격분했으나 일본정부의 조사결과와 만국공법 학자들의 소견으로 무마되기도 했다.

일본군과 청나라군은 7월 29일 아산 성환에서 맞붙어 일본군의 공격이 시작되었고 초기에는 청나라 군대가 우세했다. 병력, 무기에서 우세한 일본군은 청나라군을 포위하여 공격하자 청나라군은 도주했고 성환 전투에서 패전한 청나라군은 평양성으로 후퇴하고 진지를 구축했다. 아산에는 청나라군이, 평택에는 일본군이 주둔하고 있었다고 하여 '아산이 무너지나, 평택이 깨지나' 하는 말이 청일전쟁 때 생긴 말이라고 한다.

이런 와중에 일본은 조선에서 이권획득을 위해 일본공사 오토리는 조약체결을 요구하였고 8월 20일 조선 외무대신 김윤식과 일본 특명전권공사 오토리 게이스케는 〈조일잠정합동조관〉을 체결했다. 조관의 내용은 조선의 독립과 내치를 개선한다는 명분을 내세우며, 경복궁 습격사건에 대한 책임을 묻지 않기로 하는 한편, 철도부설권, 전신설치와 관리권, 호남지역 개항장 등 주로 경제적 이권을 일본에게 양여하도록 하는 것이었다.

이어서 8월 26일 조선 외무대신 김윤식과 일본 특명전권공사 오토리 게이스케가 〈대일본 대조선 양국 맹약〉을 체결했다. 맹약의 내용은 청나라 군대를 조선에서 철퇴한다는 것, 청일전쟁에 대비하여 조선이 일본군을 위해 편의를 제공한다는 것이 골자였다.

9월 15일 일본군은 평양성의 청나라군을 공격했고 일본군이 고전을 면치 못 하고 있던 상황이었는데 의외로 청나라군이 백기를 내걸면서 일본군은 16일 평양성을 점령했다. 청나라군은 북쪽으로 도주하는 길에 매복되어 있던 일본군에 의해 큰 피해를 입기도 했다.

평양성을 점령한 일본군은 17일 양국의 함대가 바다에서 격돌하였는데 일본은 황해해전 또는 압록강해전이라 부르고, 중국은 대동구해전이라 부르는 해전이다. 이 해전으로 청나라는 북양함대 함정 5척이 침몰하였고 나머지 함정도 수리가 필요할 정도의 피해를 입어 서해의 제해권이 일본 해군에게 넘어갔다.

황해해전에서도 승리한 일본군은 청나라군을 추격하여 만주로 진격해 들어갔고 10월 요동반도로 상륙한 일본군은 대련을 점령하였고 11월 북경의 관문인 여순까지 점령했다. 일본군은 점령지에서 3일간 20,000여 명의 중국인을 잔인하게 학살하여 국제적인 비난을 샀다.

1895년 1월 중국 산동반도에 있는 항구도시 위해위에서 일본군과 청나라군은 맞붙었고 청나라는 여순이 함락되어 파직되었던 정여창 제독을 복직시키고 북양함대를 맡겼다. 일본군은 청나라의 북양함대를 기습 공격했고 정원함을 어뢰로 공격하여 큰 피해를 입힘으로써 정여창 제독은 정원함을 자폭시키고 자살하였고, 청나라 지휘관들은 일본군에 항복했다.

2월 위해위전투를 끝으로 청나라는 전투능력을 상실하였고 청일전쟁을 지속할 수 없는 상태에서 일본과 강화조약에 나서게 되었다. 중국은 9월 전승절에는 톈안먼 광장에서 항일전쟁의 승리를 기념하고 있으며 2015년 전승절에 박근혜 전 대통령과 반기문 UN사무총장이 참석하기도 했다.

동학농민군 진압을 위해 조선에 파견되었던 청나라의 총병 섭사성(1836~1900)이 〈동정일기〉라고 하는 종군일기를 남겼는데, 〈동정일기〉는 조선에 파견된 1894년 5월 3일부터 1895년 2월 2일까지 8개월의 기록이다. 섭사성은 청일전쟁의 평양전투 후에 청나라로 돌아갔으므로, 100일 정도가 동학농민혁명의 진압과 청일전쟁을 수행한 기록이고 나머지 140일은 청나라에서의 기록이다.

8. 청일 시모노세키조약

청일전쟁의 승전국 대표 일본 내각총리대신 이토 히로부미, 외무대신 무쓰 무네미쓰와 패전국 대표 청나라 북양대신 이홍장, 출사대신 이경방이 일본 시모노세키에서 전쟁을 마무리했다. 청나라 이홍장과 일본 이토 히로부미는 조선의 갑신정변이 있고 나서 청나라 텐진에서 만나 〈텐진조약, 1885.4〉을 맺은 바 있다.

그로부터 정확히 10년 후, 1895년 4월 청나라 이홍장은 패전국 대표로, 일본 이토 히로부미는 승전국 대표로 일본 시모노세키에서 다시 만나 〈청일강화조약, 시모노세키조약, 1895.4〉을 맺게 되어 묘한 인연이 되었다.

제1조 청국은 조선국이 완전무결한 독립 자주국임을 확인한다. 따라서 자주독립을 훼손하는 청국에 대한 조선국의 공헌·전례 등은 장래에 완전히 폐지한다.

제2조 청국은 아래 토지의 주권 및 해당 지방의 성루·병기 제조소 및 관청 소유물을 영원히 일본에 할여한다.

1. 아래의 경계 내에 있는 봉천성 남부의 땅 (중략) 2. 타이완 전도 및 그 부속 도서 3. 펑후 열도 (중략)

제4조 청국은 군비 배상금으로 고평은 2억 냥을 일본국에 지불할 것을 약정한다. (중략)

제6조 (상략) 또 본 조약 비준 교환일로부터 제 조약의 실시에 이르기까지 청국은 일본국 정부의 관리·상업·항해·육로·교통·무역·공업·선박 및 신민에 대하여 모두 최혜국 대우를 부여한다. (중략)

제8조 청국은 본 조약의 규정을 성실히 시행한다는 담보로써 일본 군대가 일시 산동성 웨이하이웨이를 점령하는 것을 승인한다. (하략)

청나라 이홍장은 1823년 안휘성 출신으로 중국 근대화 운동인 양무운동을 주도했고 아시아 최강의 북양함대를 조직하여 청나라 해군력 강화에 힘써 왔으나, 청일전쟁에서 패배하여 72세의 나이에 일본 시모노세키에 갔다.

일본 이토 히로부미는 1841년 야마구치현 출신으로 당시 나이 54세로 이홍장보다 18년이나 아래였다. 시모노세키조약을 체결한 장소는 '춘범루春帆楼'라는 복어 음식점으로 복어는 시모노세키의 상징이다. 춘범루 바로 옆에 시모노세키 강화기념관이 있다. 이토 히로부미의 한자이름을 한글로 읽으면 '이등 박문'으로 안중근에게 암살당한 후 그의 이름을 빌려 서울 남산에 지은 절이 '박문사'였다. 시모노세키는 조선통신사들이 일본을 가면서 상륙하는 곳이고, 아베 신조 전 일본총리의 정치적 고향이기도 한 곳이다.

전쟁을 했던 적대관계에서 청나라를 대표하여 시모노세키에 온 이홍장은 다니는 길조차 위험했기에 큰길로 다닐 수 없었고 협상장인 '춘범루'와 숙소인 '인접사'로 이어지는 작은 샛길로만 다녔다. 그 길에서 가마를 타고 가던 이홍장은 일본 극우파가 쏜 총의 총알이 이홍장의 안경에 맞아 생명에는 지장이 없었다. 하마터면 시모노세키의 샛길에서 이홍장은 생명을 잃을 뻔하였고, 지금은 이 길을 '이홍장 길'이라고 부르고 있다.

다음날 얼굴에 붕대를 감은 채 이홍장은 협상장에 나타났고 이런 상황에서 일본은 원래의 요구하려던 협상안보다 훨씬 낮은 2억 냥의 배상금과 타이완 할양으로 협상을 마무리했다. 배상금 2억 냥은 일본의 4년치 예산액에 해당하는 엄청난 돈이었고 일본은 이 돈의 대부분을 군비

확장에 사용하여 10년 후 러일전쟁을 일으킬 수 있었다.

청나라는 배상금을 한꺼번에 지불할 수 없어 8번으로 분할하고 7년 동안 일본에 지불했다. 청나라 재정은 파산 직전으로 몰렸고 열강들로부터 높은 이자를 물면서 돈을 빌리기도 했다. 중국인들 민심은 폭발하였고 그로부터 16년 후 1911년 신해혁명이 발생하여 손문을 임시 대총통으로 하는 공화국인 중화민국이 되었다. 시모노세키조약 제1조에서 청나라는 조선이 완전무결한 독립자주국이라고 확인을 하여 조선에 대한 종주권을 상실한다고 하여 일본은 일단 조선에서 청나라를 쫓아내는 데 성공하였다.

9. 건청과 곤령, 장충단

1895년 10월 8일 경복궁 안에 있는 건청궁 곤녕합 옥호루에서 일본 낭인들의 칼에 민비가 시해되었고, 건청궁 동쪽 녹원에서 낭인들은 시체에 석유를 붙고 불태웠는데 이것이 을미사변이다.

건청궁은 경복궁 중건공사가 끝나고 창건된 궁궐로 왕과 왕비의 거처로 사용되는 궁궐이며 장안당, 곤녕합, 향원정으로 구성되어 있다. 장안당에는 고종의 침전인 사랑채가 있고, 곤녕합에는 민비의 침전인 안채와 옥호루가 있다. '건乾'은 하늘이고, '곤坤'은 땅을 말하는데 '건청'은 하늘이 맑다는 의미이고, '곤녕'은 땅이 평안하다는 의미이다. 우리 태극기에도 하늘, 땅, 물, 불을 나타내는 건괘, 곤괘, 감괘, 리괘의 4괘가 있다.

평안하기를 바라는 의미에서 곤녕합이라 이름을 지었으나 그곳에서 비참하게 죽었다.

〈경란록〉의 기록이다.

"국적이 일본군의 손을 빌려 벌떼처럼 일어나 모여서 대궐에 들어가 곧장 시어소(왕이 임시 거처 하는 곳)를 침범하였다. 궁내부대신 이경식과 연대장 홍계훈이 제일 먼저 피살되었고, 이어서 내전을 포위하고 명성황후를 독살로 시해하고 후원에서 그 시신을 불태웠다."

(경란록 원본에도 궁내부대신 이경식(李畊植)이라고 되어 있으나 오류로 보인다. 궁내부 대신은 이경식이 아니고 이경직(李耕植)이다.)

청일전쟁은 일본의 승리였고 시모노세키에서 청나라와 일본은 조약을 맺었으며 이에 청나라는 조선에 대한 종주권을 잃었다. 일본은 조선에 대한 내정간섭을 강화하여 조선정부에 친일내각을 구성하도록 했다. 그러나 러시아, 프랑스, 독일의 삼국간섭은 일본이 차지하였던 요동반도를 청나라에 반환하게 만들었다.

조선정부는 민비가 '인아거일정책'을 주도하여 이범진, 이완용을 포함하는 친러내각인 3차 김홍집 내각을 구성했다. 이노우에 일본공사 후임으로 조선에 부임한 육군중장 출신 미우라 고로 일본공사는 조선에서 일본의 영향력을 회복하기 위해 민비를 제거하기로 했다.

10월 8일 새벽 일본공사관 수비대, 조선인 훈련대, 일본인 낭인 40여명은 광화문에서 집결하여 사다리로 궁내 진입했다. 광화문을 수비하던 훈련대 연대장인 홍계훈이 먼저 일본 군인이 쏜 총에 맞아 사살되었는데 홍계훈은 임오군란이 발생하여 구식군인들이 대궐에 몰려올 때 민비를 등에 업고 피신시켰던 사람으로 동학농민전쟁 때에는 양호초토사로 농민군을 과대평가하여 청나라의 구원병 요청을 건의했던 사람이었다. 궁내부대신이던 이경직은 문신으로서 일본 낭인들이 몰려오자 건청궁 전각 앞에서 맨몸으로 막아섰다가 살해되었다.

고종은 칙명을 내려 남산에 '장춘단'을 세우고 제단을 꾸미도록 했는데 장춘단 자리는 어영청의 분영인 남소영이 있던 자리였다. 을미사변이 있고 5년 후인 1900년에 장춘단에서 을미사변 때 순사했던 홍계훈, 이경직, 조선 군병들을 제사 지냈다.

〈경란록〉의 기록이다.

"국가에서 주요지역과 변경지역에 군영을 설치하고 군병을 조련한 본래 취지는 만일 뜻밖의 일이 발생하면 방비하여 토벌하는 것이지, 그들의 녹봉과 곡식, 의복의 밑천이나 관직의 승급과 품계가 오르는 기회를 위해 있는 것은 아니다. 군사를 끼고 깃발을 휘두르며 길가는 사람을 꾸짖고 의기양양 마을을 지나가며 위엄을 부리고 무력을 뽐내는 것은 한갓 자신의 부귀영화를 위한 자일 뿐이다."

이 글을 쓴 이범석은 깨어있는 지식인이었다. 세상은 하루가 다르게 발전했고, 조선의 지식인들은 조선 밖 세상 돌아가는 것을 잘 알고 있었다. 박규수는 청나라의 양무운동을 직접 눈으로 보았고, 청나라에 머무는 동안 세계의 발전하는 소식을 귀로 전해 들어서 생생하게 알았다. 조선을 보니 변화와는 거리가 멀었다. 박규수는 일본 군함의 대포 공격에 놀라 개항하는 것을 보면서 탄식했고 조선의 후손들이 어떤 세상에서 살게 될 지 걱정하며 시름시름 앓다가 죽었다. 이범석은 성리학의 나라, 사농공상의 나라인 조선에서 장수가 깃발을 나부끼며 위엄을 부리고 백성들 앞에서 무력을 뽐내는 것이 안쓰러웠고 백성들의 핍박받는 생활을 방치하고 농민들을 수탈하며 부귀영화를 누렸던 조선의 지배 권력층을 비판했다. 당시 이런 생각을 가졌던 사람이 어디 이범석뿐이었겠는가.

〈경란록〉의 기록이다.

"어찌 스스로 부끄럽지 않은가? 조정의 일을 가지고 논하면 애당초 묘당에서 회의할 때 응당 먼저 감영과 병영에서 군사를 거느리고 가서 토벌하고 또 경영대장이 가서 적의 소굴을 토벌하게 하였다면 승리하지 못함을 걱정할 필요가 없었을 텐데, 어찌하여 이웃나라의 군병을 빌렸는가. 더구나 만국공법에 한 나라의 군병이 움직이면 각국이 모두 병력을 움직일 수 있다. 외무독판 조병직이 반드시 이를 알았을 것이다. 그럼에도 불구하고 모르는 듯이 두 마음을 품고 있는 김홍집의 말에 따라 아뢰어, 본국의 큰 난리로 청일전쟁이 발발하는 화근을 만들어 주었다. 이 또한 탄식스럽다."

만국공법이 조선에 들어온 후 교육기관의 필수과목이 되었고 대부분 지식인들은 만국공법을 잘 알고 있었다. 성리학을 최고의 가치로 여겼던 조선에서 세계 통용되던 만국공법은 첨단이었으며, 일본이 조선을 압박하던 논리의 근거도 만국공법이었다. 조약체결을 강요하면서 일본대표는 만국공법을 내세웠고, 조선대표는 수용할 수밖에 없었으며 만국공법에 따른다는 협박에 조약을 맺었고, 장정 체결을 강요당했다.

힘이 약한 조선으로서는 청나라와 일본과의 조약을 강요당한 근거가 바로 만국공법이었다. 경란록에서 밝힌 대로 지식인은 이웃나라 군병을 빌리면 다른 나라 군병이 따라온다는 것을 알고 있었다. 실제 그랬다. 조선이 청나라에 군병을 요청하니, 청나라와 일본 사이에 10년 전 맺었던 조약을 근거로 하루 만에 일본 군병이 따라 들어왔다. 기가 막힐 노릇이었다.

청나라 군병과 일본 군병이 물러가길 바라며, 동학농민군은 관군과 전주화약을 맺고 하루 만에 전주성에서 철수했다. 그러나 일본 군병은 철수를 거부했다. 이로써 청일전쟁이 일어났고, 조선 몰락의 시작이 되었다.

〈경란록〉의 기록이다.

"일본공사 오오토리 게이스케가 임금을 알현하고서 청나라를 배격하고 자주하라고 권고하였다. 조야의 여론은 당랑거철螳螂拒轍이라고 인식하고 허겁지겁 놀라 흩어졌다."

당랑거철螳螂拒轍은 螳(사마귀 당) 螂(사마귀 랑) 拒(막을 거) 轍(바퀴자국 철)이다. 회남자淮南子의 인간훈에서 유래한 말인데 '사마귀가 수레바퀴를 막는다.'는 뜻으로, 자기의 힘은 헤아리지 않고 강자에게 함부로 덤빈다는 의미이다. 제나라 장공이 사냥을 갔는데, 사마귀 한 마리가 다리를 들고 수레바퀴로 달려들었다. 그것을 본 장공이 부하에게, '용감한 벌레로구나. 저 놈의 이름이 무엇이냐?' '예. 저것은 사마귀라는 벌레인데, 저 벌레는 앞으로 나아갈 줄만 알고 물러설 줄 모르며, 제 힘은 생각지 않고 한결같이 적에 대항하는 놈입니다.' 장공이 이 말을 듣고 '이 벌레가 만약 사람이었다면 반드시 천하에 비길 데 없는 용사였을 것이다.'라고 하면서 수레를 돌려 사마귀를 피하여 가도록 했다.

　　〈경란록〉에 의하면 일본공사 오오토리 게이스케가 고종을 알현하여 청나라를 배격하고 자주하도록 권고했다. 조야의 여론이 당랑거철이라고 한 것은 조선이 종주국이라고 믿는 청나라를 배격한다는 것이 사마귀가 수레바퀴에 달려드는 것으로 보였던 것이다. 어쩌면 일본공사가 고종에게 이런 건의를 하는 것도 당랑거철로 보였을 것이다. 일본은 지난 10년 동안 조선에서 청나라를 몰아내어야 조선을 정복할 수 있다고 판단하고 전비를 늘리고 군사력을 키워왔다. 조선은 지난 10년간 민씨 척족 세도정치로 구식군인들에게 월급을 주지 못하는 정부였고 군란이 국가 재정의 한계를 드러내는 상징이었다.

[경란록으로 보는 세상 5]

■ 봄에 이른바 동학당으로 어두귀면魚頭鬼面한 몇 명이 대궐문 밖에 나와 엎드려 붉은 보자기로 싼 상소문을 올려서 감히 그들의 우두머리 최제우의 신원을 청하였다. 이는 나라의 위엄을 멸시하여 한번 시험해보고자 한 것이다. 조정에서는 마땅히 붙잡아 남김없이 죽임으로써 화근을 방지해야 하는데 도외시하여 보통 일로 치부하고 한갓 이익과 권세만을 다투었다. 조정의 정책이 이와 같으니 어찌 오래 보전할 수 있으리오.

　동학당이 점차 세력이 커져 보은에서 그 무리들이 많이 모여 난리를 일으키고 행패를 부렸다. 정부에서 선유사 홍계훈을 파견하였는데, 이들을 어루만지고 그 악행을 양성하였다.

〈계사년(1893 고종 30)〉

■ 전라도 고부군수 조병갑, 장흥부사 이용태, 전운사 조필영, 전라감사 김문현 등이 탐욕스럽게 백성을 학대하였기 때문에 민란이 일어났다. 그럼에도 조정은 탐관오리를 죄주지 않고 난민만을 치죄하여 백성들이 모두 동학으로 들어갔다. 그 우두머리 전봉준이란 자가 난민을 모아 당을 만들어 호남 전 지역에서 창궐하였다. 조정에서는 군병을 출동시켜 토벌하였다. 대장 홍계훈은 −예전의 이름은

재희였다― 괴수를 섬멸하여 화란의 뿌리를 뽑지 못하고 단지 그 편장偏將 이학승 만을 꺾고 경솔히 군사를 되돌렸다. 이에 역적이 곧 다시 크게 기병하여 각 군을 소탕하고 승승장구 진격하여 전주성에 들어가 거점으로 삼고 스스로 국호를 세우고 자칭 왕호를 사용하였다. 감사 김문현 이하는 모두 달아났다.

〈갑오년(1894, 고종 31)〉

■ 묘당廟堂에서 역적을 토벌하는 방책을 논의할 적에 대신 김홍집이 청나라에 구원병을 요청하자고 아뢰니, 임금이 그 술수에 빠져 주청을 윤허하였다. 청나라 장졸 3천 명이 나와 아산에 상륙하여 주둔하였다. 군율이 엄격하지 않아 군사들이 마을을 마구 돌아다녀서 작폐가 매우 심하였으므로 백성들이 모두 걱정하고 두려워하였다.

당시 일본 역시 군병을 출동시켜 일본군은 곧장 경성으로 들어가 도성 남산에 유진하였다.

―만국공법에 어느 한 나라가 병력을 움직이면 각국이 모두 병력을 움직일 수 있다고 하였다. 구미 여러 나라가 병력을 출동시키지 않았는데 일본만 군병을 동원하니 특별히 다른 뜻이 있는 것이다―

〈갑오년(1894, 고종 31)〉

■ 일본공사 오오토리 게이스케가 임금을 알현하고서 청나라를 배격하고 자주하라고 권고하였다. 조야의 여론은 당랑거철螳螂拒轍이라

고 인식하고 허겁지겁 놀라 흩어졌다.

경성 사람 중 고향으로 피란하여 온 사람이 많았다. 나 역시 고향집(충청도 아산)으로 내려왔다. 며칠이 되지 않아 일본공사가 군사를 거느리고 입궐하여 '독립'이라는 명분으로 위협하니, 임금이 부득이 이를 따랐다. 당시 경성에 사는 명문대가의 가족들이 모두 피란하여 도성을 빠져나갔고 인심이 들끓었다. 일본병사가 곧 청나라 병사에게 선전포고를 하였다. 청나라 공사 원세개가 전투를 해서는 안 된다는 것을 알고 본국으로 되돌아가려고 하였다. 일본 병사가 아산에 와서 청나라 병사와 접전하려고 하였다. 청나라 군대는 하루 전날 직산과 성환 등지로 진을 옮겼다. 그 때문에 일본군은 길을 나누어서 진격하여, 한 부대가 성환에 가서 청나라 군대와 접전하였다. 청나라 군대는 공주로 패주하였다가 돌아서 충주로 가고 다시 관동과 함경북도로 갔다. 또 다른 일본군 부대는 아산으로 갔다. 가서 보니 성안이 텅 비어 있어 군(郡)의 수령을 찾았다.

〈갑오년(1894, 고종 31)〉

■ 아산현감 정인진은 바로 호남의 미천한 출신이었는데, 어의로서 총애를 받아 지방 수령이 된 자이다. 그는 일본군이 오는 것에 겁을 먹고 우리 집으로 도망쳐 왔다. 선친께서 성을 버리고 온 허물을 질책한 뒤 다시 군(郡)으로 복귀할 것을 적극 권하여 돌려보냈다. 그런데 현감 정인진은 중도에서 다른 곳으로 도망갔다. 그다음 날 일본군의 한 부대가 와서 우리 집을 에워싸고 현감을 수색하였다. 현감

을 찾지 못하자 선친을 붙잡고 강제로 현감을 찾아내도록 협박하며 총칼을 막 휘두를 지경에 이르렀다. 너무 황급하여 어찌할 바를 몰랐다. 나는 하루만 기한을 달라고 간청하고 집안의 머슴과 마을사람들을 데리고 사방으로 도망친 현감을 뒤쫓아 갔다. 6~70리쯤 이르러 비로소 그를 만나 집으로 데리고 오니, 일본군은 선친을 붙잡아가다가 중도에서 풀어주어 집으로 돌아올 수 있었다. 정현감은 우리 집에 유숙하였다가 다음날 군에 들어가니, 일본군이 이미 철수하고 경성으로 뒤돌아간 뒤였다. 정현감 역시 안전하였다. 나는 발이 부르트고 다리에 병이 나고 피부에 종기가 나서 치료한 지 여러 날이 되어서야 비로소 나았다. 지금 이 난리는 다른 사람은 겪지 않았고 나만이 당했던 액운이었다.

〈갑오년(1894, 고종 31)〉

■ 일본군이 벌써 대전과 직산 등지에서 승리하고 또 평양으로 가서 청나라 군사와 접전하였고 수개월 후 의주에서 연승하여 청나라 군사가 마침내 패주하여 압록강을 건너 달아났다. 이 때 동비(동학)의 난리가 크게 일어나 전국이 떠들썩하였다. 지방의 수령이 이를 제재하지 못하였다. 오직 홍주목사 이승우와 나주목사 민종렬만이 관군을 출병하여 토벌하고 퇴각시켜, 동학의 무리들이 그 경내를 들어갈 수 없었다. 기타 여러 군(郡)의 각처에는 개미나 벌처럼 진을 치고 모여서 원근과 관계없이 마음대로 다니며 토색질을 하였다.

우리 집이 매번 그 토색질을 먼저 당하였는데, 날마다 떼를 지어 와서 말을 탈취하고 돈을 요구하는 등 그들의 요구를 도저히 견딜 수가 없었다. 동학이 점차 퍼지는 것이 기름이 종이를 차츰 적시는 것과 같았다. 우리 고장 백성들이 모두 동학의 교적에 들어가, 양반가의 분묘가 강제로 파헤쳐지는 일이 많았다. 전에 조금이라도 원한이 있는 자는 귀하고 천한 사람을 가리지 않고 모두 포박하여 형벌을 가하고 돈과 곡식을 협박하여 탈취하였다. 이는 강도의 행위보다도 심하였다.

또 밤중에 떼로 아산읍에 들어가 군수 양재건을 포박하여 장차 총살하려고 하였다. 양재건이 힘과 근력이 매우 뛰어나 포박을 풀고 담장을 넘어 재빨리 달아났다. 다행히도 총에 맞지 않아 죽지 않았다. 그 무리들은 군기와 화약만을 탈취하고 떠났다. 그 소란으로 인하여 바늘방석에 앉아있는 것과 같아 침식이 불안하였다.

〈갑오년(1894, 고종 31)〉

■ 우리 집안은 원래부터 남의 땅에 강제로 분묘를 쓰거나 산소를 강탈한 적이 없었고, 또 다른 사람의 재산을 빼앗은 적이 없었다. 그러나 친족의 집들 중에는 이러한 일이 있었다. 그 때문에 그 상놈들이 우리 집을 주권이 있는 집으로 칭탁하여 돈과 곡식을 마음대로 징수한 것이 마치 이전에 포리가 족징하는 것과 같이 그 수를 헤아릴 수 없었다. 이에 동민과 청지기가 모두 적국이 되고 노비는 모두 배반하려는 마음이 있었다. 그래서 노비문서를 찾아내 불태우고 모두 풀어주어 면천하였다. 물을 긷고 장작을 패는 등의 일을 내가 직

접 해서 밥을 지었다. 경군이 내려와서 토벌할 때에 종종 동비와 교전하였는데, 갑자기 어느 날 한 무리의 군사들이 와서 우리 집을 몇 겹으로 포위하고 총을 발사하여 진짜 군사인지 혹 가짜인지 구별할 수 없었다. 황급히 문으로 나와 보니 바로 경군이었다. 그 군사 중에는 일찍이 얼굴을 아는 자가 있었다.

　　그가 몸을 숙이고 문안하기를, "이 근처에 동학도 우두머리가 있다고 하여 붙잡으려고 왔는데 귀댁이 이곳에 계신지 몰랐습니다. 이 때문에 함부로 와서 놀라게 하였으니 매우 미안합니다"라고 말하고서 떠났다.

〈갑오년(1894, 고종 31)〉

■ 이웃에 사는 이영도라는 자가 있었는데, 평소 교활하고 악한 자로 우리 집의 행랑채에 의지하며 살아가던 자였다. 동학에 입교한 이후 접주라고 칭하였다. 동료들을 유인하여 우리 집을 음해한 것이 적지 않았다. 이제 경군이 내려오자 죽을까 두려워 내당의 처마 아래에 숨어서 놀란 개나 상처 입는 새처럼 벌벌 떨었다. 그의 죄상을 따지자면 병정에게 내어주어야 하지만 우리 집안이 평소 음덕을 쌓는 것을 선대부터 지켜온 모범으로 삼았기 때문에 곧 생명을 살리기를 좋아하는 덕을 발휘하여 직접 그놈을 붙잡아서 내방의 벽 속에 넣어두었다가 관군이 포위를 풀고 떠난 후 밤을 타서 풀어주어 그 목숨을 살려주었다. 그런데 세상이 바뀐 후에 그 놈이 배은망덕할 뿐만 아니라 돈과 곡식을 도둑질하여 착복하고 또 우리 집을 능

멸하는 일이 많았다. 세상사란 본디 이와 같다.

청나라 군대가 패주한 이후 일본에 건너갔던 국사범이 모두 귀국하여 군소배들이 농간하고 날뛰어 서로 친밀히 협력하고 머리를 흔들고 눈알을 돌리며 하지 못하는 짓이 없었다. 조정에 가득 차 있는 자는 모두 국적이고, 향리에 횡행하는 자는 모두 강도였다. 이즈음 대원군이 또 다시 나왔다가 정권을 잡은 지 몇 달 만에 곧 추출되었다. 박영효가 내부대신이 되어 정권을 잡았는데, 모반을 꾀한 자취가 드러나 다시 일본으로 도망갔다.

〈갑오년(1894, 고종 31)〉

■ 박준양, 이태용, 한선회 등이 비밀리 모의하던 일이 탄로가 나서 모두 형벌을 받아 죽었다. 이준용은 황제의 가까운 친족으로 죽음을 면하였다. 이때 단발령이 매우 혹독하게 시행되었다. 또 의복제도를 고쳐 소매가 긴 옷을 입지 말고 검은색 두루마기를 입도록 하였다. 그래서 많은 사람들이 놀란 눈으로 바라보았다.

〈을미년(1895, 고종32)〉

■ 유인석이 의병을 크게 일으켜 충청북도의 관찰사와 수령 몇 명을 죽이고 승승장구하며 충청남도에 진격하여 제일 먼저 단발을 강행했던 천안군수 김병숙을 베어 죽였다. 전의군수 이교승도 혹독하게 삭발을 강행한 자였는데, 도주하여 죽음을 면하였다. 대흥군수 구완희가 관군을 출동시켜 토벌하여 물리쳤다. 이로써 호서 지역의

상처가 가장 심하였다. 유인석이 충주성에 들어가서 거점을 잡았지만, 일본군에게 패배하여 달아나 강원도로 간 뒤 함경도를 통해 북간도로 들어갔다.

〈을미년(1895, 고종32)〉

■ 8월에 이르러 국적이 일본군의 손을 빌려 벌떼처럼 일어나 모여서 대궐에 들어가 곧장 시어소侍御所를 침범하였다. 궁내부대신 이경식과 연대장 홍계훈이 제일 먼저 피살되었고, 이어서 내전을 포위하고 명성황후를 독살로 시해하고 후원에서 그 시신을 불태웠다.

(저자 주-경난록 원본에도 궁내부대신 이경식(李畊植)이라고 되어 있으나 오류로 보인다, 궁내부 대신은 이경식이 아니고 이경직(李耕稙)이다.)

대전 역시 빙 둘러싸서 물샐틈없이 포위하였다. 교지를 사칭하여 왕비 민씨를 폐위하여 서인으로 삼고 종묘에 이를 고하고 국중에 반포하였다. 총리대신 김홍집, 내부대신 유길준, 외부대신 김윤식, 탁지부대신 어윤중, 학부대신 이완용, 군부대신 조희연, 법부대신 장박, 농부대신 정병하가 모두 연서하였다.

궁내부 시종 임최수와 전前 참령 이도철이 나라의 원수를 복수하고자 하여 의사義士를 모집하니 거의 백여 명이었다. 동별영 대장 남만리의 군사 8백여 명을 빌려 장차 대궐에 들어가 일본군을 축출하고 나라의 역적을 붙잡아 죽이려고 하였다. 함께 일을 계획한 이민굉이 궐문 파수장 이진호와 함께 모월 모일에 태화궁 후문을 열어 의병을 들어오게 밀약하였는데, 이진호가 겉으로 약속하고는 속으로 배반하였다. 미리 적군을 궐문 내에 배치하여 총으로 의병을 쏘아 사살하였다. 임최수와 이도철 두 분은 사로잡혀 적을 욕하면서 죽었다. 훗날 충민이라는 시호를 받았다.

<을미년(1895, 고종32)>

■ 담론하는 자가 다음과 같이 평한다.

호남의 민란은 쥐나 개처럼 물건을 훔치는 좀도둑이라고 할 수 있다. 본국의 군사를 가지고 이를 토벌하는 것도 여력이 있었는데, 홍계훈이 경솔하게 군사를 되돌렸으니 매우 이상하다.

적의 소굴이 아직도 토벌되지 않았고 또 적의 귀를 한 개라도 잘라 올리는 공로가 없었는데, 무슨 명목으로 토벌하여 평정하였다고 조정으로 되돌아올 수 있단 말인가. 이는 첫 번째 죄이다. 그다음으로 삼남의 수군과 육군이 또한 충분히 침입을 막고 토벌할 수 있었는데, 감영, 병영, 수영 세 군영의 수신이 모두 두건을 벗고 아무런 조치를 취하지 않고 그냥 누워 있었으니 또한 괴이하다. 국가에서 주요지역과 변경지역에 군영을 설치하고 군병을 조련한 본래 취지는 만일 뜻밖의 일이 발생하면 방비하여 토벌하는 것이지, 그들의 녹봉과 곡식, 의복의 밑천이나 관직의 승급과 품계가 오르는 기회를 위해 있는 것은 아니다. 군사를 끼고 깃발을 휘두르며 길가는 사람을 꾸짖고 의기양양 마을을 지나가며 위엄을 부리고 무력을 뽐내는 것은 한갓 자신의 부귀영화를 위한 자일 뿐이다. 결국 충청감사 박제순이 공주 중군 이기동과 협의하고 분격하여 동학군을 크게 격파하여 물리치고 그 우두머리 전봉준의 머리를 베고 개선하였다. 이를 가지고 보면, 이전의 여러 수신이 어찌 그 책임을 면할 수 있겠는가?

(저자 주-경난록에서 충청감사 박제순이 전봉준의 머리를 베고 개선했다는 것은 사실과는 다르다. 전봉준은 순창군에서 체포되어 서울에서 재판 후 교수형으로 처형되었다.)

또 어찌 스스로 부끄럽지 않은가? 조정의 일을 가지고 논하면 애당초 묘당에서 회의할 때 응당 먼저 감영과 병영에서 군사를 거느리고 가서 토벌하고 또 경영대장京營大將이 가서 적의 소굴을 토벌하게 하였다면 승리하지 못함을 걱정할 필요가 없었을 텐데, 어찌하여 이웃나라의 군병을 빌렸는가. 더구나 만국공법에 한 나라의 군병이 움직이면 각국이 모두 병력을 움직일 수 있다. 외무독판 조병직이 반드시 이를 알았을 것이다. 그럼에도 불구하고 모르는 듯이 두 마음을 품고 있는 김홍집의 말에 따라 아뢰어, 본국의 큰 난리로 청일전쟁이 발발하는 화근을 만들어 주었다. 이 또한 탄식스럽다.

[동학농민기념재단(www.1894.or.kr) 사료아카이브]

제6부

러―일 대립 시기
(1896~1905)

1. 고종의 길 120m

고종이 덕수궁을 나와 러시아공사관으로 피신한 길은 불과 120m였
다. 〈경란록〉의 기록이다.

"얼마 되지 않아서 이범진과 이완용이 몰래 러시아공사를 추종하였
다가 어느 날 밤에 대군주를 모시고 러시아 공사관으로 파천하였다. 이에
군주의 권한이 다시 회복되고 이범진과 이완용이 국정을 주도하였다."

국제정세가 크게 요동쳤다. 청일전쟁에서 승리한 일본은 청나라 요
동반도를 할양받았고 일본의 요동반도 진출에 러시아가 먼저 반발하고
나섰다. 러시아는 영국, 프랑스와 함께 일본을 요동반도에서 물러나게
만들었고 이것이 삼국간섭이다.

고종은 일본을 물러나게 하는 러시아의 위력을 느꼈고 민비와 민비 척족들도 친러에 기울게 되었다. 요동반도에서 물러난 일본은 조선에서의 영향력 회복을 위해 조선의 왕비를 시해하는 일을 벌였고 그 후에는 고종을 일본 뜻대로 할 수 있을 것으로 보았다.

민비가 경복궁 안에서 일본 낭인들에 시해된 후, 고종은 늘 불안했고 일본의 독살 위험을 느껴 서양 선교사가 가져다주는 통조림으로만 식사했다. 1895년 11월 친미파와 친러파들이 춘생문을 통해 고종을 미국공사관으로 피신시키려다 계획은 친위대 장교 중 한 명이 밀고하여 실패로 끝났는데 이것이 춘생문 사건이다.

춘생문은 지금은 없지만, 현재 청와대 춘추관 위치에 있던 경복궁 후원의 출입문이었다. 고종이 미국공사관으로 피신하는 데 성공했더라면 조선의 역사가 어떻게 되었을까? 미국은 일본의 조선 침략을 막아 줄 수 있었을까? 일본은 오히려 춘생문사건을 이유로 들어 역설적으로 민비 시해범들을 무죄로 석방했다.

춘생문 사건이 있고 3개월 후, 친러파 이범진, 이완용과 러시아공사 베베르가 치밀하게 준비하여 고종은 덕수궁을 빠져나와 러시아공사관으로 피신하는 데 성공했는데 이것이 아관파천이다. '아'는 러시아의 '아라사'를 뜻하고, '관'은 '공사관'을 뜻하며, '파천'은 '왕이 난리를 피해 성을 떠나는 일'을 뜻한다. 〈고종실록〉에는 '이어'라고 기록했고, 외국에서는 '망명'이라고 했으며, 친일 한성신보는 '파천'이라고 했다. 1896년 2월 11일부터 1897년 2월 20일까지 375일을 고종은 덕수궁을 떠나 러시아공사관에 머물렀다.

고종은 덕수궁 선원전 출입문을 나와서 러시아공사관으로 이어지는 120m의 길을 갔으며 이 길을 '고종의 길'이라고 이름을 붙였고, 아관파천 120주년인 2016년 고종의 길과 러시아공사관을 복원공사를 시작하여 2018년에 개방했다.

〈경란록〉에서 아관파천으로 고종의 권한이 다시 회복되었고 이범진과 이완용이 국정을 주도했고 고종은 러시아공사관에서 즉시 김홍집 친일내각을 면직시키면서 박정양 친러내각을 구성하고, 총리대신 김홍집, 외부대신 김윤식, 내부대신 유길준, 탁지부대신 어윤중을 체포하도록 명령했다. 이때 김홍집, 어윤중 등은 군중들에 의해 살해되었고, 유길준 등은 일본으로 망명했다. 아관파천으로 조선에 대하여 러시아의 영향력은 확대되었고, 일본의 영향력은 감소하였고 일본의 영향력이 다시 회복된 것은 러일전쟁에서 일본이 승리하고 러시아가 조선에서 물러나면서였다.

고종은 러시아황제 니콜라이 2세의 즉위식에 민영환을 특사로 파견하여 고종의 친서를 전달하게 했는데 친서에서는 고종을 호위할 러시아 군대의 파견, 군사교관 및 고문관의 파견, 차관 제공, 조선-러시아 전신선 가설을 요청하는 것이었다. 당시 일본은 러시아와 모스크바의정서를 체결하였고, 청나라는 러시아와 밀약을 체결하는 중으로 민영환은 러시아에 머문 지 2개월 만에 고종의 요청을 일부분이나마 러시아가 수용하겠다는 공식 답변을 받을 수 있었다.

러시아는 고종이 러시아공사관에 머무는 동안 조선에 대한 영향력을 강화해 나갔고 많은 경제적 이권을 따내게 되었고 러시아가 조선에서 이권침탈을 하다 보니 다른 국가들도 최혜국대우 조항을 들어 러시아와 동일한 이권침탈 기회로 활용하여 조선에서의 열강들의 이권침탈이 확대되어 갔다.

그 후 러일전쟁 발생으로 러시아 외교관이 철수하면서 대한제국과 러시아의 국교도 단절되었고 러시아 외교관은 철수하여 고종이 머물던 러시아공사관 건물은 빈 건물로 남았다. 을사조약이 체결되고 나서 러시아공사관이 영사관으로 되면서, 1906년 러시아 외교관이 돌아왔다가 1917년 러시아에 혁명이 일어나고 1921년 자진해서 러시아영사관은 폐쇄했으며 1922년 러시아가 소련이 되고 나서는 1925년에 소련영사관이 되었다. 한국전쟁 때 소련영사관 건물도 파괴되었고 1973년에 남은 건물을 보수하여 1981년에야 그 일대를 정비했다.

2. 도시개조, 서울광장

고종이 러시아공사관에서 지낸 375일 동안 어떤 생각을 하며 지냈을까 궁금했지만 자세한 기록을 찾지 못했고 고종의 명령으로 조선정부는 친일내각에서 친러내각으로 바뀌었다. 러시아공사관에 있으면서 고종은 서울을 도시개조를 하도록 지시했다.

이미 1883년 일본은 다녀온 김옥균, 박영효가 처음 치도사업이라고 하여 도시개조사업을 주장했고 이때 치도사업은 도시의 공중위생을 위주로 하는 도시개조사업이었다. 러시아공사관에 머물던 고종은 내부령 9호 〈한성내 도로의 폭을 규정하는 건, 1896.9〉을 내려 도시개조사업을 명하고 내무부대신 박정양과 한성판윤 이채연, 총세무사 브라운이 시행하도록 지시했다.

박정양은 1887년 주미전권대사로 워싱턴D.C에서 일했고 당시 미국 대통령을 접견할 때 엎드려 큰절을 했던 사람이 박정양이고 한국행정학 권위자인 박동서 교수가 박정양의 손자이기도 하다. 이채연은 주미공사를 2년간 지낸 바 있다.

도시개조사업은 워싱턴D.C를 모델로 하여 지금의 덕수궁 앞을 방사형 도로로 만들어 간선도로와 연결했다. 백성들이 집회를 열 수 있는 광장을 경운궁 앞에 마련했는데 이것이 지금의 서울광장이 되었다. 광화문, 광교, 남대문 쪽의 도로 폭을 50척으로 넓히고 도로변 무허가 가옥을 철거하고 도로변에서 상행위를 금지시켰고 하수시설을 정비하여 오수 처리를 하도록 하여 불결했던 길이 깨끗해졌다. 이렇게 하여 서울의 큰 길뿐 아니라 작은 길들도 정비를 하여 깨끗하고 넓어졌고 수도시설도 정비했다.

고종이 경운궁으로 환궁한 후에는 서울에 전차, 전등, 전화를 부설하기 위해 1898년 황실과 미국인이 공동출자하여 한성전기회사를 설립하였고 청량리에서 종로를 거쳐 서대문까지 궤도를 가설하고 동대문발전소를 시설했다. 실제 전차의 개통은 1899년 5월이었는데 이때 전차는 40인승의 일반용 개방차 8대와 황제어용 귀빈차 1대였다. 많은 시민들은 전차를 신기해했고 달라진 서울의 모습과 함께 놀라워하면서 전차 운행 10일 만에 전차 바퀴에 어린아이가 깔려 죽는 사고가 있었고 시민들은 전차에 불을 지르고 파괴하기도 했다. 그런 가운데 전차 이용객의 증가로 용산까지 연장했다. 이때 사용된 일반용 개방차는 남아있던 사진을 이용하여 복원하였고 지금의 노원구 경춘선 철도공원에 전시하고 있다.

서울 도시개조사사업의 또 한 가지 주목할 것은 공원 조성이었다. 그때만 하더라도 궁궐 내에 정원을 만드는 것을 당연시했지만 시민을 위해 공원을 만든다는 것은 생각지 못한 일이었다. 1896년 원각사지 10층 석탑 주변의 많은 민가들을 철거하여 시민을 위한 공원을 조성했는데 지금의 탑골공원이다.

도로정비, 공원조성, 전차부설, 배수시설만으로도 서울은 몰라볼 정도로 변했고 외국의 도시와 견주어도 손색이 없을 정도로 짧은 시간에 바뀌었다. 서울의 변화는 러일전쟁 전까지 계속되었다.

영국인 지리학자인 이사벨라 버드 비숍여사의 〈한국과 그 이웃나라들, 1897〉에서 "서울은 많은 면에서, 특히 남대문과 서대문 근방의 변화 때문에 예전과는 다르게 알아보기가 어려웠다. 도로들은 최소한 17m의 폭으로 넓혀졌고 그 양쪽에는 돌로 만들어진 깊은 경계가 있으며 그 중앙은 돌의 후판으로 메워졌다. 그 도로들이 있던 자리는 원래 콜레라가 발생했던 불결한 샛길들이 있던 곳이다. 좁은 오솔길은 넓혀졌고, 진흙 투성이의 시내는 포장도로에 의해서 사라지고 없었다."라고 했다.

[한국콘텐츠진흥원, 문화원형 디지털콘텐츠]

경복궁과 광화문은 조선의 상징이었고 조선은 중국을 종주국으로 하는 나라였으며 왕도, 신하도, 백성도 사대사상만 붙잡고 있으면 안전할 거라고 믿었다. 청일전쟁에서 청나라가 일본에 패하였고 삼국간섭으로 일본은 러시아에 밀렸다. 조선은 러시아에 의존하게 되었고 인아거일정책을 적극적으로 추진한 민비는 일본에 의해 시해되었다. 러일전쟁에서 또 일본이 승리했고 미국과 영국은 일본의 손을 들어주면서 조선의 역사는 우왕좌왕 흘러갔다.

고종은 러시아공사관에서 대한제국을 구상했고 지금의 덕수궁인 경운궁으로 환궁한 후 대한제국을 선포했다. 경운궁 앞을 중심으로 광장을 조성했고 방사형 도로로 설계했으며 자주독립국으로서 대한제국의 중심은 지금의 덕수궁과 대한문 앞이었다. 비록 대한제국은 13년 유지하다가 막을 내린 국가지만 서울의 하드웨어가 바뀌면서 시민들의 의식도 빠르게 변했다. 조선 왕조 500년이 근대국가로 전환되기까지 백성들은 많은 진통을 고스란히 겪었다.

3. 전라도 보성 독립문

서재필은 외갓집이 있던 전라도 보성에서 고종 때(1864) 출생했고 본가가 있는 충청도 논산에서 성장했으며 일곱 살 정도에 서울로 올라와 성장한 서재필은 김옥균, 박영효 등의 개화파 사람들과 가깝게 지내면서 이십 세 갑신정변에 참여했다. 정변의 실패로 역적으로 몰리면서 남은 가족들은 자살하거나 참형되었고, 당시 서재필의 두 살 아들은 굶어 죽었다. 서재필은 일본으로 망명했다가, 4개월 뒤 21세에 미국으로 망명했으며 고종이 아관파천하기 2달 전에 미국인 신분이 되어 조선으로 돌아왔다.

서재필은 미국 교회에 나가 영어도 배우고 기독교 신앙도 가지게 되었으며 '필립 제이슨'이라는 이름으로 미국에 귀화하였고 미국 시민권을 취득했다. 어렵게 공부하여 미국에서 의과대학을 졸업하고 한국인 최초의 미국 의사가 되었으며 미국 여성과 결혼도 하고 워싱턴에서 병원을 개업했지만 인종차별로 고전했다.

갑오개혁 때 가서야 역적죄를 사면받았고 박영효가 귀국을 종용하여 서재필은 1895년 12월 31세에 미국의 병원을 정리하고 미국인 신분으로 귀국했던 것이다. 대한제국 정부는 서재필을 중추원 고문으로 임명하였으며 서재필이 먼저 한 일이 1896년 4월 〈독립신문〉을 창간한 일이었다.

서재필은 대한제국 정부의 개화정책을 알리고, 국민여론을 파악하기 위해서 신문발간이 필요하다고 보아 서재필과 개화파 사람들은 대한제국 정부의 재정지원을 받아 친정부적인 민간신문 발간을 추진했다. 일본에서 인쇄기와 활자를 구입하고 정동에 있는 대한제국 정부가 소유한 건물을 빌려서 독립신문사를 설립했다. 독립신문사에는 책임자 서재필, 부책임자 주시경, 탐방원이라고 하는 기자를 두었고 전국 주요 도시에는 신문사 지국도 두었으며 로이터 해외통신도 전신으로 받았다. 1896년 4월 한글 3면, 영문 1면으로 된 〈독립신문〉은 타블로이드 크기의 주 3회, 300부 발간으로 시작되었다. 신문 구독은 1부를 여러 사람이 돌려가며 읽는 형태로 구독을 하였고 단체나 시장에서는 낭독을 하는 방식으로 신문을 구독했다.

독립신문은 초기에는 친정부, 친러, 반일의 입장에서 기사를 작성했으나 러시아가 대한제국 이권침탈이 계속되는 가운데 미국의 러시아 정책이 변화하면서 서재필도 반러적인 입장으로 바뀌어 갔다. 서재필은 미국 정책을 지지하였고, 그러면서 친러의 대한제국 정부와는 사이가 벌어졌다. 대한제국 정부는 불편한 서재필을 중추원 고문에서 해임하려고 했고, 이에 서재필은 독립신문사를 윤치호에게 인계하였다.

5월 27일 서재필은 독립신문 독자와 동포들에게 인사말을 남기고 독립협회 사람들의 환송을 받으며 부인과 서울서 낳은 큰딸 스테파니와 함께 인천 제물포항을 떠났다. 결국 대한제국에 돌아온 지 2년 5개월 만이었고 서재필은 미국에서 인쇄문구 사업도 하고, 의사생활도 하면서, 신문잡지에 글을 기고하여 일본 침략을 규탄하고 한국 독립을 호소했다.

독립협회는 1898년 12월 해산당했고 독립신문사는 친러 수구파 정부에 의해 매수가 추진되었으며 1899년 대한제국 정부는 독립신문사가 사용하던 정동 사옥을 반환하도록 재촉했고, 그해 12월 대한제국 정부가 매수하여 그 후 독립신문을 영구 폐간시켰다.

1939년 12월 7일 서재필이 기고한 글에서 "한국 민족은 훌륭한 민족이다. 그들은 영리하고 건강하며 생산적이다. 수세기 동안 시련과 고난에 시달려 왔지만 여전히 고유한 민족문화를 갖고 있으며, 세계 속에서 더 높고 고귀한 지위를 획득하기를 열망하고 있다. 한국 민족에게 필요한 것은 그러한 삶의 조건을 향상시키기 위한 열망을 결집하는 것이며, 정치적·경제적·개인적 자유를 위한 열정을 키우는 것이다. 이러한 변화

가 이루어진다면 더 많은 나라들이 한국 민족의 장점을 인식할 수 있게
될 것이다."라고 하여 한국 민족의 우수성 및 자유의 필요성을 알렸다.

[오마이뉴스 2004.3.8. 유길수, <서재필 외가의 태교철학 담긴 보성>]

〈경란록〉의 기록이다.

"연조문을 허물고 그 곳에 독립문을 세우고, 삼전도비를 묻었다."

1896년 9월 지금의 서울 현저동에 있는 〈독립문〉은 원래 있던 중국
사신을 영접하던 〈영은문〉을 철거한 자리로 〈독립문〉 건립을 위한 〈독
립문건립 추진위원회〉가 먼저 결성되었다. 조선 정부의 관료도 위원회
에 참여하면서 〈독립협회〉로 조직과 명칭이 변경되었고 우선 〈독립협
회〉는 독립문 건립을 위한 국민성금을 모집하기로 했고 서재필이 독립
문 건립을 맡기로 했다.

서재필은 프랑스 파리의 개선문을 모델로 하여 독일영사관 소속의
기사가 설계를 맡도록 하였고 독립문 건립공사는 한국인 기사와 석재 기
술자에게 맡기고 중국인 노동자들을 고용하여 공사를 했다. 11월 독립
문 정초식을 했고 1년 후인 1897년 11월에 준공했는데 높이는 14.28m,
넓이 11.48m의 최초 서양식 건물로 독립문은 청나라로부터 조선의 자
주독립을 상징하였다. 1979년 성산대로 공사를 하면서 독립문을 옆으로
이전하기도 했고 아울러 중국 사신을 맞이하던 모화관을 개조하여 독립
관으로 만들어 독립협회 사무실로 사용했다.

서재필은 1951년 미국에서 87세로 사망하였고 대한민국 정부는

1977년 건국훈장을 추서했고 서울현충원에 유해를 안장했다. 그가 출생한 전라남도 보성군 문덕면 가내마을 입구에는 서울에 있는 독립문과 같은 크기로 독립문이 세워졌고 서재필기념공원과 서재필기념관이 있고 생가도 복원했다.

4. 독립협회와 절영도 조차

독립협회는 1896년 7월 서재필이 창립했는데 처음에는 사교클럽으로 출발하였으나 근대적인 민중계몽단체로 발전했고 입헌군주제를 지향하는 정치단체로 활동했다. 독립협회는 우리나라 최초의 사회단체였으나, 설립된 지 2년 5개월 만인 1898년 12월 불법단체라고 하여 해체되었다. 독립협회에서 활동했던 사람은 고문 서재필, 회장 안경수, 위원장 이완용, 위원에는 이상재, 김가진, 간사원에 남궁억 등 18명이 있었다. 독립협회 집회장은 청나라 사신을 영접했던 모화관 건물을 개수한 독립관이었다.

독립협회는 자주독립를 위해 국권수호와 국토수호를 기치로 하여 활동을 시작했는데 자주독립은 자주경제가 뒷받침되어야 하므로 열강들의 이권침탈에 반대했다. 대표적인 것이 러시아의 부산 절영도조차 요구에 대한 반대운동으로서 절영도는 지금의 영도이다.

1897년 8월 러시아는 대한제국 정부에 석탄고 기지로 사용하겠다고 부산 절영도(지금의 영도)조차를 요구하면서 군함을 부산항에 입항시키고 절영도에 러시아 해군병사들을 상륙시키는 무력시위를 벌였다. 대한제국 정부의 친러파 외부대신 서리 민종묵은 절영도조차를 러시아에 승인하였고 대신들은 총사직 상소를 올려 반대에 나섰고 독립협회도 이에 대해 반대하는 성토를 했다. 만민공동회가 반러 투쟁에 나서면서 러시아는 절영도조차 요구를 철회하게 되었다.

러시아는 다시 목포와 진남포의 조차를 요구해 왔고, 독립협회는 "한 조각의 국토라도 타국에게 넘겨줄 수 없다"고 강력히 반대하여 관철시켰다. 조계지에 있는 각국 상인들이 부근 땅을 매입하면서 농민들은 터전을 잃고 떠나가는 현실을 보고서 〈독립협회〉는 국토수호에 앞장섰다.

러시아공사는 서울에 한러은행 서울지점을 열었고, 한러은행이 대한제국 탁지부 정부재정을 맡아서 수입, 지출 관리를 하려고 추진했는데 당시 대한제국 탁지부의 재정고문이 러시아인이었다. 한러은행이 대한제국의 정부재정 관리를 맡아서 처리할 경우 대한제국의 자주독립에 심각한 침해를 받을 수 있는 문제였기 때문에 독립협회는 국권수호 차원에서 강력히 반대하면서 투쟁에 나섰다. 그런 가운데 러시아의 극동정책에 대한 변화가 오면서 러시아인 재정고문과 군사교관은 철수하였고 한러은행은 문을 닫았다.

대한제국의 개항에 따른 외국의 이권침탈이 전 분야에 걸쳐 광범위하게 이루어지고 있었다. 국토를 조차해 준 것, 연안어장을 양여한 것, 광산채굴권을 양여한 것, 산림벌채권을 양여한 것, 외국상인들의 상권을 침탈한 것 등에 대한 것들이었다. 독립협회는 러시아의 이권침탈을 반대한 것 외에도 다른 나라들의 수많은 이권침탈을 막으려고 활동했다.

조선과 대한제국은 각국과 조약을 불평등하게 체결하면서 무지로 인하여 치외법권을 인정했고 독립협회는 치외법권의 폐지를 주장했다. 외국상인들이 받고 있던 면세특권에 대해서도 폐지를 요구하면서 관세 자주권을 요구했다. 일본과 러시아는 의도적으로 대한제국에 차관을 제공하였고 독립협회는 반대에 나섰다. 외국상인들이 대한제국의 민중을 상대로 고리대금업을 했는데 이에 대하여 정부가 규제에 나섰고 독립협회는 외국상인들이 외국인 거류지 내에서만 상행위를 할 수 있도록 촉구하기도 했다.

러시아는 산림벌채권 침탈이 심했는데 두만강 지역, 압록강 지역, 울릉도 지역의 산림벌채권을 양여받았고 독립협회는 이를 적극적으로 반대했다. 금광에 대한 광산채굴권은 여러 나라들이 침탈했으며 러시아뿐 아니라 미국, 영국, 독일, 프랑스가 국내 금광 채굴권을 침탈했고, 독립협회는 이에 대한 양여를 반대하고 나섰다.

일본은 국토를 조차하거나 연안어장을 침탈했고 화폐금융을 침탈하여 독립협회는 인천의 월미도 석탄고 기지조차, 부산 절영도 석탄고 기지조차를 반대하여 회수했다. 일본은 무엇보다 대한제국 연안어장 침탈이 심했고 독립협회는 일본의 경상도, 전라도, 충청도 연안어획권 양여와 포경권 침탈을 반대했다. 아울러 독립협회는 일본의 제일은행권 화폐가 대한제국에 통용되는 것을 반대했다.

5. 백목전 만민공동회

1898년 3월 독립협회는 민중계몽운동에 주력하여 독립협회 주최로 열강의 이권 침탈을 규탄하는 최초의 만민공동회를 열었다. 만민공동회가 열렸던 장소는 백목전이 있던 곳으로 지금의 영풍문고부터 보신각까지 거리이다. 서울 종로에는 비단전, 백목전, 면주전, 저포전, 지전, 어물전의 육의전이 있었고, 백목전은 그중 하나였고 육의전은 시전상인 중에서도 금난전권의 특혜를 누렸으나 개항 이후 외국상품에 밀려 하락의 길로 가고 있었다.

그날 오후 종로 백목전 앞에 1만여 명의 시민이 모였고 쌀장수 현덕호를 만민공동회 회장으로 추대했다. 만민공동회가 백목전 시장에서 열렸다는 것과 쌀장수가 만민공동회 회장이 되었다는 것은 획기적 사건이었다. 관료도 참여했던 독립협회에서 주관하는 만민공동회였고, 사농공상 시대에 놀라운 일이었고 현덕호는 시민을 앞에 두고 대한의 자주권을 지킬 것을 연설했다.

쌀장수 현덕호가 만민공동회 회장이 되어 연설을하였는데 "이날 만민공동회 회장에 뽑힌 이는 싸전(미전) 상인 현덕호였다. 그는 백목전 다락에 올라 "우리 대한이 자주독립하는 것은 세계 만국이 다 한가지로 아는 바이오"로 시작하는 개막 연설을 했다. 사전에 이 집회를 준비한 독립협회 인사들은 사농공상의 맨 끝에 자리한 그를 정면에 내세움으로써 자신들의 정치이념을 명시적으로 드러냈다."라고 했다.

[중앙일보, 2010.3.11. 전우용, 사농공상의 맨 밑 '상인'이 만민공동회

회장 되다

　이러한 집회는 우선 러시아공사를 놀라게 했고, 러시아의 이권침탈을 막는 데 공헌했다. 그해 여름부터 수많은 만민공동회가 개최되었고, 각국 공사와 외교관들은 군중들의 정치적 집회를 보고 충격을 받을 정도였다.

　가을에는 정부 측에서 박정양, 이상재를 비롯한 관료들과 서재필, 윤치호 등 독립협회가 함께 관민공동회를 개최했다. 놀라운 것은 개막 연설자가 백정 출신의 박성춘으로서 "그해 가을에 다시 열린 만민공동회의 개막 연설자로는 더 극적인 인물이 선정됐다. "나는 대한의 가장 천한 사람이고 무지몽매한 자입니다"로 연설을 시작한 박성춘은 다른 천민들에게조차 천대받던 백정이었다. 조선시대의 백정에는 짐승을 도살하는 '도축백정' 말고도 버드나무 가지로 쇠코뚜레나 고리짝 등을 만드는 '고리백정(또는 기류백정)'이 있었지만, 백정 차별의 논거는 도축백정의 일과 관련돼 있었다. 백정은 생명을 죽임으로써 하늘의 호생지덕을 해치는 자였다."라고 했다.

[중앙일보 2010.3.11.전우용, <사농공상의 맨 밑 '상인'이 만민공동회 회장 되다>]

　백목전 앞 거리는 1904년 보안회가 일본의 황무지개척권 요구를 반대하는 집회가 매일 열렸고 1919년 3.1만세운동의 중심지이었다. 최근 촛불시위의 장소이기도 하여 만민공동회는 없어졌지만 집회의 전통은 이어져왔다.

유홍준 〈촛불시위와 만민공동회〉의 기사이다.

"나는 1898년 10월 29일 서울 종로 보신각 광장에서 열린 만민공동회 때 백정 박성춘이 했다는 연설문이 떠올랐다. "나는 대한의 가장 천한 사람이고 무지몰각합니다. 그러나 충군 애국의 뜻은 대강 알고 있습니다. 이에 이국(나라를 이롭게 하는 것)과 편민(백성을 편하게 하는 것)의 길인즉, 관민이 합심한 연후에야 가하다고 생각합니다. 저 차일(천막)에 비유하건대, 한 개의 장대로 받친즉 역부족이나, 많은 장대를 합한즉 그 힘이 공고합니다. 원컨대 관민이 합심하여 국운이 만만세 이어지게 합시다.""

[한겨레신문 2017.3.10.]

친러정권에 대한 반정부적인 독립협회는 10월 28일부터 6일간 관민공동회를 종로에서 열었고 이때 헌의 6조의 개혁안을 결의하고 고종황제에게 건의했다. 고종황제는 관민공동회 결의에 따른 헌의 6조를 재가하였고 이를 보완하여 조칙 5조도 공포했는데 다음은 관민공동회의 〈헌의 6조〉이다.

1. 외국인에게 의지하지 말고 관민이 한마음으로 힘을 합하여 전제 황권을 견고하게 할 것.
2. 외국과의 이권에 관한 조약은 각 대신과 중추원 의장이 합동 날인하여 시행할 것.
3. 국가 재정을 탁지부에서 전관하고 예산과 결산을 국민에게 공포할 것.
4. 중대 범죄를 공판하되 피고의 인권을 존중할 것.

5. 칙임관을 임명할 때는 정부의 자문을 받아 다수의 의견에 따를 것.

6. 정해진 규칙을 실천할 것.

[네이버 지식백과]

그러나 보수파들은 이를 공화정을 수립하려는 쿠데타적 음모라고 모략했고 독립협회와 만민공동회를 강하게 비판했다. 일본공사가 대한 제국 침략에 가장 큰 저항세력이 될 것으로 보고 독립협회와 만민공동회 의를 없애기로 하고 군대를 동원하도록 주장했다. 최익현도 상소를 올려 독립협회와 만민공동회가 변란을 조장할 수 있다고 하면서 혁파를 주장 했다.

고종은 12월 독립협회와 만민공동회를 불법화하여 해체령을 포고하 였고 독립협회지도자 17명와 만민공동회 간부 400여 명을 체포했다. 만 민공동회는 이들을 석방하도록 42일간 철야시위를 벌였으며 지방 보부 상들은 이들에 대해 테러를 가하기도 했다. 대한제국 정부는 황국협회를 이용하여 만민공동회를 탄압하였고, 병력을 동원하여 민중들의 정치 활 동을 봉쇄했다 이렇게 하여 보수파와 일본의 결탁으로 만민공동회는 강 제해산 되었다.

6. 천자나라 대한

1897년 10월 13일은 고종이 대한제국을 건국한 날이며 고종 시기 연호는 자주국가를 의미하는 '광무'였고, 순종 시기 연호는 '융희'였다. 원구단에서 고유제를 지내도록 하여 하늘에 제사를 지내는 천자의 나라가 되었다. 국호를 대한으로 정한 〈고종실록〉의 기록이다.

"우리나라는 곧 삼한의 땅인데, 국초에 천명을 받고 하나의 나라로 통합되었다. 지금 국호를 대한이라고 정한다고 해서 안 될 것이 없다. 또한 매번 각국의 문자를 보면 조선이라고 하지 않고 한이라고 하였다. 이는 아마 미리 징표를 보이고 오늘이 있기를 기다린 것이니, 세상에 공표하지 않아도 세상이 모두 다 대한이라는 칭호를 알고 있을 것이다. … 국호가 이미 정해졌으니, 원구단에 행할 고유제의 제문과 반조문에 모두 대한으로 쓰도록 하라."

국호는 '조선'에서 '대한제국', '한국', '코리아'로 바뀌었는데 '대한'은 '삼한'의 통일을 의미했다. 1919년 '대한민국 임시정부'도 "대한으로 망했으니 대한으로 다시 흥해보자"는 취지로 대한의 이름을 넣었고 '대한민국 임시정부'는 1948년 '대한민국'으로 이어졌다.

1899년 8월 제정한 〈대한국 국제〉는 대한제국의 헌법으로 대한제국이 전제군주 체제로서 황제가 입법, 행정, 사법을 통괄했다.

제1조 대한국은 세계 만국에 공인된 자주독립한 제국이다.

제2조 대한제국의 정치는 500년간 전래되었고, 앞으로 만세토록 불변할 전제정치이다.

제3조 대한국 대황제는 무한한 군권을 향유하니 공법에 이른 바 정

체를 스스로 정함이라.

제4조 대한국 신민이 대황제가 지닌 군권을 침손하는 행위가 있으면 이미 행하였건 아직 행하지 않았건 신민의 도리를 잃은 자로 인정한다.

제5조 대한국 대황제는 국내의 육·해군을 통솔하고 편제를 정하며 계엄과 해엄을 명한다.

제6조 대한국 대황제는 법률을 제정하여 그 반포와 집행을 명하며, 만국의 공통된 법률을 본받아 국내 법률도 개정하고 대사, 특사, 감형, 복권을 명하니 공법에 이른바 율례를 스스로 정함이라. (중략)

제9조 대한국 대황제는 각 조약국에 사신을 파송, 주재하게 하고 선전, 강화 및 제반 약조를 체결하니 공법에 이른바 스스로 사신을 파견함이라.

[한국학중앙연구원, 한국민족문화대백과]

대한제국의 체제는 전제군주체제 국가였고 왕, 왕후에서 황제, 황후로 바뀌었으며 행사는 경복궁에서, 생활은 덕수궁으로 분리했다. 국기는 태극기, 국가는 애국가, 국장은 이화장으로 정했다. '조선인'에서 '한국인'으로 바뀌었고 '조선 백성'에서 '한국 국민'으로 바뀌었다. 고종은 경운궁을 황궁으로 사용하였고, 양관으로서 중명전, 돈덕전, 석조전을 건립했으나 1904년 경운궁의 대화재가 발생하였다. 중명전은 을사조약 체결장소가 되었고, 돈덕전은 순종황제 즉위장소가 되었으며 석조전은 1910년에야 완공되었다.

'대한제국'은 오래 가지 못했는데 1905년 외교권을 박탈당하고, 1910

년 8월 29일까지 13년간 존재했으며 초대 황제는 고종황제, 2대 황제는 순종황제였다.

대한제국과 중국이 역사상 처음으로 대등한 관계에서 근대적인 조약 〈대한국.대청국 통상조약, 1899.9〉을 체결했다. 대한국의 전권 박제순과 대청국의 전권 서수붕 사이에 서울에서 대한제국과 청나라의 우호, 왕래, 통상에 관한 조약이었다. 청나라는 중국 상인들의 보호 차원에서 조약체결이 필요했고 청일전쟁 이후 끊어졌던 외교관계를 다시 수립하고 청나라 공사관도 개설했다. 청나라 공사관은 조청상민수륙무역장정 당시 사용했던 지금의 명동에 있던 공관에 입주했다.

대한제국은 청나라 외에 각 국가들과 통상조약을 맺었는데 벨기에 왕국과 〈조백수호통상조약, 1901〉을 맺었고, 덴마크왕국과 〈조정수호통상조약, 1902〉을 맺었다. 을사조약으로 대한제국이 외교권을 상실하면서 일본을 제외하고 모든 국가가 대한제국과 단교했다.

7. 스타벅스 환구단점

〈경란록〉의 기록이다.

"러시아 공관 옆에 새 궁궐을 세우고 –이전 경운궁 옛 터– 국호를 '대한'으로 고치고, 황제의 지위에 나아가고 광무라는 연호로 바꾸고, 또 관제를 개혁하고 원구단을 쌓아 상제에 제사를 올리고 왕비 민씨의 지위를 회복시켜 황후로 추숭하고, 휘호를 '명성'이라고 올리고 홍릉에 장사를 지냈다."

천자가 하늘에 제를 드리는 제천단 '환구단圜丘壇'은 지금의 서울 소
공동에 있었다. 1897년에 "하늘은 둥글고 땅은 네모지다天圓地方"라는 의
미에서 제천단인 환구단을 원형으로 지었다. 제천단인 환구단은 일제 때
철거되었고, 환구단 단지 안에 있는 〈황궁우〉, 〈석고단〉, 〈삼문〉이 남아
있다. 〈경란록〉에서는 원구단이라고 했으나 지금은 〈환구단〉으로 부르
고 있다. 황궁우는 위패를 모신 8각 3층 건물로 1899년에 축조했고 석고
단은 용 무늬가 새겨진 돌로 만든 둥근 북으로, 고종 즉위 40년을 기념하
여 1902년에 세웠다. 삼문은 환구단의 대문이다.

조선은 중국 명나라와는 조공을 바치고 사대외교를 하는 관계로서
하늘에 제사를 지내는 제천의례는 천자가 있는 중국만이 할 수 있는 의
식이었기 때문에 제천의례를 할 수 없었다.

러시아공사관에서 돌아온 고종은 중국의 사신을 맞이하던 남별궁을
없애고 그 터에 〈환구단〉을 짓도록 했고 환구단에서 고종은 대한제국
황제로 즉위하고 하늘에 제사를 올렸다.

일제강점기 때 황제를 왕으로 낮추고 환구단은 역할을 할 수 없게 되
어 일제는 1913년 환구단을 철거한 자리에 조선철도호텔을 건축했다.
지금은 웨스틴조선호텔이 되었다.

제천단인 환구단은 없어졌는데 스타벅스 환구단점이 개점하면서 환
구단이 있었던 곳을 기억하게 하였고, 문화재청은 〈스타벅스 환구단점〉
의 개점기념식을 열기도 했다.

"문화재청은 ㈜스타벅스커피코리아, 문화유산국민신탁과 함께 17일 오후 2시 국가지정문화재 사적(제157호)인 환구단을 주제로 매장을 새롭게 단장한 〈스타벅스 환구단점〉의 개점 기념식과 문화유산보호 후원 행사를 개최한다. 환구단은 고종이 조선을 대한제국으로 국호를 바꾸고 황제 즉위를 앞둔 때에 하늘에 제를 드리고, 황제즉위식을 거행한 역사적인 문화유산이다."

[문화재청 보도자료 2020.6.17.]

8. 칙령 제41호

대한제국이 〈칙령 제41호, 1900.1.25.〉를 제정하여 울릉도를 울도라고 하고, 울도군수가 울릉전도와 죽도, 석도(독도)를 관할한다고 하는 내용으로서 관보 716호에 게재했다. 초대 울도군수로 배계주를 임명하여 독도가 대한제국의 국토임을 분명히 했다.

청일전쟁에서 승리하자 일본인들은 울릉도에서 벌목을 하거나 울릉도 부근 수역에서 어업을 하는 일이 잦았다. 대한제국 정부는 울도군수에게 울릉전도, 죽도, 석도를 개척하도록 했다.

석도가 독도로 처음 불린 것은 1906년으로 울릉군수 심흥택이 정부에 올린 보고서 기록에 있다.

칙령(勅令) 제41호, 〈울릉도를 울도로 개칭하고 도감을 군수로 개정한

건) 이다.

제1조 울릉도를 울도라 개칭하여 강원도에 부속하고, 도감을 군수로 개정하여 관제 중에 편입하고, 군등郡等은 5등으로 할 일

제2조 군청 위치는 태하동台霞洞으로 정하고, 구역은 울릉전도欝陵全島와 죽도竹島·석도石島를 관할할 일

제3조 개국 504년 8월 16일 관보 중 관청 사항란 내 울릉도 이하 19자字를 산거刪去하고, 개국 505년 칙령 제36호 제5조 강원도 26군郡의 6자字는 7자로 개정하고, 안협군 하에 울도군 3자를 첨입할 일

제4조 경비는 5등군等郡으로 마련하되, 지금은 즉 이액吏額이 미비하고 서사庶事 초창草創하기로 해도該島 수세收稅 중으로 우선 마련할 일

제5조 미진한 제조諸條는 본도 개척을 따라 차례로 마련할 일

(하략)

[외교부, 자료실, 대한제국의 독도 관할]

독도수호대가 10월 25일을 '독도의 날'로 2000년 8월에 제정했다. 독도의 주소는 경상북도 울릉군 울릉읍 독도리 1번지에서 96번지까지이다. 동도와 서도로 구성되어 있으며 동도–서도의 거리는 151m이다. 그 주변에는 89개의 바위섬이 있다. 면적이 동도는 73,297㎡이고, 서도는 88,740㎡이다

일본은 1905년 2월22일에 시마네현 고시 제40호로 독도를 시마네현에 편입시킨 사실을 알린 고시이다. 공식적으로 고시된 사실은 없다고 하며 내부 회람용이라는 도장이 찍혀 있을 뿐 관보에 게시된 바도 없다.

시마네현 고시 제40호 내용이다.

"북위 37도 9분 30초, 동경 131도 55분, 오키시마[隱岐島]에서 서북으로 85해리 거리에 있는 섬을 다케시마[竹島]라고 칭하고 지금 이후부터는 본현 소속의 오키도사의 소관으로 정한다.

시마네현 지사 마츠나가 다케요시"

[한국향토문화전자대전]

연합국 최고사령부는 〈각서 제677호, 1946.1.29.〉에서 독도를 본래 한국 영토로 확인하고 일본 영토에서 제외하였다. 연합국 최고사령부는 〈각서 제1033호, 1946.6.22.〉에서 일본인의 독도 접근을 금지하였다. 1950년에 '연합국의 구일본 영토 처리에 관한 합의서' 제3항에서 독도를 '리앙쿠르 바위섬'이라는 서양 호칭으로 명기하여 한국에 반환해 한국 영토로 처리됨을 밝혔다. 연합국 최고사령부는 〈각서 제677-1호, 1955.12.5.〉에서 일본 영토를 최종 확정한 지령으로 독도는 없었다. 이상의 국제법적 효력은 아직도 유효하다.

9. 손탁호텔, 정동구락부

1902년에 서울 정동에 '손탁호텔'을 신축하여 외교관들의 각축장이 되었다. 손탁은 1854년 출생으로 프랑스 출신이면서 독일 점령지가 되면서 독일 국적을 가지게 되었고, 1885년 10월에 러시아공사 웨베르를 따라 조선에 와서 1909년까지 25년 간 서울에 머물며 러시아공사관의 보호 아래 활동을 했다. 웨베르 러시아공사의 추천으로 궁내부에서 외국인을 상대하는 업무를 담당하면서 고종과 민비와 친밀하였던 손탁은 영어, 프랑스어, 독일어, 러시아어에 능통하였고, 한국어도 습득이 빨랐다. 당시 청나라의 원세개가 '대한속방정책'으로 내정간섭이 심했는데 손탁은 궁내부와 러시아공사관의 연결을 담당하였고, '인아책'으로서 '친러거청정책'을 제시하고 조선의 독립을 위한 노력을 했다.

1895년에 을미사변으로 민비가 시해되자, 친미파로 구성된 정동구락부 사람들은 정동에 있는 손탁 사저에 모여 고종의 파천을 논의했다. 손탁 사저가 친러반일의 중심지가 되었고, 손탁이 경복궁에 고립된 고종의 구출을 위한 막후 역할을 했다.

알렌이 지원한 주미공사관으로의 1차 고종구출작전은 배신자가 밀고하여 실패한 춘생문사건이 있었고 웨베르가 지원한 러시아공사관으로의 2차 고종구출작전은 성공했다. 1895년에 조선정부는 손탁에게 공로를 인정하여 서울 정동 대지의 한옥 한 채를 하사하였고 손탁의 노고를 인정한 고종은 1898년 한옥을 헐고 양관을 새로 지어서 하사했다. 이때 손탁은 서구풍의 실내장식을 하여 '손탁빈관'으로 객실 5개의 호텔영업을 시작했으나 외국인의 이용객이 갈수록 늘었다.

1902년에 대한제국 정부는 내탕금을 사용하여 양관을 헐고 2층 건물을 신축하여 서구식 '손탁호텔'로 모습을 갖추었는데 사실상 대한제국 직영 호텔이 되었고 호텔 경영은 손탁이 맡았다. 1층에 객실, 커피숍, 식당, 주방을 설치하고 2층에 국빈용 객실을 갖추었고 친미파인 정동구락부의 모임장소가 되었고 각국 외교관들의 각축장이 되기도 하였다. 손탁호텔의 이용자 중에는 반일활동가 헐버트, 대한매일신보 베델, 조약체결을 위해 왔던 이토 히로부미, 러일전쟁 취재차 왔던 윈스턴 처칠, 대한제국 탁지부 고문 메가티 등이 있다. 그러나 정동구락부의 이완용이 친일파로 돌아서고 관료들도 친일파로 변해가면서 손탁호텔도 친일파들의 모임장소로 변해갔다.

1909년에 손탁은 귀국하였고, 1917년에 호텔을 이화학당이 매입하여 기숙사로 사용하다가 1922년에 건물을 철거하였으며 지금은 그 자리에 이화100주년기념관 건물이 있고 "한말에 러시아에서 온 손탁이 호텔을 건립, 내외국인의 사교장으로 쓰던 곳"이라는 손탁호텔 터 표지석이 있다.

손탁호텔이 한국 최초의 호텔은 아니고 이미 제물포 개항장 내에는 대불호텔을 비롯한 소규모 서양식 호텔이 있었고, 서울에도 손탁호텔 이전에 서울호텔, 팔레호텔이 있었다.

10. 러-일 각서, 의정서, 협정

고종의 아관파천은 일본의 영향력을 위축시켰고, 러시아에게는 기회였다. 일본은 러시아와의 협상이 필요했고, 러시아는 시베리아 철도가 완성되기 전까지는 일본과의 충돌은 피하고 싶었다. 한국에서 주재하는 일본과 러시아 공사들이 서울에서 러시아공사 베베르와 일본공사 고무라 주타로가 〈베베르-고무라 각서, 1896.5〉를 체결했다.

　제1조 고종의 환궁 문제는 국왕 자신의 판단에 일임하며, 러시아와
일본은 안정상 문제가 없다고 여겨질 때 환궁하는 것을 충고한다는 것이
었다.

　제2조 현재 한국정부의 내각 대신들은 국왕의 의사대로 임명되었으
며 이후에도 러시아와 일본은 국왕에게 관대하고 온화한 인물을 내각 대
신에 임명하도록 항상 권고한다는 것이었다.

　제3조 한국의 부산과 경성 사이에 설치된 일본 전신선 보호를 위해
배치한 일본 위병을 헌병으로 대신하며, 이들 헌병은 한국정부가 안녕질
서를 회복하게 되는 지역부터 철수시킨다는 것이었다.

　제4조 한성 및 개항장에 있는 일본인 거류지를 보호하기 위해 일본
군을 배치하며, 상황이 안정되면 철수한다는 것이었다. 또 러시아도 공
사관 및 영사관을 보호하기 위해 군대를 배치할 수 있으며, 상황이 안정
되면 철수한다는 것이었다.

　제3조와 제4조에서 일본은 러시아의 영향력을 인정하고, 한국에 일
본군대의 주둔을 확인했다. 한국에서의 외국군 주둔 문제를 두 나라의
공사들끼리 각서를 교환한 것은 한국의 자주독립권을 침해하고 있었다.

　공사들의 각서를 바탕으로 하여 러시아 황제 니콜라이 2세 대관식에
참석한 일본특사는 모스크바에서 러시아 외상과 만났고 러시아 외상 로
바노프와 일본특사 야마가타 아리토모가 〈로바노프-야마가타 의정서,

1896.6)를 체결했다. 일본과 러시아는 한국에 대한 영향력이 어느 한쪽이 우세해지는 것을 막기 위한 조치였다. 자국의 이권을 지키기 위해 자의적으로 한국에 군대를 파견할 수 있게 하여 역시 한국의 자주권을 침해하고 있었다.

제1조 한국의 재정 문제에 대해 러시아와 일본이 한국정부에 조언을 해 줄 수 있다는 것, 한국이 개혁을 추진하기 위해 차관을 필요로 할 경우 러시아와 일본 양국이 합의해 제공해야 한다.

제2조 한국의 경제적 여건이 허락하는 한 원조를 받지 않고 한국인 군대와 경찰을 창설하도록 하고 한국정부가 이를 유지하도록 한다.

제3조 일본이 한국 내에 설치한 전신선을 계속해서 보호한다는 것과 러시아 역시 한성에서 러시아 국경에 이르는 전신선을 가설할 수 있는 권리를 가지며, 이 전신선들은 한국정부가 매수할 수 있는 여력이 생기면 매수할 수 있다.

제4조 의정서의 내용을 명확히 하기 위한 경우나 또는 다른 논의 사항이 생길 경우 다시 양국 대표자가 논의한다.

[비밀 조관]

제1조 한국에서 소요가 발생하거나 그럴 가능성이 있을 경우 러시아와 일본은 자국민과 전신선 보호 병력 외에 추가로 군대를 파견할 수 있고, 양국 군대의 충돌 방지를 위해 중립 지대를 설정할 수 있다.

제2조 한국인 군대를 조직하기 전까지 러시아와 일본이 자국 군대를 주둔시킬 수 있으며, 러시아 공사관에 머물고 있는 고종의 호위를 러시

아군이 맡는다.

고종은 러시아공사관에서 경운궁으로 환궁하면서 한국에 정치적 변화가 생겼다. 러시아는 만주 진출을 목적으로 하고 있었고, 청나라의 뤼순항과 다롄항을 강점했고 일본의 반발을 무마하고자 했다. 일본으로서는 한국에 재정고문, 군사고문을 파견한 러시아를 견제하고 싶었다.

이러한 사정으로 러시아와 일본의 주일 러시아공사 로젠과 일본외상 니시도쿠 지로가 도쿄에서 만나 〈로젠-니시 협정, 1898.4〉을 체결하였다.

제1조 러시아와 일본이 한국의 주권 및 완전한 독립을 확인하고 그 내정에 직접 간섭하지 않는다.

제2조 러시아와 일본 양국 정부는 한국이 일본 혹은 러시아에 도움을 구할 경우 군사 교관 혹은 재정 고문관의 임명에 관해서는 상호 협상 없이는 어떠한 조치도 취하지 않는다.

제3조 러시아정부는 한국에서 일본의 상업 및 공업에 관한 기업이 크게 발달한 것과 일본 거류민이 다수라는 점을 인정해 한일 양국 간에 상업상 및 공업상 관계 발달을 방해하지 않는다.

11. 제물포해전 러일전쟁

〈언덕 위의 구름〉은 러일전쟁을 배경으로 하는 일본 역사소설가 시바 료타로의 장편소설이다. 산케이 신문에 4년간 연재되었고, 단행본은 무려 2,000만 부가 팔렸으며 NHK 드라마로도 인기를 끌었다. 청일전쟁에서 승리한 일본은 10년 후 러시아제국을 상대로 전쟁을 했는데 이 드라마는 메이지 유신 직후부터 러일전쟁까지를 그렸다.

등장인물만 보아도 러일전쟁을 짐작할 수 있을 정도이다. 일본군 해군대장은 도고 헤이하치로이고 러일전쟁 때에는 일본 연합함대사령장관이었고, 청일전쟁 때에는 일본 순양함 나니와 함장으로서 풍도해전을 치렀다.

일본 육군의 만주군 총참모장은 고다마 겐타로이고 제3 군사령관 노기 마레스케가 여순공방전 203고지에서 참패를 했을 때 고다마 겐타로는 203고지 전투에서 작전을 지휘하여 203고지를 함락했다.

메이지정부의 천황은 러시아와의 무력충돌을 피하고자 했다. 메이지정부의 추밀원의장은 이토 히로부미로 10년 전 청일전쟁 때에는 내각 총리대신으로 이었고 러일전쟁을 반대하는 사람으로 등장한다. 외무대신은 무츠 무네미츠이고 건강이 좋지 않은 사람으로 나오고 외무장관 코무라 주타로는 영일동맹을 이끌어내고 포츠머스 강화회담의 대표였다.

일본은행 부총재 다카하시 고레키요는 러일전쟁의 전쟁자금을 조달하였고 나중에 일본내각 총리대신도 했다.

러시아 쪽 등장인물은 니콜라이 2세가 있는데 일본을 방문하던 중

일본 순경의 칼에 맞는 오쓰사건이 있어 일본에 대한 감정이 좋지 않은 것으로 나온다.

한국을 놓고 벌였던 러일전쟁을 다룬 소설임에도 한국이야기는 거의 없고 청일전쟁 당시 일본군이 인천에 상륙하는 이야기 정도가 나온다. 그리고 일본 이토 히로부미가 러시아 재무장관 비테와 협상하면서 조선의 독립을 언급하는 정도이다.

이토 히로부미가 언급하는 조선의 독립은 한국인이 생각하는 독립이 아니라 일본이 점령하여 근대화를 시키겠다고 보면 맞을 것 같다. 이렇듯 소설과 드라마에서 일본은 청일전쟁과 러일전쟁에 어쩔 수 없이 전쟁을 하게 되었고 전쟁을 승리로 이끌어 일본제국으로 성장했다는 이야기이다.

러시아에는 러시아 소설가 비껜찌 베레사예프가 쓴 러일전쟁을 다룬 '소설 러일전쟁 군의관'이 있다. 러일전쟁에 군의관으로 참전하여 만주전선에서 보았던 사건들을 회고록처럼 소설화했다. 소설은 일본군이 제물포항과 뤼순항을 기습으로 공격하는 것에서 시작한다.

러일전쟁 최대 격전을 벌였던 봉천전투에서 러시아 대군이 전멸하는 모습, 참패 후 러시아 대군이 퇴각하는 모습을 그렸다.

러시아군이 참패하는 가운데서도 군지휘부 장군들은 일신의 영예만을 쫓으며 치부하는데 급급했다. 러시아 본국에서 1차 혁명이 일어나 장군들 사이에도 대립이 심해졌고, 포츠머스조약 이후에도 러시아군의 질서나 기강이 무너진 모습의 이야기이다.

러시아와 일본 사이의 고종의 아관파천으로 정세가 급변하여 세 번의 조약을 맺었지만 한국을 놓고 전쟁은 불가피했다. 일본이 러시아의 만주 진출을 인정해 주는 대신, 러시아는 일본의 한국 진출을 인정해 달라고 요구했으나 러시아는 거절했다. 한반도 39도선 북쪽지역은 러시아가 통치하고, 39도선 남쪽 지역은 일본이 통치하는 분할 통치방안에 대한 협상도 서로 결렬되었다. 일본은 한국에 대한 독점 지배를 위해 전쟁을 선택했고 2월 4일 전쟁을 결의했다. 일본은 영국과 미국의 지원을 받고 있었고, 대한제국과 한일의정서를 체결하여 전쟁에 대비한 상태로 마산포와 원산에 군대를 상륙시켰다. 러시아는 프랑스와 동맹관계에 있었고, 대한제국의 용암포를 점령하여 전쟁에 대비했다.

1904년 2월 8일에 전쟁이 시작이었고 일본군은 도고 헤이하치로의 지휘 아래 뤼순항을 기습 공격하여 러시아 극동함대의 전함을 격침시키고 육지로 상륙했다. 2월 9일에 일본군은 제물포항에 있던 러시아 전함 2척을 공격하고 병력을 상륙시켜 서울을 점령하고 용산에 주둔했다.

2월 10일에 일본은 러시아에 대한 선전포고를 했고 러시아는 2월 16일에 일본에 선전포고를 했다. 2월 23일에 일본은 대한제국과 의정서를 맺고 병력과 군수물자 수송을 위해 경부선 철도와 경의선 철도건설을 서둘렀다.

러일전쟁의 대부분 전투에서 일본은 공격적이었고 러시아는 방어적이었고 러일전쟁 1년 중 랴오양전투와 뤼순전투를 일본군이 승리했다. 1905년 2월에 일본군과 러시아군은 봉천(묵덴)전투에서 치열한 전투가 21일간 벌어졌는데 나폴레옹전쟁의 라이프치히 전투 이후 가장 치열했다고 한다. 봉천(묵덴)전투의 전선 길이가 155km이었다고 하니 광활

한 전투였는데 러일전쟁 사망자의 80%는 봉천(묵덴)전투에서 발생했다. 러시아군인 3만 명이 포로로 잡혔고, 일본군인 포로는 1,000명 정도였고 일본군의 승리였다.

러시아황제는 세계 최강의 발트함대를 출동시켜 일본과의 결전을 시도했다. 1904년 10월에 발트해를 출발한 발트함대는 1905년 5월이 되어서야 한반도로 접근했다. 지구 한 바퀴에서 조금 모자라는 정도의 거리였다. 영국과 일본의 동맹으로 러시아의 발트함대는 수에즈운하를 통과할 수 없었고 아프리카 희망봉을 돌아가는 코스였다. 세계 최강 발트함대도 7개월의 이동으로 전투도 하기 전에 지쳤다.

일본군은 발트함대에 대항하기 위해 연합함대를 꾸려 도고 헤이하치로 함대사령관은 한국 진해만에서 진을 쳤다. 발트함대가 쓰시마해협을 통과할 것이라고 확신했다. 일본, 한반도, 타이완 해안지역에 망루 100여 개를 설치하여 발트함대의 접근을 살피고 정보망을 총동원했다. 러시아와의 해전에 대비하여 독도를 시마네현에 편입했다. 5월 27일 블라디보스톡을 향해 가던 발트함대가 모습을 나타냈고 일본의 연합함대가 먼저 발트함대에 포격을 가하였다. 발트함대 사령관이 부상을 입을 정도였고 이미 지쳐버린 발트함대는 대응할 수 없었다. 발트함대는 백기를 걸고 도주했고 일본의 도고 사령관은 포격을 중지했다. 쓰시마해전은 일본해군의 기적 같은 승리였다.

전투에서 승리한 일본이나 패전한 러시아 모두 전투를 계속할 수 없는 한계에까지 왔다. 러시아 일본 모두 강화조약을 희망했고 일본은 미국에 중재를 요청했다. 러일전쟁이 끝을 향해 갔다.

12. 러일 포츠머스조약

1905년 9월에 러일전쟁은 일본의 승리였고 일본은 미국 루스벨트 26대 대통령에게 러시아와의 강화를 알선해 주도록 요청했다. 일본 수석대표는 고무라 주타로 외상이었고, 러시아 수석대표는 세르게이 비테 전 재무장관이었다. 회담 장소는 미국 뉴햄프셔주 군항도시 포츠머스였고 회담은 8월 9일 시작하여 9월 5일 포츠머스조약이 타결되었다.

포츠머스조약 결과는 각 나라마다 엇갈렸다. 일본은 회담대표들이 미국으로 떠나기 전에 기대했던 배상금을 한 푼도 받지 못했다. 러시아는 대한제국에 대한 일본의 지도, 보호, 감독권을 승인했다. 미국은 조약의 성공으로 루스벨트 대통령이 노벨평화상을 수상했다. 대한제국은 일본 식민지배에 들어가는 시작점이 되었다.

포츠머스 협상이 시작되기 직전인 7월 27일에 미국 전쟁부 장관 태프트가 일본을 방문하여 일본총리 가쓰라 사이에 밀약이 있었다. 미국은 스페인과 전쟁을 통해 필리핀에 대한 지배권을 확보해 놓은 상태였고, 일본은 러일전쟁을 통해 대한제국에 대한 지배권을 확보해 놓은 상태였다. 가쓰라–태프트 밀약은 일본의 대한제국 식민지배와 미국의 필리핀 식민지배에 대한 상호 확인이었다. 이 밀약은 상당기간 동안 세상에 알려지지 않았다. 19년이 지난 후인, 1924년에 가서야 미국 역사학자에 의해 이 밀약이 알려지게 되었다.

13. 합방청원운동

대한제국 국민으로서 어찌 이럴 수가 있는가. 을사조약 체결로 자결을 하는 사람들이 줄을 잇고 있는 상황에서 한일합방을 요청하는 자들이 있었으니 이들이야말로 용서받기 힘든 자들이다.

〈경란록〉의 기록이다.

"이용구라는 자가 동비(동학)의 남은 무리로 송병준과 함께 표리가 되어 서로 호응하여 일진회를 창설하였다. 경성에 본부를 설치하고 각 도道와 각 군郡에 지회를 설치하였는데 그들의 소행이 분수를 범하고 못된 버릇이 아닌 것이 없었다.

내가 양근군수로 있을 때 그 무리들이 역시 창궐하자 내부에서 연이어 해산시키라는 훈령이 내렸는데, ―조병식과 이도재가 내부대신으로 재임하던 시기임― 이지용이 내부대신이 되자 도리어 보호하라는 내용의 훈령이 내려 왔다. 이 역적의 소행을 어찌 죽일 수 없겠는가.

송병준과 이용구 두 역적이 점차 흉포한 지경에 이르게 되었다. 지회에서 행정을 간여하고 지방관을 압제하였으므로 수령들이 관인을 풀어놓고 떠나간 경우가 많았다. 임금 가까이 있는 신하를 협박하였는데 어느 날 저녁에 박용화를 칼로 찔러 죽이는 경우도 있었다."

1909년 12월에 일진회는 순종황제와 대한제국 정부, 통감부에 합방청원서를 제출했고 이어서 합방청원에 대한 대국민성명서를 발표했다.

일진회 기관지인 '국민신보'에는 합방을 지지한다는 상소문이 게재되었다. '대한매일신보', '황성신문'은 일진회의 합방청원운동을 규탄하는 기사를 게재했다. 통감부는 일진회의 합방청원운동에 대한 대한제국 국민 여론동향에 촉각을 세웠다. 1910년 2월에 일본 총리대신이 합방의견서를 수리하고, 합방반대의견서를 기각한다고 공식 발표를 했고 그것은 한일합방을 단행하기 위한 일본의 준비작업이었다.

일진회가 결성된 것은 1904년 8월로 독립협회 출신 송병준, 윤길병 윤시병과 동학 출신 이용구 등이 조직한 대한제국 때 대표적인 친일단체이다. 일진회는 (구)일진회와 진보회가 결합한 유신회가 그 전신으로 (구) 일진회는 독립협회를 이어받아 송병준과 윤길병, 윤시병이 이끌었고 진보회는 동학을 따르는 조직으로 이용구가 이끄는 대동회가 이름을 바꾼 것이다. 일진(一進)이라는 이름은 대한제국과 일본이 하나라는 뜻이었다.

송병준은 함경도 장진군에서 1857년에 출생했고 갑신정변 당시 김옥균 암살임무를 수행하다 김옥균 동지가 되었다가 러일전쟁 후 본격적인 친일파가 되었고, 정미조약 7인의 한 사람이다. 헤이그 사건 후 고종 양위운동에도 앞장섰고 순종황제 즉위 후에는 한일합방운동을 앞장서고 합방 후 백작 작위를 받았다. 1925년에 사망했고 그의 장례식에서 조선총독이 '동양평화의 공헌자'라고 하며 조문을 했다.

윤길병은 1853년에 출생했고 일진회 부회장이었으며, 그의 동생 윤시병이 일진회 회장이었다.

윤길병, 윤시병 형제는 같이 동학에 입문했고, 독립협회, 만민공동회에도 형제가 함께 참여했으며, 윤시병은 만민공동회 회장도 했다. 일진회를 조직할 때 취지문은 윤길병이 작성했다.

　이용구는 1868년에 상주에서 출생했고 어릴 때 이름은 이우필이었으나, 동학에 입교하여 동학농민군으로 전투에 참여하면서 동학교주 손병희가 용담유사 9편을 뜻하는 이용구라고 이름을 새로 지어 주었다. 이용구는 일본과 1:1로 대등하게 합방하는 '대동합방론'에 심취하였다. 일본이 의도하는 '대동합방론'과는 전혀 달랐다는 것을 이용구는 한일합방 이후에야 알게 되었고 1912년 44세에 후회하면서 사망했고 일제는 국장 수준의 장례식을 해주었다. 1910년 9월에 일진회는 데라우치 마사타케 통감으로부터 해산료와 은사금 조로 15만 원을 받고 해산당했으며 형식상으로는 자진해산이었다.

[담론 6]

〈경란록〉의 기록이다.

"매관매직의 길이 다시 열려 관찰사와 수령을 사고 파는 것이 마치 장사꾼이 이익을 꾀하는 것과 같았다. 백성을 학대하고 재물을 축적하여 먼저 그 본전을 챙기고 끝내는 뇌물 꾸러미를 채웠다. 각부 대신 역시 소속 관원의 자리를 팔아먹는 자가 많았다. 오직 이도재와 심상훈 만은 이 풍조에 물들지 않았다. 공사청의 총애 받는 환관 강석호와 나세환이 관직을 팔아먹는 거간꾼으로 모두 거부가 되었다. 또 경무청을 설치하였는데, 총관 이근택이 마치 함정을 파고 사람들을 몰아 재물을 강제로 탈취한 것이 거의 수만 관貫이 되었다."

돈을 주고 자리를 사는 것은 동서고금을 막론하고 있었던 일이다. 영조, 정조 시대에는 탕평책을 실시하여 바르고 고르게 등용하려고 했다. 근대에 이르러 흥선대원군은 개혁정치를 하여 사색을 골고루 등용했다. 경복궁 중건이 문제였다. 막대한 재정이 투입되는 사업이어서 어느 왕도 엄두를 낼 수 없었다. 흥선대원군은 부족한 재원을 마련하려고 1865년 〈원납전〉을 발행했다. 말은 원납이지만 돈을 기부하면 감사의 뜻으로 벼슬을 제수했다. 경복궁 중건공사 중에 화재가 발생한 것이 문제였다. 노골적으로 1만 냥이면 벼슬을 주고, 10만 냥이면 수령을 주었다. 시작은 개혁정치였지만, 돈 마련을 위해 매관매직의 길이 열렸다. 이것도 부족해 당백전을 발행하고 문세를 거두었다. 원납전은 1873년 폐지되었다. 흥선대원군이 물러나고 민씨 척족 세도가 시작되었다. 매관매직에 부정부패가 말할 수 없이 퍼졌다. 자리 공급은 한정되어 있고 벼슬 수요는 넘쳤다. 이범석은 당시 군수급 중간관리자로 있다가, 낙향하여 글 쓰고 아이들 가르치며 지냈다. 누구보다 이런 사정들을 잘 아는 사람이었다.

〈경란록〉의 기록이다.

"내부대신 이도재는 신중히 수령을 선택하고 공평하게 등용하려고 하였는데, 이지용이 또 다시 하야시 곤스케로 하여금 대궐에 아홉 차례 권고하게 하여 빼앗았다. 내부대신이 일진회에 더불어 호응하고 각 군수의 주본奏本이 한결같이 일진회의 요청에 따라 결정되었다. 저들 주머니의 수입은 모두 황금어음이었다. 대신이 이와 같으니 나라가 어찌 망하지 않을 수 있으리오."

이도재는 1848년 서울에서 출생했고 성격이 강직하고 급진개화파에 속하는 사람이면서도 갑신정변 때는 정변을 진압하는 데 참여했다. 동학농민혁명 때 농민군 지도자인 김개남 장군을 체포하여 처형하였고, 전봉준 장군도 체포했던 사람이다. 단발령이 시행되면서 모든 관직을 사직했지만 다시 복귀하여 대신이 되었다. 헤이그 밀사로 고종의 퇴위를 의논하는 어전회의에는 아프다는 이유로 불참했다. 고종 양위식 날 이완용을 비롯한 친일 대신들을 암살하려고 계획을 세웠지만 사전에 발각되어 체포되었으나 다시 복직이 되었다. 한일합병 전 1909년 61세로 사망하였고 순종황제가 그의 죽음을 애통해하였다.

이지용은 1870년 서울에서 출생했고 흥선대원군의 형인 이최응의 손자다. 고종의 조카이다. 1904년 외부대신서리로 있을 때 일본공사와 한일의정서를 체결하였고 을사조약 5인의 한 사람이다. 그는 병자호란 때 항복한 최명길에 비유하며 자신의 행위를 정당화하려고도 했다. 한일합병 후 백작 작위를 받았고 1912년 도박을 즐겨 도박죄로 태형을 선고받고 중추원 고문에서도 해임되었다. 1928년 58세로 사망하기 직전, 유언에서 '일본에게 속았다'는 말을 남겼으나 늦은 후회였다.

이범석은 대한제국의 같은 대신이면서도 상반되었던 이도재와 이지용을 대비했다. 일본공사와 결탁한 이지용을 보면서 조선이 망하지 않을 수 있겠느냐고 탄식했다. 중견관리자인 이범석의 눈에도 나라의 미래가 암울했던 것이다.

[경란록으로 보는 세상 6]

■ 유길준이 내부대신이 되어 강제로 협박하는 일이 많았다. 심지어 최익현을 잡아 올려 그와 더불어 일을 하려고 하였는데, 최익현이 죽을지언정 따르지 않겠다고 맹세하여 한갓 모욕만 당하고 떠났다.

학자인 전우, 김병창, 정윤영 등을 모두 음직에 차임하여 유학을 존숭한다는 명분을 차지하였다. 당시 내외의 상황으로 인하여 속으로 해치면서 겉으로 임금의 위호를 존숭하여 대군주로 올리고 건양이라는 연호를 사용하고 관제를 고쳤다.

연조문을 허물고 그 곳에 독립문을 세우고, 삼전도비를 묻었다.

〈을미년(1895)〉

■ 홍주의 신사 김복한, 이설, 김상덕 등은 의병을 일으켜 홍주성을 들어가 점거하니 앞으로 큰일을 해낼 수 있을 것 같았다. 목사 이승우가 길을 바꾸고 머리털을 바싹 깎고 상경하였다.

그런데 의병이 관군을 본 후로부터 모두 해산하여 김복한과 이설 두 사람은 붙잡혀 함거(죄인을 실어 나르던 수레)로 상경하여 감옥에 있다가 다행히 죽음을 면하였다. 그리고 김상덕은 도주하여 살아났다.

정산의 재신 민종식이 예산의 신사 이남규와 함께 의병을 일으킬 거사를 계획하였다가 이루지 못하였다. 민종식은 붙잡혀 정배되어 목숨이 살았고, 이남규는 일본병사에게 살해를 당하였다.

〈을미년(1895)〉

■ 총리대신 김홍집이 국사를 전적으로 주도하고 임금의 권한을 협박하여 임금과 가까운 신하들을 많이 죽이고 오로지 일본을 추종하는 당파 및 소론을 등용하여 300여 군(郡)의 수령이 순전히 소론 당파였다. 이를 비판하는 사람이 많았다. 사람이 이와 같으니 어찌 국가를 개혁하고 문명을 진보할 수 있겠는가.

얼마 되지 않아서 이범진과 이완용이 몰래 러시아 공사를 추종하였다가 어느 날 밤에 대군주를 모시고 러시아 공사관으로 파천하였다. 이에 군주의 권한이 다시 회복되고 이범진과 이완용이 국정을 주도하였다.

김홍집과 농부대신 이병하가 죽고, 탁지부대신 어윤중은 달아나다가 길에서 혐의스런 사람들을 만나 피살되었다. 외부대신 김윤식은 제주로 유배형을 당하였다. 전(前) 판서 이승오는 왕비 민씨를 폐위할 적에 종묘에 고유(告由)하였던 관원으로 참여하였기에 멀리 유배형에 처해졌다. 내부대신 유길준, 군부대신 조희연, 법부대신 장석주, 학부대신 〇〇〇(원문결락), 경무사 안경수 및 권형진 이하 일본을 추종하는 당파가 모두 일본으로 달아났다. 의정부 이하가 모두 환국되었다.

러시아 공사관의 통역관 김홍육은 임금의 총애를 많이 받아 국정에 간여하여 대소 관료들이 대부분 그의 손에서 나왔다. ─그는

훗날 흉악한 계획을 세워 형벌을 받고 죽음을 당하였다.–

〈을미년(1895)〉

■ 러시아 공관 옆에 새 궁궐을 세우고 –이전 경운궁 옛 터– 국호를
'대한'으로 고치고, 황제의 지위에 나아가고 광무라는 연호로 바꾸
고, 또 관제를 개혁하고 원구단을 쌓아 상제에 제사를 올리고 왕비
민씨의 지위를 회복시켜 황후로 추숭하고, 휘호를 '명성'이라고 올
리고 홍릉에 장사를 지냈다. 세자를 태자로 삼고, 세자빈을 태자비
로 삼으며 휘호를 '순명'으로 올리고 강헌대왕을 추숭하여 태조고황
제라고 하였다. 4조를 황제로 추숭하였다. 대왕대비 조씨의 휘호를
신정태후로, 왕대비 홍씨의 휘호를 명헌태후로 올렸다. 이러한 일
을 종묘에 고하고 사면령을 내렸다.

〈을미년(1895)〉

■ 당시 여러 선비들의 새로운 모임이 출현하기 시작하였는데, 민권당
이라고 칭하면서 독립협회라고 이름하였다.

수천 명이 종로 및 궐문 밖에서 모여 연설하고 토론하였는데 윤
리강상을 멸시하고 임금과 어버이를 무시하는 일이 아님이 없었다.
밤낮으로 소란을 피우고 각 대신의 가택을 부수는 등 그 행동이 못
하는 짓이 없을 정도였다.

임금이 대안문에 임어하여 모인 사람들에게 선유하였지만, 이
를 준행하지 않고 더욱 창궐하였다.

보부상 길영수란 자가 상무회를 만들어 패랭이를 쓰고 몽둥이를 지니고 독립협회를 반대하니, 도성에 큰 소란이 일어나고 독립협회가 드디어 축소되었다.

마침내 중추원을 설치하여 언관의 중추기관으로 삼았는데, 정부당에서 20인, 독립협회당에서 20인씩 나누어 의관을 제수하고 의장이 관할하게 하였다. 그 원규에 따라 대신 후보자를 정부에 추천할 때에 이르러서 독립협회당이 박영효를 투표하여 사적으로 정부에 통첩하자, 정부당에서는 원장 이하가 모두 꾸짖으며 사직하고 물러갔다. 그러나 임금이 엄한 명령을 내려 독립협회당을 축출하고 정부당을 불러들여 중추원의 정무를 실시하니, 매우 자치의 효험이 있었다.

하지만 상신 윤용선이 그 언로를 꺼려서 폐지하도록 아뢰었다. 이와 같은 상신이 있었으니 나라가 잘 다스려질 수 있겠는가. 상신 윤용선이 문선왕묘의 축문에 의당 어휘御諱를 삭제하고 또 감敢자를 삭제하도록 주청하니, 임금이 이 주청을 따랐다. 이는 황제는 소왕素王에게 비굴해서는 안 된다는 뜻이니, 이 어찌 말이 되겠는가. 예부터 제왕이 성인을 존숭하는 것으로 공경을 삼았으니, 스승의 도리에 입각하여 섬긴 것이다. 저 글을 읽는 유자라는 자가 도리어 성사聖師를 폄하하니, 이는 사문의 죄인이 아니겠는가? 또 장조(사도세자의 존호)를 추숭할 때에 진종으로 부조묘附祧廟를 삼았으니, 이는 영조와 정조의 죄인이다. 만약 두 능(영조와 정조)의 혼령께서 이를 아신다면 그 책임은 장차 어디에 돌아가겠는가. 이른바 상신이 된 자가 나

라의 예법을 문란 시켜 이처럼 잘못한 행위는 죽이더라도 애석하지
않을 것이다.

〈병신년(1896)〉

■ 궁인 엄씨가 빈으로 올랐다가 비로 다시 올랐다. 임금의 총애를 크
게 받아 왕자 영친왕을 낳은 후에 영친왕이 황태자에 책봉되어 엄
씨 집안이 번창하고 정권이 대부분 그쪽으로 돌아갔다. 또 별시위
(국왕의 내전에 자유로이 출입하고 알현이 허락된 자)라는 명칭이 새로 생겨났다.
그래서 시골의 잡된 술수를 지닌 자와 천민 창우 및 하찮은 자들이
궁인과 환관을 등에 업고 마구 진출하여 아양을 떨어 모두 요직을
얻었다.

　또 매관매직의 길이 다시 열려 관찰사와 수령을 사고파는 것이
마치 장사꾼이 이익을 꾀하는 것과 같았다. 백성을 학대하고 재물
을 축적하여 먼저 그 본전을 챙기고 끝내는 뇌물 꾸러미를 채웠다.
각부 대신 역시 소속 관원의 자리를 팔아먹는 자가 많았다.

　오직 이도재와 심상훈 만은 이 풍조에 물들지 않았다. 공사청의
총애받는 환관 강석호와 나세환이 관직을 팔아먹는 거간꾼으로 모
두 거부가 되었다. 또 경무청을 설치하였는데, 총관 이근택이 마치
함정을 파고 사람들을 몰아 재물을 강제로 탈취한 것이 거의 수만
관貫이 되었다.

〈정유년(1897)〉

■ 외부대신 이도재는 무척 강직하고 명석하였으므로 임금이 매우 신임하여 부部의 정무를 전적으로 맡겼다. 그는 모든 외교상에 있어서 조금도 국체를 손상하는 일이 없었다.

소위 이지용이란 자는 본래 간사하여 황실의 의친(정의가 두터운 친척)이 소중하다는 것을 전혀 아랑곳하지 않았다. 한결같이 국가를 좀먹고 권세를 탐하는 것으로 능사를 삼았기 때문에 임금이 싫어하고 배척하였다. 또 이지용은 상복을 입고 있는 중에도 벼슬길에 나아가고 싶은 마음이 이처럼 타올라 구완희이란 자를 시켜 군부고문 노즈 진부(저자 주·野津鎭武 원문은 '野眞'으로 표기되어 있으나, 원래 일본이름은 '野津鎭武'이다)와 일본공사 하야시 곤스케와 관계를 맺게 하였다. 그리고 만약 외부대신이 되면 일본 측이 요구하는 대로 시행하겠다고 말하였다. 하야시 곤스케가 임금에게 재삼 권고하여 마침내 외부대신서리가 되었다.

며칠 되지 않아 일본공사 하야시 곤스케가 호남어업기지 양도를 요구하였는데, 역적 이지용이 임금에게 아뢰지 않고 또 외부의 관료와 협의도 하지 않는 채 마음대로 조인하여 양도하였다. 당시의 여론이 들끓고 각 공동모임이 크게 일어나 원세형 등 수천 명이 모여서 외부로 들어가 역적 이지용을 밟아 죽이려고 하자, 이지용이 담장을 넘어 도망갔다. 나는 마침 그날 하루 밤낮을 직숙하는 날이기에 직접 볼 수 있었다. 그가 백성들에게 곤욕을 당한 상황은 말로 표현할 수 없을 정도였다. 대체로 우리나라가 타국에 영토를 넘겨주는 것이 여기서부터 시작되었다. 이 어찌 매국노의 우두머리가 아니겠는가?

〈임인년(1902)〉

■ 태자비 민씨가 훙서하여 '순명'이라는 시호를 내려 주었다. 강제로 신하와 백성에게 1년 복제를 정하니, 이는 전례에 없던 예이다. 이른바 상신이 예법을 근거하지 않고 의주議奏하여 임금의 지시를 받아 반포하니, 이는 꾸짖어 벌을 주어야 마땅하다.

　　이 해에 이른바 이용구라는 자가 동비(동학)의 남은 무리로 송병준과 함께 표리가 되어 서로 호응하여 일진회를 창설하였다. 경성에 본부를 설치하고 각 도道와 각 군郡에 지회를 설치하였는데 그들의 소행이 분수를 범하고 못된 버릇이 아닌 것이 없었다.

　　내가 양근군수로 있을 때 그 무리들이 역시 창궐하자 내부에서 연이어 해산시키라는 훈령이 내렸는데, -조병식과 이도재가 내부대신으로 재임하던 시기임- 이지용이 내부대신이 되자 도리어 보호하라는 내용의 훈령이 내려왔다. 이 역적의 소행을 어찌 죽일 수 없겠는가. 송병준과 이용구 두 역적이 점차 흉포한 지경에 이르게 되었다. 지회에서 행정을 간여하고 지방관을 압제하였으므로 수령들이 관인을 풀어놓고 떠나간 경우가 많았다. 임금 가까이 있는 신하를 협박하였는데 어느 날 저녁에 박용화를 칼로 찔러 죽이는 경우도 있었다. 이때 내부대신 이도재는 신중히 수령을 선택하고 공평하게 등용하려고 하였는데, 이지용이 또다시 하야시 곤스케로 하여금 대궐에 아홉 차례 권고하게 하여 빼앗았다. 내부대신이 일진회에 더불어 호응하고 각 군수의 주본注本이 한결같이 일진회의 요청에 따라 결정되었다. 저들 주머니의 수입은 모두 황금어음이었다. 대신이 이와 같으니 나라가 어찌 망하지 않을 수 있으리오.

〈갑진년(1904)〉

[동학농민기념재단(www.1894.or.kr) 사료아카이브]

제7부

국권 침탈 시기
(1904~1910)

1. 군사목적 의정서

대한제국 외부대신서리 이지용과 일본국 특명전권공사 하야시 곤스께가 맺은 〈한일의정서, 1904.2.23〉이다.

제1조 한일 양국 사이의 항구적이고 변함없는 친교를 유지하고 동양의 평화를 확고히 이룩하기 위하여 대한제국 정부는 대일본제국 정부를 확고히 믿고 시정 개선에 관한 충고를 받아들인다.

제2조 대일본제국 정부는 대한제국 황실을 확실한 친선과 우의로 안전하고 편하게 한다.

제3조 대일본제국 정부는 대한제국의 독립과 영토보전을 확실히 보증한다.

제4조 제3국의 침해나 혹은 내란으로 인하여 대한제국 황실의 안녕과 영토의 보전에 위험이 있을 경우에는 대일본제국 정부는 속히 정황에 따라 필요한 조치를 취할 수 있다. 그러나 대한제국 정부는 위 대일본제국의 행동을 용이하게 하기 위하여 충분한 편의를 제공한다.

대일본제국 정부는 전항의 목적을 성취하기 위하여 군사전략상 필요한 지점을 정황에 따라 차지하여 이용할 수 있다. (하략)

[국사편찬위원회 홈페이지, 사료로 본 한국사]

한일의정서를 체결한 이지용은 누구인가? 경기도 광주에서 흥선대원군의 셋째 형인 흥인군 이최응의 손자로 고종 때(1870) 태어나 고종과는 5촌 조카가 된다. 이지용은 34세 때 외부대신서리로 일본공사 하야시 곤스케로부터 뇌물을 받고 한일의정서에 서명했다. 내부대신으로 있을 때에는 을사조약에 서명한 을사5적의 한 사람이었고 한일합병 때에는 40세 일본정부로부터 백작 작위를 받았고 조선총독부 중추원의 고문으로 있다가 58세에 사망했다. 국권상실의 조약체결은 이지용에서 시작되었고, 이완용으로 끝났다.

〈경란록〉의 기록이다.

"이지용이란 자는 본래 간사하여 황실의 의친(정의가 두터운 친척)이 소중하다는 것을 전혀 아랑곳하지 않았다. 한결같이 국가를 좀먹고 권세를 탐하는 것으로 능사를 삼았기 때문에 임금이 싫어하고 배척하였다. 또 이지용은 상복을 입고 있는 중에도 벼슬길에 나아가고 싶은 마음이 이처럼 타올라 구완희이란 자를 시켜 군부고문 노즈 진부와 일본공사 하야시 곤스케와 관계를 맺게 하였다. 그리고 만약 외부대신이 되면 일본 측이 요구하는 대로 시행하겠다고 말하였다. 하야시 곤스케가 임금에게 재삼 권고하여 마침내 외부대신서리가 되었다.

며칠 되지 않아 일본공사 하야시 곤스케가 '호남어업기지 양도'를 요구하였는데, 역적 이지용이 임금에게 아뢰지 않고 또 외부의 관료와 협의도 하지 않는 채 마음대로 조인하여 양도하였다. 당시의 여론이 들끓고 각 공동모임이 크게 일어나 원세형 등 수천 명이 모여서 외부에서 들어가 역적 이지용을 밟아 죽이려고 하자, 이지용이 담장을 넘어 도망갔다. 나는 마침 그날 하루 밤낮을 직숙하는 날이기에 직접 볼 수 있었다. 그가 백성들에게 곤욕을 당한 상황은 말로 표현할 수 없을 정도였다. 대체로 우리나라가 타국에 영토를 넘겨주는 것이 여기서부터 시작되었다. 이 어찌 매국노의 우두머리가 아니겠는가?"

대한제국은 러시아와 일본의 충돌이 불가피하다고 판단하여 1월 23일 국외중립을 선언했다. 러시아와 일본은 한반도와 만주지역을 놓고 대립하고 있었다. 러시아는 만주지역의 러시아 철도를 보호한다는 명분으로 만주에 군대를 파견해 놓고 대한제국의 압록강 지역 용암포를 강점하여 포대를 설치하였고, 마산포를 조차했다.

일본은 국제여론을 고려해서 국외중립을 선언한 대한제국의 영토를 사용하기 위해서는 조약체결이 급선무였다. 그러면서도 2월 8일 일본은 제물포와 뤼순항의 러시아 군함을 공격하여 격침시키고 나서 2월 10일

러시아에 대하여 선전포고를 했다. 일본의 선전포고가 있자 대한제국에 있던 러시아공사는 즉각 철수했다.

일본은 러시아와의 전쟁에 대비하여 미리 대한제국과의 협약체결을 준비해 왔고, 대한제국을 협약에 끌어들이기 위해 박영효, 유길준 등 일본 망명자 처리문제를 제기했다. 대한제국은 한일의정서 제2조, 제3조에 따라 황실안전과 영토보전을 일본으로부터 약속받았다고 하지만 선언적 의미에 불과했다.

일본은 목적이 분명했다. 일본이 대한제국에 한일의정서 체결을 강요한 이유는 한일의정서 제4조, 제5조로 "군사전략상 필요한 지점을 정황에 따라 차지하여 이용"과 "상호 승인을 거치지 않고 협약을 제3국과 맺을 수 없다"는 것이다. 만국공법의 세상에서 합법적인 군사기지 사용과 식민지화의 사전작업이 필요했고 대한제국을 조약체결에 끌어들였던 망명자 처리문제는 한일의정서에 반영되지도 못했다.

한일의정서 체결 후 일본은 독도를 일방적으로 시네마 현에 편입시켰다. 대한제국은 러시아와 체결했던 모든 조약의 폐기를 선언했고, 러시아에 제공했던 모든 이권도 회수한다고 발표했다. 일본은 우선 경부선과 경의선의 철도부설권을 군용철도 사용목적을 이유로 넘겨받았고 별도의 한−일 어로조약을 맺어서 서해권역의 연안 어업권도 넘겨받아 이권을 챙겼다.

대한제국 내에서 한일의정서 체결에 대한 국민들의 여론이 좋지 않았다. 일본은 한일의정서 체결을 반대하던 이용익을 일본으로 압송하였고, 이또 히로부미를 한일친선대사로 대한제국에 파견하여 민심을 달래도록 했다. 대한제국은 이지용을 일본에 보빙사로 파견하는 것으로 이에 대한 답례까지 했다. 어쩌면 러시아와 일본의 전쟁에서 러시아가 승리할 것이라고 예상했는지도 모를 일이고 러시아가 전쟁에서 승리하면 다시 원점으로 돌아올 것이라 보았을 것이다.

2. 산업 식민지화정책

일본은 〈대한對韓 방침 및 대한對韓 시설강령, 1904.5〉을 일본 각의에서 내부적으로 결정했다. 한일의정서 체결로 러일전쟁 수행을 위한 군사기지와 서해 어업권까지 챙긴 일본은 대한제국의 산업별로 경제이권을 챙길 목적이었다. 이미 일본은 〈한일 통상장정, 1883〉, 〈한일 통어장정, 1889〉을 체결하여 대한제국의 무역과 어업에 침투한 상태였다.

대한방침과 대한시설강령에서 일본은 대한제국에 대한 일본의 이권을 발전시키고 도모하겠다는 목적을 분명히 드러냈다. 대한시설강령 내용은 6가지였다. 첫째 대한제국 내에 일본군대를 주둔시켜 한일의정서 제3조에 의해 대한제국의 방어와 안녕질서의 책임을 부담한다는 것이다. 둘째 한일의정서 제5조에 의해 대한제국이 조약 취지에 위반되는 협약을 제3국과 체결하지 못하게 한다는 것이다. 셋째 일본인 고문을 대한제국에 용빙하여 대한제국의 세법을 개정하고 화폐제도를 개혁하여 대한제국 재정의 실권을 일본인이 가지도록 하겠다는 것이다. 넷째 경부선 철도와 경의선 철도를 완성시켜 만주철도와 연결해서 대륙 간선철도를 형성한다는 것이다.

다섯째 대한제국의 우편, 전신, 전화사업을 일본정부에 위탁시켜 일본의 통신사업과 일원화시킨다는 것이다. 여섯째 일본국민들을 대한제국에 이주시켜 정착시키는 척식을 도모하겠다는 것이다.

대한제국 4개 산업분야별로 일본의 식민정책 경영방침 내용이다. 첫째 농업분야가 가장 유망산업이라고 보았다. 대한제국은 토지면적에 비해 인구가 적다고 보고, 일본국민을 대한제국에 수용시켜 일본 내 식량문제를 해결하겠다는 것이다. 이를 위해 대한제국 국가소유 황무지를 위탁받아 개척하거나, 민간소유 토지에 대해서는 일본국민의 토지 소유권 등을 인정하여 매매나 임대차가 가능하도록 하겠다는 것이다. 둘째 임업분야의 벌채권으로서 두만강, 압록강 유역의 산림에 대해 과거 러시아인에게 허가했던 것을 일본인에게 넘기도록 하는 것이었다. 셋째 광업분야로서 대한제국의 광산은 미개발 상태에 있고, 유망 광산을 파악하여 일본인이 개발하게 하고, 일부 광산은 외국인도 개발에 참여하도록 하겠다고 했다. 넷째 농업 다음으로 유망한 분야인 어업분야로서, 대한제국은 3면이 바다이고 8개 도가 바다에 접해 있고 그 중 5개 도道의 어업권은 일본이 확보하였고, 나머지 3개 도道의 어업권을 추가로 확보하겠다는 것이다.

여기에 문제를 더한 것은 토지나 가옥의 임차권과 소유권 문제였다. 1882년 미국과의 조미수호통상조약에서 임대료를 지급하는 조건으로 토지나 가옥을 임차하도록 허가한 바 있다. 전근대적인 토지 개념을 가진 대한제국으로서는 외국인에게 토지임차권을 준다는 것조차 받아들이기 힘든 것이었다. 외국인의 토지소유권이 가능하도록 한 것은 조영수 호통상조약에서였고 조계지 밖 10리까지도 외국인의 토지매입이 가능하게 확대했다. 일본인들은 이러한 사정을 활용하여 조계지 내에서는 합법적으로 토지를 취득하고 조계지 밖으로도 암암리에 잠매하여 토지취득을 넓혀갔다. 이에 따라 1897년 '인천일본거류지확장에 관한 협정서', 1899년 '마산포일본전관조계협정서' 등을 체결했고 목포, 군산, 청진, 거제, 의주, 부령, 평양까지 조계 내지 조차를 넓혀갔다. 대한제국은 일본에 의한 산업 식민지화가 진행되고 있었다.

1904년 7월 일본의 산업 식민화에 저항하려는 민중운동이 일어났다. 대한제국 중추원에서 관리를 지냈던 원세성, 송수만, 심상진 등은 보안회를 결성하고, 보안회 회장에 신기선, 부회장에 정유인, 대판회장에 송수만을 추대했다. 보안회 결성은 만민공동회 이후 발생한 민중운동을 위한 단체결성이었다. 보안회라는 명칭도 '보국안민'에서 가져왔다.

보안회가 결성된 데에는 그만한 사정이 있었다. 문제가 된 것은 '나가모리 프로젝트'로서 일본 대장성 관리 출신의 나가모리가 대장성의 위촉으로 대한제국에 와서 경제상황을 조사했다.

그 결과 유망하다고 보고한 내용이 대한제국의 '황무지 개간'이었고 당시 대한제국 면적의 약 30%가 황무지 상태였다. 이에 '50년 황무지 개간에 관한 계약서'를 들고 궁내부 민병석과 교섭을 벌였다. 처음에는 일본인 나가모리의 개인사업으로 교섭을 시작했으나, 점차 교섭이 진행되면서 일본정부가 개입했고, 일본정부 차원의 이권으로 확대되고 있었다. 황무지 개간사업은 늘어나는 일본의 인구대책으로서 일본인을 대한제국에 이주시키기 위한 식민사업이었다.

이러한 일본의 의도를 파악한 보안회는 강력한 반대운동을 전개하면서 집회를 열었다. 대한매일신보 사장 영국인 베델도 일본의 황당한 '50년 황무지 개간요구'가 부당하다는 것을 영문판 기사로 알렸다. 조선정부는 보안회의 황무지 개간권요구 반대운동에 힘입어 황무지 개간사업에 대해 허가할 수 없다고 일본 측에 통보했다.

이에 일본공사관은 보안회를 해산시키기 위한 작업을 벌였고, 서울의 질서유지를 일본 헌병이 맡겠다고 나섰다. 일본 헌병들은 보안회의 간부들을 체포하기 시작했고, 고종 황제가 결단을 내려주기를 압박했다. 고종 황제는 러일전쟁이 러시아의 승리로 끝날 것이라는 기대 하에 황태자비의 국상을 1년으로 연기하겠다고 발표하면서 버텼다. 결국 일본정부는 공식적으로 황무지 개간요구를 철회하여 일단락되었다. 그러나 일본 대장성은 1908년 동양척식주식회사를 설립하여 '나가모리 프로젝트'의 내용대로 농업경영과 이민사업을 실현했다.

3. 백동화 화폐정리

일본은 러일전쟁이 점차 일본에게 유리하게 전개되면서 하야시 곤스께 공사를 대한제국에 보내 고문 관련 협약을 체결하도록 했다. 대한제국에서는 외무대신 이하영이 병가로 인하여 일본과의 협약 협상에 참석할 수 없다고 하여, 외무협판이던 윤치호가 외무대신 서리로서 일본공사 하야시 곤스께를 특명전권공사로 하여 〈한일 외국인 고문용빙에 관한 협정서, 1904.8〉, 즉 〈제1차 한일협약〉을 체결했다. 일본은 이 협약을 통해 대한제국의 재정권과 외교권에 개입하고, 특히 대한제국의 화폐를 정리하기 시작했다.

〈한일 외국인 고문용빙에 관한 협정서, 제1차 한일협약〉이다.

제1조 대한정부는 대일본정부가 추천한 일본인 1명을 재정고문으로 삼아 대한정부에 용빙하여 재무에 관한 사항은 일체 그의 의견을 물어서 시행해야 한다.

제2조 대한정부는 대일본정부가 추천한 외국인 1명을 외교고문으로 삼아 외부에 용빙하여 외교에 관한 중요한 사무는 일체 그의 의견을 물어서 시행해야 한다.

제3조 대한정부는 외국과 조약을 체결하거나 기타 중요한 외교 안건 즉 외국인에 대한 특권 양여와 계약 등의 문제 처리에 대해서는 미리 대일본정부와 상의해야 한다.

[국사편찬위원회 홈페이지, 사료로 본 한국사]

일부러 병을 핑계로 1차 한일협약 체결을 피했던 외부대신 이하영은 1년 후 을사조약 체결에 참여한 을사조 5적의 한 사람으로 한일합병이후에는 자작 작위까지 받았다. 외부협판 윤치호는 1866년 아산 출신으로 초기에는 독립신문 사장, 독립협회 회장, 만민공동회 의장 등의 활동을 했다. 일본으로부터 남작 작위를 받은 아버지 윤웅렬이 사망하자 아들 윤치호가 작위를 세습했고 105인 사건 때에는 신민회 간부였던 윤치호가 체포되어 남작 작위를 박탈당하기도 했으나, 이후 발표문, 강연, 헌금 등의 지속적인 친일 활동을 통해 일본 귀족원 의원으로 임명되어 활동하다가 1945년 사망했다. 윤치호는 외무대신서리로 1차 한일협약을 맺었으나 내각과는 상의도 거치지 않았고 별다른 거부감도 표시하지 않은 채 1차 한일협약에 서명했다.

일본인 재정고문 1명에게 재무사항을 맡기고, 외국인 외교고문 1명에게 외교사항을 맡긴다는 내용이다. 이 협약으로 일본은 일본인 재정고문에 메가타, 미국인 외교고문에 스티븐슨, 그 외에도 군사고문, 경무고문, 학정참여관을 대한제국에 파견했다.

일본 대장성의 주세국장이었던 재정고문 메가타 다네타로는 일본인 최초의 미국 하버드대학교 로스쿨 졸업자로서 변호사이다. 재정고문 메가타는 대한제국 탁지부 재정고문에 임명되어 대한제국 재정과 금융에 개입했다. 메가타는 대한제국의 화폐제도를 바로잡고 인플레이션을 안정시킨다는 명문을 내세우고, 일본정부의 승인을 얻어 '화폐정리방침'을 확정했다.

메가타는 대한제국의 화폐를 만들던 전환국을 폐지하고 일본의 민간은행인 제일은행 조선지점에 조폐권을 넘겨주면서 대한제국의 화폐정리사업을 추진했다. 대한제국의 화폐본위를 은본위제에서 금본위제로 변경하도록 하여 일본의 화폐본위와 동일하게 만들면서 일본 금융에 예속시켰다. 대한제국의 백동화를 일본 제일은행 화폐로 교환하는 과정에서 대한제국 국민들에게는 교환하는 날 4일 전에 통보하여 많은 한국인들이 교환 시기를 놓치고 큰 손실을 당했다.

　반면 일본인들에게는 화폐정리를 미리 알려준 상태여서 큰 손실을 보지 않았다. 화폐교환을 하면서 백동화 화폐의 품질 상태에 따른 교환 비율을 차등화했다. 백동화의 품질을 갑종, 을종, 병종으로 분류하여 병종의 백동화는 화폐교환 자체를 거부하였고, 을종은 절반의 가치로 화폐교환 하였다. 일정 시점이 지나고부터는 백동화 사용을 금지시켰고 제일은행 발행 화폐를 법정통화로 사용하게 했다. 이런 과정에서 대한제국의 은행과 자본가들은 큰 피해를 보았다.

　메가타의 화폐정리사업은 대한제국 금융을 유명무실하게 만들었고, 대한제국의 경제력이 일본인들에게 넘어가도록 했다. 화폐정리사업에 소요되는 비용은 일본으로부터 300만 엔을 차입하게 하였고 대한제국은 부채를 떠안을 수밖에 없었다. 메가타는 일본 흥업은행의 자금으로 농공은행을 설립했고 그것이 식산은행을 거쳐 지금의 산업은행이 되었다. 이런 과정에서 대한제국의 많은 농업인과 상공인들이 점차 몰락의 길로 가게 되었고 결국 파산하는 지경으로 몰렸다.

　메가타는 대한제국 정부의 재정에 대해서도 개입했다. 정부 재정의 심의권, 기안권, 감독권을 재정고문 메가타가 독점했다. 정부의 재정사업은 그의 사전 동의나 결재를 받아야 결정도 하고 지출할 수 있었다. 메가타는 대한제국 정부 출납업무를 일본 제일은행 조선지점에 넘겨서 처리하게 했다.

　미국 변호사로서 일본 외무성의 고문으로 있던 스티븐슨이 대한제국의 외교고문이 되었다. 한성조약 체결 때 일본을 도왔던 사람으로, 미국 언론 인터뷰를 통해 일본의 한국 지배를 찬양하고 다녔던 미국인이었다. 1908년 미국 오클랜드 선창에서 한국인 교포 장인환과 전명운의 저격으로 피살되었다. 독립운동가 장인환은 미국에서 10년간 복역을 한후 외롭게 살다가 자살로 생을 마쳤고, 지금은 국립현충원에 모셔져 있다. 독립운동가 전명운은 모의를 혐의한 증거가 없어 무죄를 받았고 그후 미국에서 세탁소를 운영하면서 어렵게 살다가 생을 마쳤으며 지금은 국립현충원에 모셔져 있다.

4. 억지 늑약, 을사5적

대한제국과 일본은 〈제2차 한일협약, 1905.11.17〉 또는 〈을사조약〉 또는 〈을사늑약〉이라고 불리는 조약을 맺은 날이다. 늑약이라는 말은 '억지로 맺은 조약'이라는 의미이다. 일본은 을사조약 체결로 대한제국을 일본의 보호국으로 만들고 외교권을 박탈했다.

〈경란록〉의 기록이다.

"이토 히로부미를 통감으로 삼아 한국 외부의 외교권을 박탈하여 통감부에 귀속시켰다. 각국의 공사가 모두 철수하고 단지 영사만이 남아 자국의 상민을 보호하였다. 한국 정부의 각 부部에 일본인 고문관을 두었고, 통신원을 양도하여 통감부에 귀속시켰다. 기타 크고 작은 국가의 정무를 모두 스스로 결정하지 못하였다."

11월 9일 일본 추밀원장 이또 히로부미는 대한제국 외교권 박탈을 위한 조약체결을 위해 서울로 왔고 11월 10일 고종황제를 알현하고 천황의 친서를 전달하려 했으나, 고종황제는 천황친서 받기를 거부했다. 11월 15일 이또 히로부미는 다시 고종황제를 알현하고 조약안을 내밀며 조약체결을 강요했으나 고종황제는 이를 거부했고 11월 16일 숙소인 손탁호텔로 대한제국의 내각대신 8인을 불러 조약 체결을 회유했지만 내각대신들은 거부했다.

대한제국 운명의 날인 11월 17일 서울에 주둔 중인 일본군 25,000여 명을 경운궁 주변에 배치한 상태에서 일본공사관으로 대신들을 불러 조약체결을 압박했으나 대신들은 거부했다. 그날 오후 일본공사관 측은 경운궁 수옥헌으로 대신들을 재소집하였고, 고종은 인후염으로 불참한 가운데 대신들은 조약체결을 거부했다. 일본군을 경운궁 수옥헌 내부에 배치시키고 일본군 대포를 경운궁을 향해 조준시킨 상태로 이또 히로부미가 내각회의를 주재했다.

이또 히로부미는 고종황제가 내각회의 결정에 따른다는 것과 다수결로 결정하겠다는 것을 통보했다. 이완용이 처음으로 찬성의견을 표시했고, 한규설은 반내의견을 표시하고 회의장을 뛰쳐나갔다. 민영기, 이하영도 반대의견을 표시했다. 자정을 넘겨 11월 18일이 되었고, 한밤중에 9인의 대신들 중 과반수를 넘기는 대신 5인의 찬성으로 조약안을 결의했다. 조약에는 국새와 외부대신 도장이 날인되어야 했으나, 국새는 찾을 수 없었고, 외부대신 박제순의 도장만 날인했다.

〈을사조약, 제2차 한일협약〉이다

제1조 일본정부는 도쿄에 있는 외무성을 통하여 금후 한국의 외국과의 관계 및 사무를 감리 지휘할 수 있고 일본의 외교 대표자와 영사는 외국에 있는 한국의 신민 및 이익을 보호할 수 있다.

제2조 일본정부는 한국과 타국 사이에 현존하는 조약의 실행을 완전히 하는 책임을 지며 한국정부는 이후부터 일본정부의 중개를 거치지 않고 국제적 성질을 가진 어떠한 조약이나 약속을 하지 않을 것을 기약한다.

제3조 일본정부는 그 대표자로서 한국 황제폐하의 궐하에 1명의 통감을 두되 통감은 오로지 외교에 관한 사항을 관리하기 위하여 경성에 주재하면서 직접 한국 황제폐하를 궁중에 알현하는 권리를 가진다. 일본정부는 또 한국의 각 개항장과 기타 일본정부가 필요하다고 인정하는 곳에 이사관을 두는 권리를 가지되 이사관은 통감의 지휘 밑에 종래의 재한국 일본영사에게 속하던 일체 직권을 집행하고 아울러 본 협약의 조관을 완전히 실행하기 위하여 필요한 일체 사무를 장리할 수 있다.

제4조 일본과 한국 사이에 현존하는 조약 및 약속은 본 협약의 조관에 저촉하는 것을 제외하고는 다 그 효력이 계속되는 것으로 한다.

제5조 일본정부는 한국 황실의 안녕과 존엄을 유지함을 보증한다.

[국사편찬위원회, 사료로 본 한국사]

한규설 참정대신은 을사조약을 처음부터 분명하게 반대하였고 일본은 온갖 협박을 가했으나 끝까지 뜻을 굽히지 않았다. 일본은 한규설을 수옥헌 내 골방에 감금하고 내각대신에서 면직시켰다. 한규설은 을사조약이 체결된 뒤에는 중추원 고문, 궁내부 특진관을 지냈고, 한일합병 후에 일본이 한규설에게 남작 작위 주었으나 거절했다. 칩거생활을 하면서 조선교육회를 창립하였고, 아들 한양호는 지금의 서울여자상업학교의 전신인 경성여자상업학교를 설립했다. 한규설은 1848년 서울에서 출생하였고 갑신정변 때 희생된 한규직이 그의 형이며, 1930년 82세로 충청도 청주에서 사망했다.

〈경란록〉의 기록이다.

"외부대신 박제순은 유학을 배운 집안의 자제로 조금 식견이 있어 시비를 구별할 정도의 의리를 알았다. 처음에는 큰 소리로, "저들이 아무리 강제로 굴복시키려 해도 결코 조인해서는 안 된다"고 하였다. 이어서 외부 관원에게 말하기를, "만일 정부에서 인신을 입송하라는 명령이 있으면 모름지기 즉시 부(部)의 연못에 관인을 던져 버리고 절대로 입송하지 않도록 하라"고 말하고서 정부로 들어갔다.

밤중이 되자 정부에 있던 외부대신 박제순이 전화로 외부 입직관에게 말하기를, "형세상 거역하기 어렵다. 인신을 즉시 보내도록 하라"고 하였다. 당시 입직관 어윤적은 외부 소속 관원 김석영을 시켜 인신을 가지고 입송하게 하여 역적 박제순이 협정서에 조인하였다."

9명의 대신 중에서 5인이 을사5적으로 박제순 외부대신, 이지용 내부대신, 이근택 군부대신, 이완용 학부대신, 권중현 농상부대신이 그들이다. 대신들 중에서 한규설 참정대신만 반대의견을 지속했다. 이하영 법무대신, 민영기 탁지부대신, 이재극 궁내부대신은 반대의견을 표시했다가 조약체결 이후 입장을 바꾼 사람들이다.

박제순은 경기도 용인에서 철종 때 출생(1858)했고, 충청도관찰사로 있을 때 동학농민군을 진압했다.

외무대신으로서 을사조약을 체결하고 도장을 날인하여 을사5적이 되었고 도로에서 여러 번 피습을 당했다. 총리대신서리로서 경찰권을 일본에 이양하는 각서를 체결했고, 내부대신 때에는 한일합병을 체결하여 경술조약 8인에 포함되었다. 일본정부로부터 자작 작위를 받았고, 중추원 고문으로 임명되었으며, 일본 천황에 대한 충성 맹세까지 했던 사람으로 1916년 58세에 사망했다.

이지용은 1904년 외부대신 서리로서 한일의정서를 체결했고, 1905년 내부대신으로 을사5적에 포함되었다.

이근택은 충주에서 고종 때(1865) 출생했고 을사조약 체결 때 40세로 군부대신으로 있었다. 일제강점기에는 자작 작위를 받았고 중추원 고문으로 있다가 1919년 54세에 사망했다.

이완용은 경기도 광주에서 철종 때(1858) 출생했고, 최초 공립학교인 육영공원에서 영어를 배웠다. 독립협회 활동을 했고, 미국공사관으로 지내면서 친미파였다. 아관파천을 주도하면서 친러파로 돌아섰다가, 러일전쟁 때 미국과 일본의 태프트–카스라 밀약을 듣고 친일파로 돌아섰다. 을사조약 체결로 을사5적에 들었고, 정미7조약 체결로 정미7적에 들었으며, 기유각서를 체결한 바 있고, 한일합병조약 때 체결을 주도하여 경술8적이 되었다. 일본의 국권침탈 과정에서 한일의정서를 제외한 나머지 4개 조약체결에 모두 참여했다. 일본으로부터 백작 작위를 받았고, 1915년 다이쇼 일본왕의 즉위식에 참석했다. 1920년에는 후작이 되고, 일제의 식민정책에 협력했던 사람으로 1926년 68세에 사망했다.

권중현은 충청도 영동에서 철종 때 출생(1854)했고, 독립협회에서 활동했다. 을사조약 체결 때 51세로 농상공부대신으로 있었고 을사5적 암살단의 저격을 받기도 했으나 미수에 그쳤다. 권중현은 1906년 일본통감 이토 히로부미와 '압록강·두만강 삼림경영협동약관'을 체결하여 이권을 넘겨주기도 했다.

한일병합 때 자작 작위를 받았고, 중추원 고문으로 임명되었으며, 1934년 80세에 사망했다.

〈경란록〉의 기록이다.

"탁지부대신 민영기와 법부대신 이하영이 날인하지 않았다. 하지만 이하영은 속으로 일본을 돕고는 겉으로 한국을 위한 척하였다. 참정 한규설이 발을 구르며 이를 꾸짖고 즉시 일어나 나아갔다. 대개 역적 박제순은 처음에는 비록 큰소리를 쳤으나 끝내 거액의 뇌물을 받고 달갑게 매국을 하였으니, 주벌을 당하지 않을 수 있으리오. −뇌물을 받을 때 소개한 자가 구완희였다. 그다음 날 박제순이 구완희에게 서신을 보내어 '죽더라도 속죄하기 어려우니 어디에 몸을 둘 수 있는가?'라고 하였다.−"

이하영, 민영기, 이재극은 을사3흉으로서 이하영 법무대신은 부산

기장 출신으로(1858) 소극적으로 반대를 표시하다가, 조약체결 과정에서는 지지를 나타낸 사람으로 한일병합 이후 일본으로부터 자작 작위를 받았고, 총독부 중추원 고문에 임명되었고 이후 시흥 수암면 집으로 내려가 은거하다가 1929년 사망했다.

민영기 탁지부대신은 경기도 여주 출신으로(1858) 처음에는 적극적으로 반대했으나 이후에는 일제에 협력했고 한일합병 후 남작 작위를 받았던 사람이다.

궁내부 대신 이재극은 각료는 아니었지만 조약체결에 대해 고종황제를 협박했던 사람이었다.

을사조약 체결의 현장은 경운궁 중명전으로 1901년 수옥헌이라는 이름으로 황실도서관으로 지은 건물이다. 1904년 경운궁 화재로 수옥헌이 황궁으로 사용되었고 그 후 중명전으로 이름을 바꾸었는데 '중명重明'은 '광명이 계속 이어져 그치지 않는다'는 뜻을 가지고 있다. 을사조약이 체결되었던 장소이면서, 고종황제가 헤이그 밀사를 임명했던 장소이기도 했다.

대한제국은 일본, 청나라, 미국, 러시아, 영국, 프랑스, 독일에 공사관을 가지고 있었으나 을사조약 이후 모두 폐쇄되었다. 대한제국 일본공사관은 해외의 대한제국 공사관 중에서 1887년경에 제일 먼저 개설되었다고 하나 도쿄에 있었다고만 알려져 있고 구체적인 사실에 대한 기록은 남아 있지 않다.

청나라에는 〈한청수호통상조약, 1899〉에 따라 외교관을 파견하고, 대한제국의 공사관은 베이징 천안문 동쪽 둥자오민샹東交民巷 거리에 있던 미국공사관의 부속건물을 1901년 매입하여 문을 열었다. 을사조약 이후 당시 건물은 매각되어 철거되었고 현재 위치에는 1917년 신축건물이 들어섰다.

대한제국의 미국공사관은 미국공사 박정양이 1887년에 건물을 빌려서 공사관으로 사용하였다.

1891년 고종의 내탕금으로 미국 워싱턴D.C. 백악관 북동쪽 로건서클에 있던 저택을 매입하여 16년 간 공사관으로 사용하다가 을사조약으로 김윤정 대리공사 때 폐쇄되었다. 한때 이완용도 이곳 공사관에서 근무를 했다. 한일합병 때에는 일제가 이 건물을 5달러에 대한제국으로부터 매입하고는 매각했다. 2012년 문화재청과 문화유산국민신탁이 이 건물을 재매입하여 대한제국 당시의 미국공사관 원형을 복원하고 2018년 개관했다.

대한제국 러시아공사관은 상트 페테르부르크 빤쩨레이몬스카야 거리(현재 뻬스쳴야 거리)에 있는 건물의 4층, 6호와 7호에 1901년 개설했다. 대한제국 러시아공사관으로 사용하던 건물에는 푸쉬킨과 레닌도 거주했던 역사적 건물로서, 러시아정부는 보존건축물로 지정하여 관리하고 있다. 을사조약 후 이범진 공사는 공사관을 떠나 페테르부르크로 정착하면서, 개인자격으로 외교활동을 하다가 1911년 자결했다.

대한제국 영국공사관은 1901년 런던 얼스코트 트레버로드 건물에 개설했다. 을사조약 후 공사관은 폐쇄되었고 대리공사 이한응은 침실에서 목을 매고 자결했다. 런던에 있는 공사관 건물은 현재는 다가구 임대 아파트로 사용 중이다.

권석하의 〈대한제국 멸망 자결로 맞선 이한응 전 영국공사의 흔적〉 기사에서 "이한응 열사는 이준 열사 순국보다 2년도 더 전에 영국 런던에서 제1차 한일의정서(1904년 2월23일) 늑체로 시작된 대한제국 멸망을 예감하고 경각의 유서를 남긴 채 자결했다. 열사는 본국으로부터 전문 한 통을 받은 후 다음날 자결한다. 현재 전문이 남아 있지 않아 내용에 대해서는 설이 분분하나 분명 공사관 폐쇄를 명령하는 전문이었으리라는 추측이다. 열사의 자결 이후 일본은 주영은 물론 주러, 주미 등 열강에 나가 있던 모든 공사관을 그해 7월 전까지 서둘러 폐쇄한다. 열사는 외교를 잘못한 책임을 절감하면서 3통의 유서를 남겼다. 자신의 자결 이유를 밝히는 유서와 부인·형님에게 남기는 유서였는데, 이를 마지막으로 열사는 1905년 5월 12일 교수 자결했다."라고 했다.

[주간조선 사이트, 2022.3.21]

5. 이어지는 자결

을사조약이 체결 사실이 알려지면서 많은 사람들의 자결이 이어져 민영환, 조병세, 홍만식, 이상철, 김봉학, 송병선과 송병순 형제가 자결했고 민영환의 인력거꾼도 자결했다.

〈경란록〉의 기록이다.

"민영환은 제3의 석차로써 분한 마음을 견디지 못하고 맹렬히 떨쳐 일어나 스스로 소두가 되어 임금께 글을 올렸다. 임금은 백퇴하고 문 밖으로 내쫓도록 명하였다. 여러 고위관리들이 나와 평리원으로 가서 엎드려서 서로 비장한 약속을 하였으나 일본군이 그곳에 출동하여 해산시키자 부득이 각자 집으로 돌아갔다. 민영환은 자기 집으로 돌아가지 않고 잠시 자신의 겸인의 집에 가서 홀로 묵었다가 그날 저녁 칼로 목을 찔러 자결하였다.

나라 사람들에게 유서를 남겼는데 문명국이 되어 국권을 회복할 것을 촉구하였다. 그 뛰어난 충절은 해와 별처럼 밝게 빛난다. 또 피 묻는 옷을 마루 틈에 놓아두었는데 그 곳에 총죽 세 그루가 자생하였다가 몇 달 후에 푸르름을 간직한 채 그대로 말라버렸다. 이는 대개 고금에 없었던 충절이다. 당일 충정공이라는 시호를 내리고 승지에게 명하여 가서 노친을 위로하고 어린 자식을 위문하였다. 장례식을 치르는 절차는 전례보다 더욱 넉넉히 행하였다. 이 날 각 모임의 사람들과 관리와 하인들이 일제히 나와 장례식을 도왔고 서로들 상여를 메고 용인에 가서 예법대로 장례식을 지냈다. 경성에서 장지까지 여러 선비와 백성들의 울부짖고 곡하는 소리가 도로에 끊이질 않았다. 기절하여 길에 넘어진 자도 많았다."

민영환은 러일전쟁 후 심해지는 일본의 내정간섭에 항거하고 친일내각과 대립하여 한직으로 돌았으며 을사조약 체결로 대한제국의 외교권을 박탈당하자, 원임의정대신 조병세를 소두로 하여 을사5적의 처형과 을사조약의 파기를 요구했으며 일본 헌병에 의해 조병세는 구금되자, 자신이 소두가 되어 두 차례 상소를 올렸다. 일제의 협박에 의하여 왕명

거역죄로 구속되었다가 평리원에 가서 대죄한 뒤 풀려났다. 1905년 국운이 이미 기울어졌음을 깨닫고 3통의 유서를 작성하고 집에서 자결했다. 한 통은 국민들에게, 또 한 통은 주한외국사절들에게, 나머지 한 통은 황제에게 올리는 글이었다.

〈경란록〉의 기록이다.

"고위관리 이하 선비와 백성 수만 명이 표훈원 앞에 모였다. 참정 심상훈이 그 일을 주도하여 역적들을 성토하려고 하였는데, 일본 헌병이 칼을 휘두르며 돌진하여 강제로 해산시키고 고위관리를 마구 끌어냈다. 원임대신 조병세가 그들의 손에 끌려갔는데, 그날 독약을 마시고 자결하였다. 충정이라는 시호를 내려주었다."

민영환의 자결 소식에 원임대신 조병세는 조약을 규탄하였고 이 일로 일본헌병에 연행되어 집으로 끌려갔고 집에서 자결했다. 갑신정변 때 처형된 홍영식의 형인 전참판 홍만식도 독약을 먹고 자결했고, 학부주사 이상철이 자결했다. 평양진위대 김봉학은 이토 히로부미를 암살하려다 실패하고 자결했다. 민영환의 인력거꾼도 자결했다.

〈경란록〉의 기록이다.

"유신 송병선이 변고를 듣고 즉시 경성으로 올라와 대궐에 가서 임금을 알현하고 땅에 엎드리고 통곡하며 역적을 주벌하라고 거듭 청하였다. 임금이 목숨을 가볍게 여길까 걱정하여 합문에 물러나 휴식을 취하게 하였다. 임금 주위에 포진해 있는 역적들이 모두 물러나기를 권하였지만 끝내 따르지 않았다. 그러자 경무사 윤철규라는 자가 둘러대는 말로 유인하여 이리저리 돌다가 합문 밖으로 나오게 하였다. 여러 경관을 시켜 옆구리를 끼고 자동차에 태웠다. 자동차가 한번 달리자 순식간에 대전 구룡촌 우암 선생의 옛 집에 도착하였다. 송병선은 그날 저녁 약을 마시고 자결하였다고 부음이 알려졌다. 문충공이라는 시호가 내려졌다."

송병선은 을사조약이 체결되자 두 번 '청토흉적소'를 올렸고 비답이 없자 고종을 알현하고 을사5적을 처형할 것 등 '십조봉사'를 올렸고 1905년 을사조약 파기를 호소하다가 경무대에 붙잡혀 집으로 보내졌고 황제, 국민, 유생들에게 유서를 남기고 독약을 먹고 자결했다.

〈경란록〉의 기록이다.
"삼남 지방의 글을 배운 선비 중 자결한 사람이 많았는데 송 문충공의 아우 심석 송병순 역시 자결하였다. 송씨 집안에 어찌 그리도 충의를 세운 사람이 많은가?"

송병순은 송병선의 동생으로 송병선이 순국한 뒤 구국활동을 결심하고 '토오적문'을 지어 유림들에게 배포하며 국권회복을 호소했다. 한일합병 때 나라를 위하는 충성과 겨레를 사랑하는 마음에는 순국하는 길밖에 없다고 하며, 서산 봉우리에서 투신자살하려다 실패했다. 1912년 일제가 회유책으로 제시했던 은사금과 경학원 강사 임명을 모두 거절하고 유서를 남기고 독약을 먹고 자결했다.

6. 홍주의진, 태인의병

충청도 홍주군에서는 1895년과 1906년 2차례의 항일 홍주의진義陣이 있었다. 1차 홍주의진은 을미사변을 일으킨 일본 세력을 처단하기 위해 김복한을 창의대장으로 하여 홍주의진을 구성했다. 김복한은 병자호란 때 주전파였던 김상용, 김상헌(청음) 형제의 후손으로, 글 솜씨가 뛰어나 왕세자(순종) 교육을 담당했던 선생님이었다.

1894년 일본의 경복궁 침략을 보고 나서 관직을 떠나 낙향했다. 을미사변을 계기로 의병을 준비했고 홍주의 관군들조차도 의병에 참가했다. 홍주의진을 구성한 하루 만에 동조하던 관찰사의 변심으로 조직이 와해되고 말았다. 구성원 중 6명의 '홍주6의사'는 서울로 압송되어 실형을 선고받았다. 김복한은 10년 유배형을 받았으나 고종의 특별지시로 석방되었다. 이후에는 보령으로 이사하여 후학 지도에 전념했다.

1905년 을사조약이 체결되자 유림들의 뜻을 모아 상소를 올렸고, 그 일로 일본 헌병에게 체포되었다가 풀려나기도 했다. 2차 홍주의진 때에도 민종식과 의병을 계획했다고 하여 체포되었다가 풀려났다. 1919년 파리강화회의 소식을 듣고 독립을 청원하는 장서를 보내기 위한 운동을 했다. 그 일로 김복한은 체포되어 서대문형무소에서 복역했다. 그의 가르침을 받았던 사람 중에는 김좌진, 전용욱이 있고, 전용욱은 윤봉길을 가르쳤다. 1860년 출생했고 1924년 64세에 지병으로 사망했으며, 대한민국 정부는 1963년 김복한에게 건국훈장 독립장을 추서했다.

1905년 을사조약이 체결되면서 2차 홍주의진을 구성하여 항일의병에 나섰다. 청양군 정산에 사는 민종식을 총수로 추대하고 전투에 필요한 자금을 모았다. 민종식은 여주에서 여흥 민씨 집안에서 출생(1861)했고 민비의 조카뻘이 된다. 을미사변이 일어나자 미련 없이 관직을 버리고 청양군 정산으로 낙향했다. 을사조약이 체결되자 을사5적의 처단과 항일의병을 유생들과 준비했다. 1906년 예산에서 하늘에 제사를 올리고 2차 홍주의진을 공식 선언했다. 이들은 홍주성을 점령했고, 이후 여러 차례 일본군의 공세를 막아내는 성과를 올렸다. 5월 일본군의 총공세로 홍주성 전투에서 이들은 패퇴하였다. 이때 79명이 붙잡혀 서울로 압송되었고, 70명은 석방되었다. 나머지 9명은 태인 의병장이었던 면암 최익현과 함께 대마도로 유배되었다.

민종식은 보령군으로 피했다가 체포되었으나 순종황제의 특사로 석방되었고, 1917년 56세에 세상을 떠났다. 총독부는 그가 선영에 묻히는 것을 허락하지 않아 3개월 지나 여주 강천면에 묻혔고, 대한민국 정부는 1963년 건국훈장 대통령장을 추서했다. 2차에 걸친 홍주의진은 대한제국 시기에 있었던 대규모 무장의병이었다. 지금의 충청남도 홍성군 홍성읍 오관리에는 당시에 일본군과 치열한 전투를 벌였던 석축으로 된 성벽이 800m 정도 남아있다.

을사조약 체결에 따라 을사의병으로 기억해야 할 사람이 면암 최익현이다. 최익현은 4번 강경한 상소를 올려 을사조약 폐기와 을사5적 처단을 요구했다. 고종은 최익현의 상소를 수용할 수 없었고 관직을 제수했으나, 최익현은 관직 제수를 거부하고 국권회복을 위한 상소투쟁으로 일관했다.

일본은 최익현의 상소투쟁이 한국인의 항일정신을 키운다고 보고 최익현을 체포하여 구금하였다가 본가가 있던 포천으로 강제로 추방했다. 최익현은 포천에서도 상소투쟁을 이어갔고, 일본 헌병은 최익현을 구금했다가 이번에는 가족이 있는 충청도 청양군 정산으로 추방했다. 상소투쟁의 한계를 인식한 최익현은 상소투쟁에서 의병투쟁으로 방향을 바꾸었다. 최익현은 순조 때(1833) 출생하여 1906년인 당시 나이가 74세임에도 백성들의 궐기를 요구하는 격문을 발표했다.

〈면암집, 팔도 사민에게 포고함〉에서 "저 민영환 충정공, 조병세 충정공의 죽음을 보지 못했는가? 국가가 망하고 인민이 멸망한 것이 이 두 분만의 책임이 아니다. 그런데도 이 두 분은 국가와 인민으로 자기의 책임을 삼아 목숨 바치기를 마치 기러기 깃털처럼 가볍게 여겨 조금도 돌아보지 아니한 것은 백성들에게 꼭 죽어야 할 의리로써 다른 마음이 없어야 함을 보여 준 것이다. 진실로 우리 삼천리 인민들이 모두 이 두 분의 마음으로써 마음을 삼아 꼭 죽어야 한다는 마음을 가지고 딴마음이 없다면 어찌 역적을 물리치지 못하겠으며, 국권을 회복하지 못하겠는가. (중략) 시급히 행하여야 할 일을 대강 아래로 나열하여 기록한다.

1. 금번에 새로운 조약을 제멋대로 허락한 박제순·이지용·이근택·이완용·권중현 등 오적은 우리나라의 죄인일 뿐만 아니라, 실로 천지 조

종의 원수이며 전국 만민의 원수이다. 마땅히 빨리 토벌하여 죽여야 하는데 도리어 그들을 조정의 윗자리에 있게 하였고, 비록 진신과 장보들이 토벌을 청하는 상소가 있었지만, 아직까지 한 사람도 칼을 들고 오적을 치려고 한 자가 있었다는 말을 듣지 못했다. 국가와 인민의 수치가 무엇이 이보다 더한 것이 있겠는가? 춘추의 법에 '난신, 적자는 사람마다 그를 잡아 죽여야 한다.' 하였으니, 모든 사민과 군졸과 하인들까지 모두 적을 토벌하지 아니하면 살지 않겠다는 의리를 각각 이마에 붙이고 스스로 노력하고 분발하여 맹세코 저 오적을 죽여서 우리 조종과 인민의 큰 원수를 제거할 것.

1. 저 오적은 이미 나라를 팔아먹는 것을 기량으로 여겨 오늘 한 가지 일을 허락하고 다음날 또 한 가지 일을 허락하여 작년의 의정서와 금년의 오조약을 인준하는 일에 이르러는 다시 여지가 없게 되었다. 필경에 그들의 흉모와 역도는 우리 임금에게 청성·오국의 길을 행하지 않으면 일본의 큰 공신이 될 수 없을 것으로 생각할 것이다. 모든 우리의 높고 낮은 관료 및 병졸과 백성들은 모두 충성을 일으켜서 화환 예방하기를 생각할 것. (하략)"

[한국고전번역원, 한국고전종합DB]

최익현은 전라도 태인에서 궐기하여 정읍, 순창, 곡성을 점령했는데 이것이 태인의병(義兵)이다. 남원에서 공격을 앞두고 남원수비병은 일본군이 아닌 한국인 지방군사였다. 최익현은 같은 동포끼리 전투를 벌일 수 없다고 하여 의병군을 자진해산했다. 체포된 최익현과 의병군 일부는 일본 쓰시마 섬으로 유배되어 경비대 감옥에 구금되었다. 최익현은 일본인이 주는 밥을 먹을 수 없다고 단식투쟁을 벌이다 옥중에서 사망했다. 그의 시신은 가족들이 있는 청양 정산으로 모셔졌고, 상여가 지날 때 마다 그를 추모하는 사람들로 인해 거리를 메웠다.

〈경란록〉의 기록이다.

"전 판서 면암 최익현은 고향집에 있다가 변고를 조금 늦게 들었는데 시국이 크게 바뀌고 임금이 계신 대궐과 멀리 떨어져 있어 상경할 수 없었다. 그는 역적을 토벌하라는 상소문을 올린 뒤 마침내 의병을 일으켜 호남에 가서 의병을 모집하였다. 하지만 일본 병사에게 붙잡혀 바다를 건너 대마도에 구금되었다. 8, 9일 동안 입에 물을 대지 않아 운명하였다."

7. 김청음과 정동계

〈황성신문, 1905.11.20〉에서 장지연은 〈시일야방성대곡〉을 썼다.

"(상략) 이 조약은 비단 우리 한국뿐만 아니라 동양 삼국이 분열하는 조짐을 만들어낼 것인즉, 그렇다면 이토 후작의 본의는 어디에 있는가. 비록 그렇다 해도 우리 대황제 폐하는 강경한 성의로 거절하기를 그치지 않으셨으니, 이 조약이 성립되지 못한다는 것은, 생각하건대 이토 후작 스스로 알고 간파하였을 것이다. 아, 저 개, 돼지만도 못한 소위 우리

정부의 대신이란 자들은 자기 일신의 영달과 이득이나 바라고 거짓 위협에 겁먹어 머뭇대거나 벌벌 떨며 나라를 팔아먹는 역적이 되는 것을 달갑게 여겨서 4000년의 강토와 500년의 종묘사직을 남에게 들어 바치고, 2000만 백성을 남의 노예가 되도록 하였도다. 저 개, 돼지보다 못한 외부대신 박제순과 각 대신들이야 깊이 꾸짖을 것도 없거니와 명색이 참정대신이란 자는 정부의 수반임에도 단지 '부(否)'자로써 책임을 다했다고 둘러대어 명예를 얻는 밑천으로 삼을 계획이었는가. 김청음(김상헌 호)처럼 문서를 찢고 통곡하지도 못했고, 정동계(정온 호)처럼 칼로 배를 가르지도 못하고 버젓이 살아남아서 세상에 다시 나섰으니 그 무슨 낯으로 강경하신 황제 폐하를 다시 뵈올 것이며, 무슨 낯으로 2000만 동포를 다시 대할 것인가.

아, 원통하고 분하도다.

우리 2000만 남의 노예가 된 동포여, 살았는가, 죽었는가. 단군과 기자 이래의 4000년 국민정신이 하룻밤 사이에 별안간 멸망하고 말 것인가. 원통하고 원통하다. 동포여, 동포여."

[국사편찬위원회 홈페이지, 사료로 본 한국사]

장지연은 경상도 상주목에서 고종 때(1864) 출생하였고 1898년 32세 때 경성신문을 인수해 대한황성신문으로 이름을 바꾸어 발행하다가 〈황성신문〉으로 개편하고 주필로 활동했다. 1905년 41세 때 을사조약으로 대한제국의 외교권이 일제에 넘어가자 황성신문에 위 글을 게재하였다.

일본은 바로 장지연을 구속하고, 황성신문은 정간시켰다. 장지연은

1906년 1월에 풀려났다.

일제 강점기에 조선총독부의 기관지 매일신보에 기고했던 글 중에는 일본의 역할을 긍정적으로 보는 것도 있었다. 1962년 대한민국 건국 훈장 국민장이 추서되었고, 2011년 매일신보의 친일적인 글들이 문제가 되어 서훈이 취소되었다가, 2012년 법원으로 부터 2011년의 서훈 취소 결정이 무효로 판결을 받았다.

을사조약의 원통하고 분한 마음을 병자호란 때 주전파 김청음과 정동계를 들어 표현했다. 김청음은 병자호란 때 청음 김상헌을 말하고, 정동계는 동계 정온을 가리킨다. 김상헌은 안동 김씨로서 선조 때인 1570년 서울에서 출생하였고 순조 때 세도정치의 시작인 김조순의 직계 조상이기도 하다. 김상헌은 병자호란 당시 66세 때 인조를 모시고 남한산성으로 피난을 갔다. 급박한 위기의 한가운데에서 항전을 주장한 인물이다. 죽기로 작정하고 식사를 하지 않은 채 목을 매었으나 주변 사람이 발견하여 살아나기도 했다. 70세에 김상헌은 주화론자 최명길과 함께 심양으로 잡혀가서 구류생활을 했다. 소현세자와 함께 귀국하여 양주 석실에서 지냈다. 1652년 지조와 절개의 김상헌은 82세에 죽었다.

김상헌이 남긴 유명한 시조이다.

가노라 삼각산아 다시 보자 한강수야

고국산천을 떠나고자 하랴마는

시절이 하 수상하니 올 동 말 동 하여라

정온은 경남 거창에서 선조 때(1569) 출생하였고 광해군 때 영창대군의 죽음이 부당하다고 상소하였다가 제주도로 유배생활을 했다. 유배지에서 제주도 사람들에게 글을 가르쳐 제주 5현의 한 사람으로 부른다. 병자호란 당시 김상헌과 함께 항전하기를 주장했고, 인조가 청나라에 항복을 하자 칼로 자신의 배를 찔러 자결을 시도했다가 실패했다. 그 후 일체의 관직에서 물러나 경남 거창으로 낙향하여 은거생활을 하다가 72세에 죽었다(1641).

경남 거창에 있는 동계 종가집은 1500여 평에 70칸의 대저택으로 명당터로 유명하고 문화재청에서는 종가집을 활용하는 행사를 하는 곳이다.

8. 나랏빚 1,300만 환

대한매일신보의 〈국채 1300만환 보상취지서, 1907.2.21〉 기사이다.

"(상략) 일반 국민도 이 국채 보상에 대한 의무에 대해 모른체 하거나, 참여하지 않겠다고 말할 수 없다. 모두가 보상에 참여해야만 성공할 수 있다. 2,000만의 백성이 3개월 동안 담배를 끊고 그 돈을 각 사람마다 20전씩 낸다면 1,300만원을 모을 수 있다. 만약 부족하다면 1원, 10원, 100원, 1000원 등 따로 기부를 받으면 될 것이다. 사람이 마땅히 감당해야 할 의무이니만큼 잠시 결심만 하면 된다. 일본의 결사대들이나 반지와 살림을 내놓은 일본 국민들과 비교하면 무엇이 더 어려운 일이겠는가? 아, 우리

2,000만 동포 중 진실로 조금이라도 애국 사상을 가진 사람이 있다면 두 마음을 품지 말아야 할 것이다. 부족한 우리들이 이렇게 발기하여 경계하는 글을 계속 내면서 피눈물을 흘리는 마음으로 바라는 것은, 우리 대한의 군자들이 모두 보고 말과 글로 서로 경고하여 모든 사람이 이 내용을 알고 실천하기를 바란다. 이를 통해 위로는 황상의 은혜에 보답하고 아래로는 강토를 지킬 수 있다면 천만다행이라 생각한다."

[국사편찬위원회 홈페이지, 사료로 본 한국사]

나랏빚 1,300만 환. 대한제국 1906년도 1년 예산이 790만 환이었으니, 1년 반 이상의 예산금액이다. 문제는 전부가 일본으로부터 들어온 돈이었다. 이 빚을 먼저 갚아나가자는 운동이 대구에서 시작된 것이다. 일본은 대한제국에 빚을 더 강요하는 상태였고, 빚이 늘어날수록 대한제국은 위축되어갔다.

임오군란 이후로 조선 정부에서도 국가 부채는 있었는데 주로 청나라로부터 돈을 빌려왔다. 문호개방을 추진하면서 돈이 필요했고, 임오군란으로 인해 발생한 배상금을 갚기 위해서였다.

청나라에서 빌린 돈은 조선의 정부의 재정으로 감당할 수준이었으므로 빚으로 인한 위축감을 갖고 있지 않았다.

대한제국 시절 일본으로 빌린 돈은 조선정부 때와는 달랐다. 1904년 1차 한일협정에 따라 먼저 일본인 재정고문이 오고, 1905년 통감부가 설치되면서 일본에서 돈이 들어오기 시작하여 일본에서 들어온 돈은 모두 4건으로 원금이 1,150만 환이고 이자가 150만 환이었다. 1905년 1월 대한제국의 화폐정리사업을 추진한다는 명목으로 일본 제일은행에서 300만 환이 들어왔고 6월에는 대한제국의 부채를 정리한다는 명목으로 200만 환이 들어왔다. 12월에는 대한제국의 화폐정리에 따른 금융악화를 완화한다는 명목으로 150만 환이 들어왔다. 1906년 3월 항구 및 도로시설, 교육 및 금융기관 시설과 일본인 관리 고용비용 등의 명목으로 500만 환이 들어와 모두 1,150만 환의 빚을 지게 되어 일본에서 들어온 돈에 대해 불안감을 가지기 시작했다.

대구 지역에서 교과서와 각종 서적을 발행하던 회사인 '광문사'라고 하는 회사가 먼저 나라의 빚을 갚아 나가자고 제안했다. 이 회사의 서상돈 부사장이 제안을 했고 김광제 사장과 여러 회원들이 이에 동참하여 모금운동을 시작했다. 2,000만 명의 대한제국 국민이 담배를 끊고 1인당 한 달에 20전 씩 모으면 3달 안에 빚을 갚는다는 모금운동이었다.

서상돈과 김광제는 모금활동을 추진할 조직을 '광문사'에서 '대동광문회'로 개칭하고, 국채보상발기문과 국채보상운동취지서를 작성 발의해서 발기인을 모집했다. 2월 21일 대구 서문시장 초입에 있는 누각 북후정에서 국민대회를 열어 국채보상운동취지서를 낭독하고 대구 서문 밖 수창사에 국채지원금 수합사무소를 설치하고 모금활동을 시작하였다. 역사 현장이었던 북후정은 대한제국에서 일제로 넘어가면서 헐리고 지금은 없고 2월 21일은 대구시가 '대구 시민의 날'로 정하여 기념하고 있다.

대구에서 시작한 국채보상운동은 서울과 지방으로 확산되었고 전국에서 여러 단체들이 결성되어 모금운동을 벌여 나갔다. 고종도 이 운동

소식을 듣고 담배를 끊겠다는 칙어를 발표했고 고위 관료들도 동참했으며 국채보상 모금운동은 양반, 농민, 부녀자까지 참여했다. 특히 대구의 많은 상인들은 일본의 주권침탈 과정에서 경제적 피해를 입고 있어서 앞장서서 참여하였고 지금의 대구 서문시장 자리가 국채보상모금운동의 중심지였다.

1908년 4월 국채보상운동의 전국적인 모금집계를 담당하고 있던 대한매일신보사 모금총합소에서 집계한 모금총액은 약 143,000환이었고, 7월에 일본 헌병대가 집계한 모금총액은 약 187,000환이었다. 갚아야 할 나라 빚 1300만 환에는 한참 못 미치는 금액이었다. 대한매일신보사의 총무로 있던 양기탁은 횡령혐의를 씌워 구속하였지만 재판결과는 무죄였다. 일제의 방해로 국채보상운동은 큰 타격을 입었다.

나라 빚 상환이라는 목표는 달성하지 못했다. 1909년 모금액 처리를 위해 유길준을 회장으로 하는 국채보상금처리회를 조직하여 재단을 만들고 수익으로 교육사업을 벌이기로 정하여 토지를 매수하는 과정에서 한일합병이 되었다. 국채보상금처리회 자체가 조선총독부 통제에 들어갔고 기금은 일제에 흡수되어 끝이 났다.

1997년 국채보상운동정신을 기념하는 국채보상기념사업회를 설립했고 1998년 국채보상운동기념공원을 대구 동인동에 조성하였다. 2004년 대구시는 서구와 수성구를 가로지르는 도로를 도로명 '국채보상로'라고 정했으며 2011년 기념공원 안에 국채보상운동기념관을 건립했고 2015년 국채보상운동기록물이 유네스코 세계기록유산으로 등재되었다.

우리가 기억해야 할 외국인으로서 대한매일신보사를 창간한 영국언

론인 어니스트 베델, 한국이름 배설이다. 그는 1872년 영국 브리스톨에서 출생했고 1904년 3월 배델은 32세에 영국의 데일리 크로니클 신문특파원으로 러일전쟁을 취재하기 위해 한국에 왔다. 7월 베델은 특파원을 그만두고 서울에서 〈대한매일신보〉를 창간하여 국한문판, 국문판, 영문판의 3개 신문을 발행했다. 베델은 일본의 황무지 개간권 50년 요구를 반대한다는 기사를 시작으로 반일 논조를 분명히 했다. 영국은 일본의 한국침탈을 지지하는 입장이었고 영국총공사는 베델의 반일논조의 신문 발행이 영일관계에 장애가 된다고 본국에 보고했다. 11월 베델은 장지연의 황성신문 '시일야방성대곡'을 영문 호외로 만들어 뿌렸고 일본에 있는 재팬크로니클이 기사로 다루었다.

대한매일신보의 발행부수가 폭증하면서 큰 영향력을 가지게 되었고 일본은 영국에 베델의 추방을 요구했다. 1907년 한국에서는 고종이 강제 퇴위되고, 전국적으로 의병봉기가 있었고 통감부는 대한매일신보가 논설이 의병봉기의 원인이라고 보았고 영국총영사에게 베델의 처벌을 요구했다. 영국총영사는 베델을 재판에 회부하기로 했고 결과는 6개월 근신의 유죄판결이었다.

근신기간이 지나 대한매일신보는 통감부와 대한제국 내각을 비판하는 기사를 다시 실었고 일본은 베델의 추방공작을 추진했다. 영국은 2차 재판을 여는 것으로 결정하고 베델에게 3주일의 금고형을 선고했다. 그사이 일제는 국채보상금 횡령 혐의로 대한매일신보 총무 양기탁을 구속하여 신문사의 운영을 방해하고 명예를 실추시켰다. 일본 언론의 집중적인 공격을 받게 되었으나 다행히 일본 법원은 양기탁에게 무죄 판결을 내렸다. 이번에는 명예를 훼손한 일본 언론사를 상대로 배델이 손해배상을 청구하여 배상을 받아냈다.

건강을 해친 베델은 1909년 5월 36세 나이로 갑작스럽게 사망하여, 그가 사랑한 한국의 서울 양화진 외국인 묘소에 묻혔고 장지연은 베델의 비석 글을 한문으로 지어서 새겼다. 일제는 이 비석 글을 깎아서 없애 버리는 일까지 저질렀으나, 1964년 4월 신문의 날에 편집인협회가 서예가의 글씨를 받아 비문을 복원했다.

〈대한매일신보 사장, 토마스 베델의 묘비명〉 "슬프다. 이는 대한매일신보 사장 토마스 어니스트 베델의 무덤이다. 끓는 피 두 주먹으로 떨치고 일어나서 2,000만 국민의 의기를 북돋았다. 타고난 생명으로써 싸우기를 무릇 6년 하다가 마침내 한을 머금고 돌아갔으니 이 세상을 뜨니, 공을 위한 소의라 뜻있는 선비 이에 그대를 위하여 비를 세우는 바다.(중략) 그는 죽음에 임하여 "나는 죽지만 원컨대 신보는 길이 영생하여 한국 동포를 구하소서"하고 유언하였다. (하략)"

[카페, 한강역사이야기마을]

2023년 2월 국가보훈처장은 영국 런던에서 베델의 손자인 토마스 오언 베델을 만나 그의 고향 브리스톨에 베델의 동상을 세우기로 약속했다. 대한매일신보는 한일합병 후 총독부의 기관지 '경성일보가 인수하여 매일신보로 발간하다가 8.15 광복 후 현재의 서울신문으로 변경하여 발간되고 있어 현재는 가장 오래된 신문이다.

9. 헤이그 밀사, 황제양위

〈경란록〉의 기록이다.

"함북 출신인 전前 검사 이준은 헤이그에서 만국의 공사들이 모여 대담을 나누는 회의에서 본국의 주권이 빼앗겨 거의 망하게 된 사실을 눈물을 흘리며 호소하고 칼로 자신의 복부를 찌르고 내장을 손으로 꺼내어 각국 공사의 좌석에 그 피를 뿌리고 죽었다."

이준은 함북 북청에서 철종 때(1859) 출생하여 법관양성소를 졸업하고 1896년 37세에 한성재판소 검사보로 임명되었으나 정부 대신들의 비리를 파헤치다가 그들의 중상모략에 빠져 검사를 그만두었다. 일본으로 건너가 대학을 졸업한 이준은 만민공동회 활동을 했고 비리를 탄핵하는 주장을 하다가 투옥되기도 했다. 그 후 이준은 일진회를 반대하는 주장을 하다가 황해도의 섬으로 유배를 가기도 했고 청년계몽운동, 애국계몽운동을 전개했고, 국채보상협회 회장을 맡기도 했다.

1907년 48세에 고종의 밀사로 전 의정부 참사 이상설을 정사로 하고, 전 평리원 검사 이준과 전 주아공사관 참서관 이위종을 부사로 하여 제2차 만국평화회의가 열리는 네델란드 헤이그에 갔다. 4월 부산항을 출발한 이준은 블라디보스톡에서 이상설과 만나고 페테르스브르그에서 이위종을 만났다. 이들은 독일 베를린에서 일본불법행위와 을사조약의 부당성을 담은 〈장서〉를 제작하고 출발한지 64일 만인 6월 25일 네델란드 헤이그에 도착하여 헤이그 융호텔에 숙소를 정하고 태극기를 걸었다.

6월 15일부터 만국평화회의는 진행 중에 있었고, 〈장서〉를 참가국 위원들에게 보냈다. 만국평화회의 의장과 부의장을 찾아갔으나 면담을 거절당했고, 외교권이 박탈된 상태에서 만국평화회의 본회의 참석이 봉쇄되었으며 영일동맹을 맺고 있던 영국의 방해가 있었다. 이준은 7월 14일 헤이그 융호텔에서 48세로 순국했고 헤이그 공동묘지에 임시 매장을 했다.

이준은 건국훈장 대한민국장을 추서 받았고, 유해는 1963년 국내로 봉환되어 수유리에 묻혔고

서울 장충단공원에 이준열사의 동상이 있고, 네델란드 헤이그에는 이준열사기념관과 이준열사기념교회가 있다. 헤이그 밀사 사실이 밝혀지면서 고종황제가 폐위되었고 순종황제가 즉위하였다.

이상설, 이준, 이위종은 〈헤이그 만국평화회의에 고하는 글〉에서 "(상략) 물론 우리나라의 독립은 현재까지도 귀 국가들에 의해 인정되고 있습니다. 그러나 1905년 11월 17일 이상설은 일본이 완전히 국제법을 무시하고 무력으로 우리나라와 여러분들 나라와의 사이에 오늘날까지도 유지되는 우호적인 외교관계를 강제적으로 단절하고자 했던 그 음모를 목격하였습니다. 이러한 결과를 유도하기 위해 폭력으로 위협함은 물론, 인권과 국법을 침탈하는 데 조금도 주저하지 않았던 일본의 소행을 각하 제위 여러분께 알려 드리고자 합니다. 이를 보다 명료하게 하기 위해 우리는 우리의 규탄 이유를 아래 3가지 경우로 나누어 진술하고자 합니다.

1. 일본인들은 대한제국 황제 폐하의 정식 허가 없이 행동하였다.

2. 그들의 목적을 달성하기 위해 일본인들은 황실에 대하여 무력을

행사했다.

3. 일본인들은 대한제국의 모든 국법과 관례를 무시한 채 행동했다.

각하 제위께서 공명정대함으로 위에서 언급한 3가지 사실이 국제협약에 명백히 위반되었는지 여부를 판별해 주시기 바랍니다. 오늘날까지 우리나라와 우방국가 사이에 지금까지 유지되어 왔던 독립국가인 우리나라가, 일본에 의해 우호적인 외교관계를 단절케 되고 극동 평화를 끊임없이 위협하도록 방임할 수 있겠습니까? (하략)"

[국사편찬위원회 홈페이지, 사료로 본 한국사]

〈경란록〉의 기록이다.

"황제의 지위를 선위하자, 새 황제는 창덕궁으로 이어하고 태황제는 그대로 덕수궁에 거처하였다. 그리하여 영구히 서로 막혀 소식을 전할 수도 만날 수도 없었으니, 이는 모두 매국노가 한 짓이다."

1907년 7월에 이완용 총리대신이 고종황제에게 순종황제가 대리청정하도록 진언했다. 7월 6일 이완용 내각은 내각회의를 열고 헤이그밀사 사건의 책임이 고종황제에게 있다는 사실을 확인하고 어전회의를 열었고 어전회의에서 송병준은 고종에게 양위를 하도록 협박하였고 고종은 자리를 떴다. 내각은 황태자에게 양위할 것을 결의하게 되고 고종황제의 결심을 촉구했다.

고종황제는 하는 수 없이 양위를 결심했고 7월 19일 양위식을 가지게 되었다. 양위식을 주관할 궁내부대신 박영효는 병을 핑계로 나타나

지 않았고 이완용이 궁내부대신 서리로 양위식을 가졌다. 양위식에는 고종황제와 순종황제도 없었고 두 명의 내관이 두 황제를 대신하는 것으로 양위식은 진행되었다. 이것이 대한제국 황제 양위식이 되었다. 양위식이 있던 시간에 반일단체는 이완용의 집을 불살라버렸고 그 후 전국에서 이완용 화형식이 열렸다. 집이 불 탄 이완용과 이완용 가족들은 이토 히로부미가 주선하여 왜성구락부에서 생활하다가 황제에서 물러난 고종이 이완용에게 황실이 소유하고 있던 저택에서 지내도록 했다. 궁내부대신이던 박영효는 양위식 사건으로 제주도로 유배되었다. 고종황제의 양위와 순종황제의 즉위 과정도 험난했다.

10. 차관 조약, 정미7적

1907년 7월 내각총리대신 이완용과 통감후작 이토 히로부미가 맺은 〈정미7조약〉이다.

제1조 한국정부는 시정 개선에 관하여 통감의 지도를 받을 것이다.

제2조 한국정부의 법령의 제정 및 중요한 행정상의 처분은 미리 통감의 승인을 거칠 것이다.

제3조 한국의 사법 사무는 일반 행정 사무와 구별할 것이다.

제4조 한국의 고등 관리를 임명하고 해임시키는 것은 통감의 동의에 의하여 집행할 것이다.

제5조 한국정부는 통감이 추천한 일본 사람을 한국의 관리로 임명할

것이다.

제6조 한국정부는 통감의 동의가 없이 외국인을 초빙하여 고용하지 말 것이다.

제7조 메이지 37년 8월 22일에 조인한 한일 협약 제1항을 폐지할 것이다.

[출처 : 국사편찬위원회 홈페이지, 사료로 본 한국사]

정미7조약으로 일본은 대한제국 정부의 모든 업무를 관장하게 되었다. 을사조약으로 이미 외교업무를 관장해 왔고 정미7조약으로 법령제정, 관리임명, 행정처분 등 정부의 업무 전반에 대해 통감부의 승인이나 동의를 받도록 했다. 대한제국 내각의 각 부에는 일본인 차관을 임명하여 차관정치가 시작되었고 정미7조약의 비밀협정에 대한제국군대의 해산이 들어 있었다.

정미7조약을 체결한 정미7적이다. 이완용(1858~1926)은 49세의 내각총리대신으로, 오늘날 국무총리이고 을사5적의 한 명이다. 송병준(1858~1916)은 49세의 외부대신으로, 오늘날 외교부장관이고 친일단체인 유신회를 만들어 활동하다가 일진회로 합쳐 합병청원 활동했다. 이병무(1864~1926)는 41세의 군부대신으로, 오늘날 국방부장관이고 대한제국 군대의 해산을 주도했다. 고영희(1849~1916)는 58세의 탁지부대신으로, 오늘날 기재부장관이고 개화친일파의 한 사람으로서 고종황제 양위에 앞장섰다. 조중응(1860~1919)은 47세의 법무대신으로, 오늘날 법무부장관이고 청일전쟁 때 본격적인 친일파가 되었고 고종황제 양위에도 참여했다. 이재곤(1859~1943)은 48세의 학부대신으로, 오늘날 교육부장관이고 선조의 후손이기는 하나 왕족과 거리가 멀었고, 왕실의 한 사람으로 대접을 받으면서 친일을 했다. 임선준(1860~1919)은 47세의 내부대신으로, 오늘날 행안부장관이고 고종황제의 양위에 참여했다.

〈경란록〉의 기록이다.

"또 역적들은 황제를 강제로 제어하여 남북도를 순수하여 유현과 충훈의 사당과 묘소에 치제致祭하게 하여 그들이 충현을 권장하는 뜻을 보였으니, 더욱 주벌해야 할 자들이다.

가소로운 일이다."

고종의 아들 순종은 22세에 을미사변 때 일본 낭인의 칼에 어머니 민비를 잃었고, 당시 순종의 비였던 순명효황후는 일본 낭인들을 몸으로 막았다가 넘어져 허리를 다쳐 평생을 허리병으로 고생하며 지냈다. 1909년 1월에 일본은 한일관계의 우호를 억지로 보여주려고 순종과 이토 히로부미가 나란히 조선을 두 차례에 걸쳐 부산.대구 지역과 평양.의주 지역을 순행하도록 했다.

11. 무장해제정책

대한제국군 편제는 대한제국 육군, 대한제국 해군, 대한제국 상무영으로 되어 있었다. 대한제국 육군에는 호위대, 시위대, 친위대, 진위대(지방대통합), 헌병대로 구성되어 있고 대한민국 해군은 군함 양무호, 광제호가 있었고 대한제국 상무영은 보부상으로 구성했다.

육군의 호위대는 황제 호위를 담당했다. 중앙군은 시위대와 친위대가 있었고 10,000여 명 수준이었고 지방군는 진위대가 있었고 18,000명 수준이었으며 시위대는 을미사변으로 해체했다가 재결성되었다.

〈경란록〉의 기록이다.

"우리나라 군병이 강제로 해산을 당하였는데 먼저 군부가 혁파되어 여러 장군이 모두 휴직하고 군졸은 단지 은사금이라고 칭하는 적은 돈을 받고 모두 복장을 빼앗기고 해산되었다."

일본은 2번에 걸쳐 대한제국군 무장해제정책을 실행했다. 제1차 무장해제는 1905년 4월에 있었고 제2차 무장해제는 1907년 8월에 있었다. 1차 무장해제에서는 친위대 4,000여 명의 2개 연대를 폐지했다. 시위대는 5,000여 명의 2개 연대를 2,500여 명 규모의 1개 연대로 축소하고 시위혼성여단이라고 했다.

2차 무장해제 때 일본은 대한제국 군인들을 동대문훈련원으로 모이도록 했다. 일본군 교관의 인솔 아래 맨손 훈련인 도수훈련을 한다고 기만을 했고, 이때 일본은 대한제국 군인들에게 은사금이라는 명목으로 돈을 지불했다. 그리고는 일본군은 즉석에서 대한제국 군인들의 계급장을 떼었고 그제야 군인들은 사태를 파악했으나, 무장해제된 상태였다. 일본군 헌병들이 중무장한 상태로 동대문훈련원을 포위하고 있었다. 이런 기만적인 방법으로 1달 동안 전국적으로 계속되면서, 지방군 진위대까지 모두 무장해제하고 해산시켰다. 이런 중에 시위대 소속의 박승환 대대장이 자결했다. 박승환 대대장에게는 1962년 건국훈장 대통령장이 추서되었다. 무장해제에 반대하는 2개대대가 일본군에 대항하여 남대문에서 시가전투를 벌였으나 일본군에 의해 진압되었다.

해산당한 대한제국 군인들은 소총과 탄약을 획득하여 의병에 합류하였고 정미의병을 일으키게 되었다. 이로써 대한제국 정부의 군부는 폐지되었고, 황실의 경비와 의장을 담당하는 정도의 병력만 남게 되었다. 정미의병에 참여한 대한제국 군인들은 병력과 무기 면에서 과거 의병과는 달랐다. 이후 의병들의 전략, 전술 면에서도 발전된 모습을 띄었다. 의병 구성원도 유생들뿐 아니라 노동자, 농민, 상인, 공인, 천민 등 전 계층이 참여했다. 이들은 지방에서 서울진공작전을 벌이기도 했으나 일본군에 의해 실패했다. 〈정미의병 발원터〉 표지석이 서울상공회의소 부근에 세워졌다.

9월에는 통감부에서 〈총포급 화약류 단속법〉을 공포하여 한국인은 무기 소지를 금지시켰다. 한국인 무기 소지에 대해서는 밀고하도록 단속하고 무기소지에 대한 색출에 나서기도 했다. 다수의 한국인들은 연해주나 만주로 이동하여 독립군 활동을 하게 되었다.

12. 의병토벌 작전

1907년에서 1910년 사이에 대한제국군 무장해제를 계기로 항일무력
전으로 정미의병과 서울진공작전이 있었다. 일본은 의병에 대응하고 한
일합병에 대비하는 '남한폭도 대토벌작전'이 2개월간 전라도 지역에서
있었다.

을사의병 이후 정미의병은 해산군인들이 참여한 거국적인 의병항일
전을 전개했다. 8월 2일 원주진위대 군인들이 무기고를 점령하고 여주
주대 군인들도 합세하여 원주시를 장악하고 항일전을 했고 강원도, 충청
도, 경기도 일대에서도 항일전을 벌였다. 8월 10일 강화분견대 군인들이
강화성을 장악하고 항일전을 벌였고 경기도 의병과 합세하여 포천, 연천
에서도 항일전을 했다. 호남지역에서는 장성, 나주, 함평, 무주, 임실에
서 의병을 일으켜 항일전을 했으며 경상남도에서는 거창에서, 충청도에
서는 공주, 회덕에서 의병활동이 있었다. 북한지역에서도 황해도, 평안
도, 함경도에서 항일전이 있었다.

그러다가 1908년 관동의병장이었던 이인영을 주축으로 전국의병진
이 연합하였고 서울진공작전을 전개했다. 각 도의 의병진이 양주에 모여
'13도창의군'을 결성했다. 선발대가 서울의 동대문 밖까지 진출했으나,
일본군의 공격을 받고 패퇴했다. 서울진공작전이 무산되면서 의병진은
독자적 의병활동을 전개했다.

일본은 1909년 9월부터 2개월간 의병초토화작전인 남한대토벌작전
을 전라도를 중심으로 집중적인 의병소탕을 벌였다. 일본 정규군 2,000여

명을 동원하여 3단계 단계별 작전을 벌였다. 1단계는 남원을 기점으로
한 외곽, 2단계는 광주를 기점으로 한 남서해안, 3단계는 전라남도 서쪽
지역으로 하는 초토화작전이었다. 이때 의병 17,000여 명이 사망했고 포
로로 잡힌 의병이 2,000여 명이었다. 의병들은 국내에서 활동이 어렵다
고 판단하고 만주, 연해주로 이동해서 항일전을 이어갔다. 일본군은 민
가를 방화 약탈하고, 민간인들을 학살했다. 일본군에 잡힌 의병포로들은
광양에서 하동까지의 도로작업에 강제동원하기도 하였다. 일제는 이 도
로를 폭도도로라고 불렀다.

13. 헌병경찰

내각총리대신 이완용과 통감자작 소네 아라스케가 〈한국사법 및 감
옥사무 위탁에 관한 각서, 기유각서, 1909.7.12〉를 맺었다.

제1조 한국의 사법과 감옥 사무가 완비되었다고 인정될 때까지 한국
정부는 사법과 감옥 사무를 일본국정부에 위탁한다.
제2조 일본국정부는 일정한 자격이 있는 일본인과 한국인을 한국에
있는 일본재판소와 감옥의 관리로 임용한다.
제3조 한국에 있는 일본재판소는 협약 또는 법령에 특별한 규정이
있는 자 이외에는 한국 신민들에게 한국의 법규를 적용한다.
제4조 한국의 지방관청과 관리는 각기 직무에 따라서 사법과 감옥

사무에서 한국에 있는 일본의 해당 관청의 지휘, 명령을 받고, 또는 이것을 보조한다.(하략)

[출처 : 국사편찬위원회 홈페이지, 사료로 본 한국사]

1907년 7월 이후 일본은 '정미7조약'을 체결한 후부터 대한제국의 사법과 감옥에 관하여 준비하면서, '한일협약 실행에 관한 각서'를 체결하여 대한제국의 사법사무와 일반행정 사무를 분리했다. 1907년 12월 '재판소구성법', '재판소설치법'을 공포하여 3심제 재판 방식으로 변경했다.

1909년 7월 10일 이또 히로부미는 이완용과 박제순을 만나 대한제국의 사법권을 일본에 위탁하는 것으로 개선해야 한다는 의견을 전달했다. 11일 대한제국 임시내각회의를 열고 대한제국 사법권 위탁에 대해 논의하였고 결의한 결과 3인의 대신만이 반대의견을 표명했다. 12일 통감관저에서 이완용, 이또 히로부미, 소네 아라스케가 각서 형식으로 서명했다. 이로써 대한제국 정부의 법부는 폐지되었다. 대한제국 법부의 업무는 통감부 사법청, 통감부 재판소로 넘어갔다.

대한제국에 마지막으로 남아있던 것은 경찰권이었다. 1908년부터 일본군 참모장 아카시 소장은 대한제국 경찰기관을 일본군 헌병 아래 설치하는 계획을 세웠다. 1910년 아카시 소장은 데라우치 통감에게 일본군 헌병과 대한제국 경찰의 통일을 요청했다. 6월 아카시 소장이 헌병대사령관이 되어 헌병과 경찰의 통합안을 대한제국에 요구했다. 대한제국 각의에서 논의한 결과, 탁지부대신 고영희, 학부대신 이용희 반대가 있었고 대신들은 기유각서처럼 각서 형식으로 할 것을 요구했다.

총리대신서리 내부대신 박제순과 통감 데라우치 마사타케가 2개 조항의 〈경찰사무 위탁각서, 1910.6.24〉를 체결하였다.

1. 대한제국의 경찰제도가 완비되었다고 인정될 때가지 대한제국 정부는 경찰 사무를 일본 제국정부에 위탁한다.
2. 대한제국 황궁 경찰 사무에 관해서는 필요에 따라 궁내 대신이 당해 주무관에게 임시로 협의하여 처리하게 할 수 있다.

이제 남은 것은 합병조약만이 남았다.

14. 암살, 암살미수

〈경란록〉의 기록이다.

"평안도 의사 안중근이 가슴에 충의를 가득 품고 국적에게 원수를 갚고자 이토 히로부미가 하얼빈의 철도역 승강장에서 내릴 적에 총을 쏘아 사살하였다."

안중근은 황해도 해주에서 고종 때 출생(1879)했고 16세에 천주교 신자가 되어 토마스(도마) 세례명을 받았다. 29세에 연해주로 가서 의병부대를 조직하여 항일무장 투쟁을 시작했으나 크게 패하기도 했다. 30세에 단지회를 결성하고 동지들과 왼손 약지를 짤라 목숨을 조국에 바치기로 결의했다. 1909년 10월 26일 9시, 안중근은 하얼빈역 열차에서 내리던 이또 히로부미를 향해 권총을 쏘아 죽였고 러시아 헌병에 의해 체포되었고, 러시아는 안중근을 일본대사관에 넘겼다. 일본대사관에서 일본검찰관의 조사를 받고 11월 13일 뤼순감옥에 옮겨졌다.

안중근 자서전 〈안응칠 역사〉 중 15개조 '이토 히로부미 죄상'이다.
"1. 명성황후를 시해한 죄요 2. 한국 황제를 폐위시킨 죄요 3. 5조약과 7조약을 강제로 체결한 죄요 4. 무고한 한국인들을 학살한 죄요 5. 정권을 강제로 빼앗은 죄요 6. 철도, 광산, 산림, 천택을 강제로 빼앗은 죄요 7. 제일은행권 지폐를 강제로 사용한 죄요 8. 군대를 해산시킨 죄요 9. 교육을 방해한 죄요 10. 한국인들의 외국유학을 금지시킨 죄요 11. 교과서를 압수하여 불태워 버린 죄요 12. 한국인이 일본인의 보호를 받고자 한다고 세계에 거짓말을 퍼뜨린 죄요 13. 현재 한국과 일본 사이에 경쟁이 쉬지 않고 살육이 끊이지 않는데, 한국이 태평무사한 것처럼 위로천황을 속인 죄요 14. 동양평화를 깨뜨린 죄요 15. 일본 천황의 아버지 태황제를 죽인 죄라"

[안중근의사기념관 홈페이지, 대한국인 안중근 생애]

안중근은 뤼순감옥에 있는 짧은 기간 동안 〈안응칠 역사〉와 〈동양평화론〉을 집필했는데 일본 고등법원장과 면담기록 〈청취서〉 중에 남아 있는 동양평화론 내용이다.
"1. 동양의 중심지인 뤼순을 영세중립지대로 정하고, 상설위원회를 만들어 분쟁을 미연에 방지하고 2. 한 중 일 3개국이 일정한 재정을 출자하여 공동은행을 설립하고, 공동화폐를 발행하여 어려운 나라를 서로 돕고 3. 동북아 공동 안보체제 구축과 국제 평화군을 창설할 것과 4. 로마 교황청도 이곳에 대표를 파견하여 국제적 승인과 영향력을 갖게 하자는 것 등이었다."

[안중근의사기념관 홈페이지, 대한국인 안중근 사상]

1910년 2월 24일 일본법정은 안중근에게 사형을 선고했고 3월 26일 10시 뤼순감옥 사형장에서 31세로 생을 마쳤다. 안중근 의사는 유언에서 "내가 죽은 뒤에 나의 뼈를 하얼빈공원 곁에 묻어 두었다가 우리 국권이 회복되거든 고국으로 반장해 다오. 나는 천국에 가서도 또한 마땅히 우리나라의 회복을 위해 힘쓸 것이다. 너희들은 돌아가서 동포들에게 각각 모두 나라의 책임을 지고 국민된 의무를 다하며 마음을 같이하고 힘을 합하여 공로를 세우고 업을 이르도록 일러다오. 대한독립의 소리가 천국에 들려오면 나는 마땅히 춤추며 만세를 부를 것이다."라고 했다.

동포에게 고하는 말에서 "내가 한국독립을 회복하고 동양평화를 유지하기 위하여 삼 년 동안을 해외에서 풍찬노숙하다가 마침내 그 목적을 도달치 못하고 이곳에서 죽노니 우리들 이천 만 형제자매는 각각 스스로 분발하여 학문을 힘쓰고 실업을 진흥하며 나의 끼친 뜻을 이어 자유독립을 회복하면 죽는 자 유한이 없겠노라."라고 했다.

[안중근의사기념관 홈페이지, 대한국인 안중근 생애]

안중근의사 기념관을 서울 남산에 1970년 10월 개관하였고, 동상을 1974년에 건립했다. 안중근 의사 흉상을 1987년에 제막했다. 지금의 안중근의사 새기념관은 2009년 건립했고, 새로운 동상을 2010년 10월 제막했다.

1909년 12월 22일에 안중근 의사 2달 후 국내에서 이완용 암살미수가 있었다.

〈경란록〉의 기록이다.

"평북인 이재명이 국적을 죽이고자 맹세하고 이완용을 길가에서 칼로 찔러 창자까지 칼날이 들어갔으나 그래도 죽지 않았다. 의원에 들어가 치료를 받았는데 개의 창자로 끊어진 창자를 이어 살아났다. 이 때문에 길가는 사람들이 이완용을 '구양대감'이라고 칭하였다."

명동성당 앞에는 〈이재명 의사 의거터〉 표지석이 있다.

"이재명(1890~1910)은 친일 매국노인 이완용을 척살하려 한 독립운동가이다.

평북 선천 출생으로, 1909년 명동성당에서 벨기에 황제의 추도식을 마치고 나오는 이완용을 칼로 찔렀으나 복부와 어깨에 중상만 입히고 현장에서 체포되어 이듬해 순국하였다."

이재명은 일본국 판사가 주재하는 재판에 넘겨졌고, 이완용의 죄목을 여덟 가지로 제시했다.

전경익 칼럼의 〈독립운동가 이재명을 아시나요?〉에서,

"재판장: 왜 이완용을 살해하려고 했는가?

이재명: 이완용을 죽일 죄목은 허다하나 8개조로 설명될 수 있다.

첫째 을사조약 체결로 인해 외교권을 일본에 넘긴 일과 조선통감부를 우리나라에 설치케 한 일. 둘째 헤이그 특사로 인하여 황제 앞에 3차에 걸쳐 협박하여 양위케 한 일. 셋째 정미7조약을 강제로 체결한 일과 또한 군대를 강제로 해산케 한 일. 넷째 어린 황태자를 일본에 인질로 보내고 또한 일본 여자와 정책적인 결혼을 시킨 일. 다섯째 고종을 일본에 건너가게 획책한 일. 여섯째 황제를 강제로 서북지방을 순행케 한 일. 일곱째 사법권을 일제에 넘겨 애국지사를 처벌케 한 일. 여덟째 표면적으로는 '일진회'로 하여금 한·일을 합병케 하기 위하여 100만인 서명운동을 전개시켜 합병케 한 일이다.

재판장: 피고의 일에 찬성한 사람은 몇 명이나 되는가?

이재명: 2000만 대한민국 모두이다. 야만 왜종들은 퇴청시키고 재판청 창 밖에 나열한 한국인을 모두 입장시켜라. 그렇지 않으면 나는 너의 심문에 대답하지 않겠다."

[2019.3.4. 경남도민신문]

폐를 찔려 치명상을 입은 이완용은 수술을 받고서 가까스로 살았다. 〈경란록〉에 따르면 이완용은 끊어진 창자를 개의 창자로 이어서 살았다고 하여 '구양대감'이라고 불렀다고 했다. 이완용은 이때 입었던 상처로 죽을 때까지 폐렴을 앓다가 1926년 사망했다.

8월 22일 경술국치로 대한제국이 멸망하고, 이재명의 사형 판결은 확정됐고, 30일 이재명의 교수형이 집행되었고, 22세였다. 대한민국 정부는 1962년 이재명 의사에게 건국훈장 대통령장을 추서했고 현충원에는 그의 위패가 모셔졌다.

〈경란록〉의 기록이다.

"통감 이토 히로부미가 피살된 뒤 소네 아라스케가 대신 통감이 되었다. 사람됨이 온화하고 근신하여 특별한 학정이 없었는데, 병으로 사직하고 떠났다가 죽었다.

데라우치 마사타케가 통감이 되어 한일을 병합하고자 하여 역적 이완용과 은밀히 계획을 세우고 일진회장 이용구와 송병준이 합방선언서를 제출하여 신문에 게재함으로써 국민이 자원한다고 빙자하였다. 경향 각지의 사회단체가 이제 일제히 일어나 큰소리로 성토하니 전국이 들썩하였다. 하지만 입과 붓의 힘으로 어찌 칼과 총포의 힘을 당할 수 있겠는가?"

15. 경술국치 경술8적

〈경란록〉의 기록이다.

"데라우치 마사타케가 통감이 되어 일한을 병합하고자 하여 역적 이완용과 은밀히 계획을 세우고 일진회장 이용구와 송병준이 합방선언서를 제출하여 신문에 게재함으로써 국민이 자원한다고 빙자하였다. 경향 각지의 사회단체가 이제 일제히 일어나 큰소리로 성토하니 전국이 들썩하였다. 하지만 입과 붓의 힘으로 어찌 칼과 총포의 힘을 당할 수 있겠는가?"

일본은 1910년 5월 30일 통감에 일본 육군대장 데라우치를 임명하여 일본정부 육군대신과 통감을 겸직하도록 했는데 데라우치는 대한제국의 마지막 통감이면서 초대 총독이 되는 사람이다. 데라우치는 죠슈번이 다스리던 야마구치현 출신이다. 죠슈번은 사스마번과 함께 일본 메이지유신을 일으킨 파벌로 당시 일본군부는 죠슈번 출신이 장악하고 있었다. 일본군부 출신의 데라우치가 임명된 것이 무단통치의 시작이었다.

통감부에 6월 24일 경무총감부를 두어 한국 경찰사무를 위탁하게 하였고 일본군 헌병사령관이 경무총장을 겸임하게 했다. 지방은 일본군 헌병대장이 각 도의 경찰부장을 겸임하도록 했고 일본군 2개 사단병력을 전국 각지에 배치했다. 이로써 만일의 사태에 대비하여 무력으로 제압할 수 있는 체제를 준비했다.

데라우치 통감은 7월 23일 한일병합조약의 초안을 가지고 서울에 도착하여 우선 한국의 대한민보 발행을 정지시키고, 대한매일신보에 대해 신문판매를 금지시켰다. 7월 29일 이완용을 총리대신, 박제순을 내부대신, 조중응을 농상공대신으로 하는 내각으로 교체했다. 8월 16일 데라우치 통감은 이완용 총리와 조중응 대신을 남산에 있는 통감관저로 불러 한일병합조약안에 대해 의논했다. 8월 18일 이완용 총리대신은 내각회의를 열고 데라우치로부터 받은 조약안에 대해 합의를 보았다.

8월 22일 서울 전역에 헌병을 배치한 상태에서 순종황제 앞에서 총리대신과 일본통감이 어전회의를 열고 내각회의의 합의 결과를 결의하는 형식을 취하여 어전회의의 결의에 따라 이완용 총리대신과 데라우치 일본통감은 한일병합조약을 조인했다.

8월 29일 한국 국민들의 저항을 고려한 일본은 집회를 금지시키고 원로대신들을 연금한 상태에서 순종황제가 조칙을 발표하도록 하여 한일병합조약을 반포했으며 이로써 조선 518년, 대한제국 14년 만에 완전히 막을 내렸다.

대한제국 내각 총리대신 이완용과 일본국 통감 자작 데라우치 마사타케가 체결한 〈한일병합조약, 1910.8.29〉이다.

제1조. 한국 황제 폐하는 한국 전부에 관한 일체 통치권을 완전히 또 영구히 일본 황제 폐하에게 양여한다.

제2조. 일본국 황제 폐하는 전조에 게재한 양여를 수락하고 또 완전히 한국을 일본제국에 병합하는 것을 승낙한다.

제3조. 일본국 황제 폐하는 한국 황제 폐하, 태황제 폐하, 황태자 전하와 그 후비 및 후예로 하여금 각각 그 지위에 따라 상당한 존칭, 위엄 및 명예를 향유케 하고 또 이를 보지하는 데 충분한 세비를 공급할 것을 약속한다.

제4조. 일본국 황제 폐하는 전조 이외에 한국의 황족 및 후예에 대하여 각각 상당한 명예 및 대우를 향유케 하고 또 이를 유지하는 데 필요한 자금을 공여할 것을 약속한다.

제5조. 일본국 황제 폐하는 훈공이 있는 한인으로서 특히 표창하는 것

이 적당하다고 인정되는 자에 대하여 영예 작위를 주고 또 은금을 준다.

(하략)

[국사편찬위원회 홈페이지, 사료로 본 한국사]

일본은 통감부를 폐지하고 총독부를 세우고 초대 총독에 데라우치를 임명했다.

이미 통감부 하에서 일본은 한국의 재정, 금융, 농업, 어업, 임업, 광업, 운수업, 통신업 등 경제 전반의 지배권을 확보했다.

〈경란록〉의 기록이다.

"아, 저 역적 이완용은 안으로는 윤덕영이 양전을 미혹시키게 하고, 밖으로는 조중응과 송병준 및 여러 대신을 조아(맹수의 발톱과 어금니처럼 자신을 지켜 줄 심복)로 삼아 못된 계략을 함께 세워 흉악한 짓을 다하였다. 이완용이 일본에게 나라를 양도하도록 아뢰고, 김윤식 역시 원로로서 입참하여 국가를 양도하는 글을 지어 나라에 고시하였다. 역적 이완용이 마침내 옥새와 황포 및 임금이 사용하는 각종 물건을 빼앗아 통감부로 보냈다."

한일병합조약을 체결한 경술8적이다. 이완용은 내각총리대신으로 52세였고 을사5적, 정미7적, 경술8적에 모두 포함되었다. 박제순은 내부대신으로 52세였고 1916년 58세에 사망했으며 을사5적, 경술8적에 포함되었다. 고영희는 궁내부대신으로 61세였고 1916년 67세에 사망했으며 정미7적, 경술8적에 포함되었다. 조중응은 농상공부대신으로 50세였고,

1919년 59세에 사망했으며 정미7적, 경술8적에 포함되었다. 이병무는 친위부장관으로 46세였고 1926년 62세에 사망했으며 정미7적, 경술8적에 포함되었다. 조민희는 승녕부총관으로 51세였고, 1930년 71세에 사망했다. 민병석은 궁내부대신으로 52세였고, 1940년 82세에 사망했다. 윤덕용은 시종원경으로 37세였고, 1940년 67세에 사망했다.

〈경란록〉의 기록이다.

"한국의 고위관리 72명을 봉하여 공작, 후작, 백작, 자작, 남작의 작호를 주고 은사금을 지급하였는데, 오직 윤용구, 한규설, 홍순목, 조경호, 이종건, 유길준 만이 받지 않았다. 고려가 멸망할 때 의리를 지키기 위해 두문동에 들어간 자가 72인이었는데, 조선이 망할 때 관작에 봉해진 사람이 72인이었으니, 청탁이 어찌 그리도 다르단 말인가."

내각회의에 참석했으나, 경술8적에 포함되지 않는 사람이 2사람 있다. 이용직 학부대신과 김윤식 중추원의장이다. 이용직 학부대신은 한일합병 조약 체결당시 내각회의에서 반대의견을 분명히 표명한 유일한 대신이었다. 을사조약 때 분사했던 조병세의 사위이기도 하다. 한일합병 이후 자작 작위를 받았으나, 일본에 한국독립을 청원하여 자작 작위를 박탈당했다. 이용직은 친일반민족행위자에는 포함되어 있지 않다.

김윤식 중추원의장은 한일합병 조약체결 당시 회의에서 불가불가不可不可라는 의견을 표시했다. 불가불 가不可不 可로 보아 딱히 도리가 없으므로 해야 한다고 해석하여 병합에 찬성했다고 보는가 하면, 불가 불가不

可 不可로 보아 절대 절대 안 된다고 해석하여 병합에 반대했다고 보기도 한다. 한일합병 후 자작 작위를 받았다. 일본에 한국독립 청원서인 대일본장서를 보냈다가 작위를 박탈당하고 투옥되기도 했다. 김윤식은 3.1운동에 동조하여 친일파명단에 포함되어 있지 않았다.

16. 절명시, 윤곡과 진동

한일합병으로 대한제국이 국권을 잃고 일본의 식민지로 전락하자 황현은 구례의 자택에서 몇 일 동안 음식도 끊고 지내다가 〈절명시〉를 남기고는 독약을 마시고 자결했다. 황현은 을사조약이 체결되었을 때에는 국권회복운동을 위해 중국으로 망명을 시도했으나 실패했다. 그때가 56세였고, 묘는 전라도 광양시에 있으며 매천 황현의 이름과 호에서 유래한 황현로와 매천로가 남아 있다. 황현로는 전라남도 순천과 구례를 잇는 도로이고, 매천로는 순천과 광양을 잇는 도로이다. 1962년 대한민국 정부는 매천 황현에게 대한민국 건국훈장 독립장을 추서하였다. 매천 황현이 죽고 나서 그의 사진을 보고 1911년에 그렸다고 하는 초상화 한 점과 사진 두 점이 남아있는데 대한민국 보물로 지정되어 있다. 광양시는 봉강면에 매천 황현의 생가를 복원하고 역사공원을 조성했다.

황현의 시 〈절명시〉이다.

난리 속에 어느덧 백발의 나이 되었구나　　　　　亂離滾到白頭年

몇 번이고 죽어야 했지만 그러지 못했네	幾合捐生却未然
오늘 참으로 어쩌지 못할 상황 되니	今日眞成無可奈
바람 앞 촛불만 밝게 하늘을 비추네	輝輝風燭照蒼天

요기가 자욱하여 황제의 별 옮겨 가니	妖氛晻翳帝星移
침침한 궁궐에는 낮이 더디 흐르네	九闕沉沉晝漏遲
조칙은 앞으로 더 이상 없으리니	詔勅從今無復有
종이 한 장 채우는 데 천 줄기 눈물이라	琳琅一紙淚千絲

금수도 슬피 울고 산하도 찡그리니	鳥獸哀鳴海岳嚬
무궁화 세상은 이미 망해 버렸다네	槿花世界已沉淪
가을 등불 아래서 책 덮고 회고해 보니	秋燈掩卷懷千古
인간 세상 식자 노릇 참으로 어렵구나	難作人間識字人

짧은 서까래만큼도 지탱한 공 없었으니	曾無支厦半椽功
살신성인 그뿐이지 충성은 아니라네	只是成仁不是忠
결국 겨우 '윤곡'이나 따르고 마는 것을	止竟僅能追尹穀
부끄럽네, 왜 그때 '진동'처럼 못했던고	當時愧不躡陳東

[한국고전번역원, 한국고전종합DB]

(제4수)에 나오는 '윤곡'은 남송의 문인으로 몽고군이 침입하여 함락되자 일가족이 몰살당하여 집에 불을 지르고 분신자살한 사람이다. 황현은

이 시에서 윤곡을 따라 자살하는 것으로 끝맺는다고 하였다. '진동'은 북송의 문인이었는데 흠종이 즉위한 후에 나라를 바로 잡을 것을 상소하였다가 흠종의 노여움을 사 처형당했던 사람이다. 황현은 진동과 같이 나라가 망하기 전에 상소를 올려 간언하고 죽임을 당하지 못한 것을 부끄러워했다.

황현은 전라도 광양현에서 세종 때 황희의 후손으로 철종 때인 1855년 출생하였고 34세에 초시에서 1등으로 뽑혔으나 시골 출신이라는 이유로 2등이 되면서 실망하고 나머지 시험은 응시하지 않았다. 그 후 회시에 급제하기도 했으나, 부정부패가 만연한 관직에 대한 미련을 버리고 고향인 광양으로 내려와 지냈다. 광양에서 다시 구례로 이사하여 학자로 지내면서 제자 양성에 힘을 썼고 후손들에게 남겨주기 위해 역사책 〈매천야록〉, 〈오하기문〉을 썼다. 〈매천야록〉은 1864년 고종 즉위부터 1910년 한일병합까지 47년간 조선 말기를 기록한 야사이다. 〈오하기문〉은 오동나무 아래에서 글을 썼다는 뜻으로 매천야록과 비슷한 역사책이면서 동학농민전쟁의 실상을 주로 다루고 있다. 2019년 황현이 남긴 〈매천야록〉, 〈오하기문〉, 〈절명시첩〉, 〈시·문〉, 〈유묵·자료첩〉, 〈교지·시권·백패통·안경·벼루·인장〉 등이 문화재청의 등록문화재가 되었다.

이범준이 자결로 순국하면서 광무황제 앞으로 남긴 유서 〈대한제국 최후의 러시아공사 이범진의 유서〉이다.

"우리나라 대한제국은 망했습니다. 폐하는 모든 권력을 잃었습니다. 저는 적을 토벌할 수도, 복수할 수도 없는 이 상황에서 깊은 절망에 빠져 있습니다. 자결 외에 제가 할 수 있는 일이 없습니다. 오늘 목숨을 끊으렵니다."

[사단법인 일성이준열사기념사업회, 공지사항]

러시아공사로 있던 이범진은 헤이그밀사 이위종의 아버지로 러시아 상트페테르부르크에서 경술국치를 맞아 1911년 1월 자결하여 러시아의 묘지에 안장되었고 대한민국은 건국훈장 애국장을 추서했다. 서울시에서는 이범진의 집터였던 서울중앙우체국 자리에 '이범진, 이위종 열사' 기념표지석을 세웠다.

〈홍범식이 아들에게 남긴 유서, 1910. 8.〉이다.

"기울어진 국운을 바로잡기엔 내 힘이 무력하기 그지없고 망국노의 수치와 설움을 감추려니 비분을 금할 수 없어 순국의 길을 택하지 않을 수 없구나 … 죽을지언정 친일을 하지 말고 먼 훗날에라도 나를 욕되게 하지 말아라."

[국사편찬위원회 사이트]

〈임꺽정〉의 저자인 홍명희의 아버지 홍범식이 경술국치일에 선산 소나무에 목을 매고 자결했고 39세였다. 충청북도 괴산군 괴산읍에 있는 홍범식의 고가는 조선시대 건축물로서 2002년 충청북도 민속문화재 제14호로 지정되어 있다.

일제의 회유를 거부하고 단식으로 순국한 장태수의 '유언'이다.

"원수를 갚지 못하니 불충이요,

선조를 욕되게 하였으니 불효이다.

내가 이 같은 두 가지의 죄를 지었으니 죽는 것이 이미 늦었다."

[국가보훈처, 독립이야기, 경술국치, 죽음으로 맞서다]

일제에 경고문을 남기고 단식 순국한 이중언이 남긴 '술회사'이다.

"가슴에 품은 칼날 같은 마음 그 누가 이를 풀어줄 수 있으랴 하늘마저 이미 끝나고 말았으니 죽지 않고서 또 무엇을 할까"

[국가보훈처, 독립이야기, 경술국치, 죽음으로 맞서다]

변재괴 광복회 대구지부 사무국장의 '경술국치 잊지 말자' 기사이다.

"강제병합 후 사흘 뒤인 9월 1일 금산군수 홍범식을 필두로 병합에 분개하여 자결하였고 이어 9월 6일 감찰 권용하, 10일 절명시를 남기고 세상을 떠난 매천 황현, 17일 살아서 무익하다며 음독 자결한 전 종정원경 이면주, 이 지역 경북 안동에서도 공조참의 이만도, 유도발 등이 망국에 비분강개하며 자결을 택하였다.

경술국치일 이후 자결한 지사는 순국이 49명에 달하는 것만 보더라도 우국지사들의 비통함이 얼마나 큰지 짐작할 수 있다. 이러한 자결은 1911년이 넘어갈 때까지 전국적으로 60여 명에 이른다."

[매일신문, 2022.8.24.]

경술국치 당일 유생들은 불안해했고 한국민들은 차분했다고 하며 이전에 을사조약, 대한제국 군대해산, 고종양위로 나라가 망한 것을 받아들이는 모습이었다. 청나라는 조선의 경술국치 당일 충격에 빠졌고 청나라 외무부는 만주지역의 안전을 생각하여 만주에 거주하는 한국인에 대해 경계를 하도록 지시했다. 다음 해, 중국에서는 신해혁명이 발발하면서 청나라도 멸망하였다.

책의 발간을 준비하는 중에, 대한민국 정부는 2023.6.5. 국가보훈처를 국가보훈부로 승격하였다.

[담론 7]

〈경란록〉의 기록이다.

"합방됨에 이르러 내전(순종의 비)의 백부인 윤덕영이 몰래 어보를 훔쳐서 궁궐 밖으로 가지고 나와 자기 집에 두었다가 함부로 임명장을 작성하여 어보를 찍어서 원하는 수천 명의 사람들에게 주었다. 이때에 이르러 그들은 교지를 사칭하고 어보를 사칭함을 따지지 않고 다투어 청탁을 도모하여 가짜 임명장을 하나라도 얻는 것을 마치 천금을 얻는 것과 같이 여겼다.

슬프다. 이 양반 사족들이 다만 이를 영광으로 여길 뿐, 국가가 무너지는 위급함을 알지 못하니, 이 어찌 제비가 불타는 집의 처마에 있으면서 타오르는 불길을 모르는 것과 무엇이 다르겠는가?"

윤덕영은 순종황제의 계후인 순정효황후의 아버지인 해풍부원군 윤택영의 형이다. 윤덕영은 경술8적의 한 사람으로 일본으로부터 자작 작위를 받았다. 지금 서울 옥인동 전체의 절반 정도 면적에 지은 프랑스식 대저택 '벽수산장'에서 살았다. 경술국적인 이완용도 바로 옆에 살았지만 집 크기는 윤덕영 집의 1/4이었다. 광복 후 윤덕영 집은 한국통일부흥위원단(언커크)이 본부로 사용할 정도였다. 그 후 집에 화재가 발생하였고 1973년 철거되었지만, 지금도 벽수산장 주변 길을

'엉컹크길'이라고 부르고 있다.

이범석은 나라가 망해가고 있는데 가짜 임명장을 받으려고 몰려든 사람들을 보고, 마치 제비가 불타는 집의 처마에서 불길을 모르고 있는 모습으로 비유했다. 딱 맞는 비유이다. 물이 서서히 데워지고 있는 냄비 속 개구리 모습과 같았다. 사람들은 불타는 집에 앉은 제비나 냄비 속 개구리처럼 근시안적이었고 오히려 가짜 임명장을 보물이나 영광으로 생각했다.

〈경란록〉의 기록이다.

"참으로 전무후무한 일이다. 삼천리강토가 강한 이웃 나라에게 병탄되어 2천만 생령이 둥지가 엎어질 때 깨진 알이 되어 나무와 바위에 안착하지 못하고 물과 불 속에 혼입되니 애통하도다, 애통하도다. 장차 하늘에 하소연하겠는가, 땅에 하소연하겠는가.

단지, 이 외지고 좁은 나라에서 태어나 좋지 않은 운수를 만나 온갖 어려움을 다 겪고 마침내 차마 당하지 않아야 할 일을 직접 보았으니, 이 무슨 운명이란 말인가?

나보다 먼저 태어나서 살던 사람은 필시 이러한 엄청난 화란을 만나지 않았고, 나보다 뒤에 태어나 살아갈 사람은 다시 태평한 시기를 볼 것이다.

오직 보잘 것 없이 불안한 한 사람이 정해진 거처가 없고 어디로 갈 방향을 모른 채 갈 곳도 없고 만날 사람이 없구나.

나가면 오리나 기러기가 주살과 그물을 무서워하는 듯이 행동해야 하고, 들어오면 금수가 그물과 함정을 살피듯이 조심해야 한다. 신세가 이와 같아 겨우 한 가닥 실날같은 목숨을 부지하고 있으니, 구차스럽지 않은가."

　이범석은 시대를 읽고 있었다. 2,000만 백성들이 둥지가 엎어져 깨진 알 신세가 되었다고 애통해 했다. 이범석은 1862년에 태어나 온갖 군란, 정변, 혁명, 전쟁을 겪으며 살다가 차마 당하지 말아야 할 일을 직접 보았다고 했다. 그렇다. 나라가 남의 나라에 병탄되는 일을 보았으니 어찌 이런 운명이 있는지 통탄했다. 그러나 후세 사람들은 태평한 시기를 볼 것이라고 내다보았다. 그러면서 주살과 그물과 함정을 잘 살피며 살라고도 했다. 개인의 운명도, 국가의 운명도 이렇게 조심하며 살아갈 수밖에 없는 것은 예나 지금이나 마찬가지인 것 같다. 이것이 삶의 지혜다.

■ 일본 대사 이토 히로부미가 우리나라에 와서 황제를 알현하고 한일 협정서韓日協定書(원문에는 일한협정서로 기록)를 강제로 조인하게 하였다.

　　외부대신 박제순은 유학을 배운 집안의 자제로 조금 식견이 있어 시비를 구별할 정도의 의리를 알았다. 처음에는 큰 소리로, "저들이 아무리 강제로 굴복시키려 해도 결코 조인해서는 안 된다"고 하였다. 이어서 외부 관원에게 말하기를, "만일 정부에서 인신을 입송하라는 명령이 있으면 모름지기 즉시 부部의 연못에 관인을 던져 버리고 절대로 입송하지 않도록 하라"고 말하고서 정부로 들어갔다. 밤중이 되자 정부에 있던 외부대신 박제순이 전화로 외부 입직 관에게 말하기를, "형세상 거역하기 어렵다. 인신을 즉시 보내도록 하라"고 하였다.

　　당시 입직관 어윤적은 외부 소속 관원 김석영을 시켜 인신을 가지고 입송하게 하여 역적 박제순이 협정서에 조인하였다.

　　내부대신 이지용, 학부대신 이완용, 군부대신 이근택, 농부대신 권중현 등이 모두 연서하니, 세상에서 5적이라고 칭하였다.

　　(을사5적은 박제순 외부대신, 이지용 내부대신, 이근택 군부대신, 이완용 학부대신, 권중현 농상부대신)

　　오직 탁지부대신 민영기와 법부대신 이하영이 날인하지 않았다. 하지만 이하영은 속으로 일본을 돕고는 겉으로 한국을 위한 척하였다. 참정 한규설이 발을 구르며 이를 꾸짖고 즉시 일어나 나아갔다. 대개 역적 박제순은 처음에는 비록 큰소리를 쳤으나 끝내 거액의 뇌물을 받고 달갑게 매국을 하였으니, 주벌을 당하지 않을 수 있으리오. —뇌물을 받을 때 소개한 자가 구완희였다. 그다음 날 박제순이 구완희에게 서신을 보내어 '죽더라도 속죄하기 어려우니 어디에 몸을 둘 수 있는가?'라고 하였다.—

이토 히로부미를 통감으로 삼아 한국 외부의 외교권을 박탈하여 통감부에 귀속시켰다. 각국의 공사가 모두 철수하고 단지 영사만이 남아 자국의 상민을 보호하였다. 한국 정부의 각 부(部)에 일본인 고문관을 두었고, 통신원을 양도하여 통감부에 귀속시켰다. 기타 크고 작은 국가의 정무를 모두 스스로 결정하지 못하였다.

〈을사년(1905)〉

■ 다음날 보국 이하 여러 고위관리가 정부에 모여 거짓된 조약을 없애 버리고 나라의 역적을 엄히 토벌하는 일을 연명으로 상소하였다. 그런데 먼저 보국(보국숭록대부 輔國崇祿大夫는 조선 시대에 정일품 문무관의 벼슬. 고종 2년부터 문무관, 종친, 의빈의 품계로도 함께 사용) 민영소가 벌벌 떨며 사양하였다.

민영환은 제3의 석차로써 분한 마음을 견디지 못하고 맹렬히 떨쳐 일어나 스스로 소두가 되어 임금께 글을 올렸다. 임금은 백퇴白退하고 문 밖으로 내쫓도록 명하였다. 여러 고위관리들이 나와 평리원으로 가서 엎드려서 서로 비장한 약속을 하였으나 일본군이 그곳에 출동하여 해산시키자 부득이 각자 집으로 돌아갔다. 민영환은 자기 집으로 돌아가지 않고 잠시 자신의 겸인의 집에 가서 홀로 묵었다가 그날 저녁 칼로 목을 찔러 자결하였다.

나라 사람들에게 유서를 남겼는데 문명국이 되어 국권을 회복할 것을 촉구하였다. 그 뛰어난 충절은 해와 별처럼 밝게 빛난다. 또 피 묻는 옷을 마루 틈에 놓아두었는데 그곳에 총죽 세 그루가 자생하였다가 몇 달 후에 푸르름을 간직한 채 그대로 말라버렸다. 이는 대개 고금에 없었던 충절이다. 당일 충정공이라는 시호를 내리고 승지에게 명하여 가서 노친을 위로하고 어린 자식을 위문하였다. 장례식을 치르는 절차는 전례보다 더욱 넉넉히 행하였다. 이날 각 모임의 사람들과 관리와 하인들이 일제히 나와 장례식을 도왔고 서로들 상여를 메고 용인에 가서 예법대로 장례식을 지냈다. 경성에서 장지까지 여러 선비와 백성들의 울부짖고 곡하는 소리가 도로에 끊이질 않았다. 기절하여 길에 넘어진 자도 많았다.

〈을사년(1905)〉

■ 고위관리 이하 선비와 백성 수만 명이 표훈원 앞에 모였다. 참정 심상훈이 그 일을 주도하여 역적들을 성토하려고 하였는데, 일본 헌병이 칼을 휘두르며 돌진하여 강제로 해산시키고 고위관리를 마구 끌어냈다. 원임대신 조병세가 그들의 손에 끌려갔는데, 그날 독약을 마시고 자결하였다. 충정이라는 시호를 내려주었다.

참정 심상훈은 의젓하게 미동도 하지 않고 기색이 장엄하자 일본병사가 감히 손을 댈 수 없었다. 임금이 그가 자결할까 걱정하여 환관을 보내 궐내로 불러들여 붙잡아 두어 목숨을 살렸다.

유신 송병선이 변고를 듣고 즉시 경성으로 올라와 대궐에 가서 임금을 알현하고 땅에 엎드리고 통곡하며 역적을 주벌하라고 거듭 청하였다. 임금이 목숨을 가볍게 여길까 걱정하여 합문에 물러나 휴식을 취하게 하였다. 임금 주위에 포진해 있는 역적들이 모두 물러나기를 권하였지만 끝내 따르지 않았다. 그러자 경무사 윤철규라는 자가 둘러대는 말로 유인하여 이리저리 돌다가 합문 밖으로 나오게 하였다. 여러 경관을 시켜 옆구리를 끼고 자동차에 태웠다. 자동차가 한번 달리자 순식간에 대전 구룡촌 우암 선생의 옛 집에 도착하였다. 송병선은 그날 저녁 약을 마시고 자결하였다고 부음이 알려졌다. 문충공이라는 시호가 내려졌다.

전 참판 홍만식은 변고를 듣고 약을 마시고 죽었다. 충정이라는 시호가 내려졌다. ─공은 홍영식의 백씨로, 아우의 역모를 애통하게 여기고 나라가 거의 망하게 될 지경에 놓인 상황을 분하게 여겨 스스로 충절을 드러냈으니 그 의리에 처신함이 타당하였다─ 학부주사 이상철과 진위대 상등병 김봉학이 모두 약을 마시고 자결하였다.

─이상철은 학부협판으로, 김봉학은 비서원 승丞으로 증직되었다.─

〈을사년(1905)〉

■ 전 판서 면암 최익현은 고향집에 있다가 변고를 조금 늦게 들었는데 시국이 크게 바뀌고 임금이 계신 대궐과 멀리 떨어져 있어 상경할 수 없었다. 그는 역적을 토벌하라는 상소문을 올린 뒤 마침내 의병을 일으켜 호남에 가서 의병을 모집하였다. 하지만 일본 병사에게 붙잡혀 바다를 건너 대마도에 구금되었다. 8, 9일 동안 입에 물을 대지 않아 운명하였다. 상여가 돌아오던 때 부산에서 정산까지 여러 백성들이 호곡하고 부의하는 제물이 끊이지 않았다. 당시 정권이 통감부로 넘어갔기 때문에 증시贈諡하는 은전이 내리지 않았다. 이 분의 충절은 처음부터 끝까지 한결같았다. 5백 년 윤리강상을 홀로 자임하시던 충신이었다. 이로부터 전국적으로 지방에서 의병이 계속 일어났지만 모두 효과가 없었다.

　　삼남 지방의 글을 배운 선비 중 자결한 사람이 많았는데 송 문충공의 아우 심석 송병순 역시 자결하였다. 송씨 집안에 어찌 그리도 충의를 세운 사람이 많은가?

〈을사년(1905)〉

■ 우리나라 군병이 강제로 해산을 당하였는데 먼저 군부가 혁파되어 여러 장군이 모두 휴직하고 군졸은 단지 은사금이라고 칭하는 적은 돈을 받고 모두 복장을 빼앗기고 해산되었다. 각 부대의 군졸이 분함을 이기지 못해 진격하여 일본병사와 도성 안에서 접전하였다. 피차간의 총격으로 우박처럼 탄환이 날려 많은 사람이 피해를 입고 사망자가 계속 이어졌다.

〈병오년(1906)〉

■ 평안도 의사 안중근이 가슴에 충의를 가득 품고 국적에게 원수를 갚고자 이토 히로부미가 하얼빈의 철도역 승강장에서 내릴 적에 총을 쏘아 사살하였다.

당시 총리대신 이완용, 내부대신 임희준, 법부대신 조중응, 군부대신 이병무, 학부대신 이재곤, 농부대신 송병준이 황제를 협박하여 황태자에게 황제의 지위를 물려주었다.

(저자 주-내부대신 임희준은 내부대신 임선준의 오류인 듯하고, 탁지부대신 고영희는 누락된 듯하다. 정미7적은 내각총리대신 이완용, 내부대신 임선준, 학부대신 이재곤, 탁지부대신 고영희, 군부대신 이병무, 법부대신 조중응, 농상공부대신 송병준이다)

국민들이 분격하여 폭동을 일으켜 도성이 흉흉하였다. 황제의 지위를 선위하자, 새 황제는 창덕궁으로 이어移御하고 태황제는 그대로 덕수궁에 거처하였다. 그리하여 영구히 서로 막혀 소식을 전할 수도 만날 수도 없었으니, 이는 모두 매국노가 한 짓이다.

당시 매국노를 6적이라고 칭하였는데, 그들은 스스로 사업이라고 여겼다. 국조 5백 년 이래 윗사람을 범하고 흉모를 꾀하여 윤리와 기강을 무너트린 국가적 역적의 죄를 모두 씻어주었다. –이는 바로 그들이 죽은 뒤를 위한 계책이다– 또 문장을 잘하고 충효한 선비들 중 포양을 받지 못한 사람에게 모두 시호를 내려주고, 근래에 이미 죽은 국사범들에게도 모두 아름다운 시호를 내려주어 충신과 역적이 혼동되어 구분이 없었다.

만일 성제원, 송익필, 서기와 같은 어진 분에게 영령이 있다면 필시 눈물을 흘리고 시호를 받지 않았을 것이다. 또 역적들은 황제를 강제로 제어하여 남북도를 순수하여 유현과 충훈의 사당과 묘소에 치제致祭하게 하여 그들이 충현을 권장하는 뜻을 보였으니, 더욱 주벌해야 할 자들이다. 가소로운 일이다.

통감 이토 히로부미가 피살된 뒤 소네 아라스케가 대신 통감이 되었다. 사람됨이 온화하고 근신하여 특별한 학정이 없었는데, 병으로 사직하고 떠났다가 죽었다.

(저자 주-이범석의 착오인 듯 하다. 이토 히로부미는 1909년에 안중근 의사에 의해 피살되었다. 소네 아라스케는 이토 히로부미가 초대 한국통감으로 있을 때 부통감으로 있었다. 이토 히로부미가 일본 추밀원 의장으로 가면서 2대 한국통감이 되었다. 1910년 5월 데라우치 마사타케가 3대 한국통감으로 오면서 물러났고 한일합병 이후인 9월에 병으로 죽었다.)

데라우치 마사타케가 통감이 되어 일한을 병합하고자 하여 역적 이완용과 은밀히 계획을 세우고 일진회장 이용구와 송병준이 합방 선언서를 제출하여 신문에 게재함으로써 국민이 자원한다고 빙자하였다. 경향 각지의 사회단체가 이제 일제히 일어나 큰소리로 성토하니 전국이 들썩하였다. 하지만 입과 붓의 힘으로 어찌 칼과 총포의 힘을 당할 수 있겠는가?

〈정미년(1907)〉

■ 합방됨에 이르러 내전(순종의 비)의 백부인 윤덕영이 몰래 어보를 훔쳐서 궁궐 밖으로 가지고 나와 자기 집에 두었다가 함부로 임명장

을 작성하여 어보를 찍어서 원하는 수천 명의 사람들에게 주었다. 대개 조선에서 소위 반명하다는 자는 벼슬에 대한 열정이 많았으므로 비록 낮은 자급資級이라도 보배처럼 존귀하게 여겼다. 이때에 이르러 그들은 교지를 사칭하고 어보를 사칭함을 따지지 않고 다투어 청탁을 도모하여 가짜 임명장을 하나라도 얻는 것을 마치 천금을 얻는 것과 같이 여겼다. 한번 주사의 직위를 차함한 자를 정3품으로 만들고, 한번 의관의 직위를 차함한 자를 종2품, 정2품으로 만들었으니, 한 집안에 4~5명의 부자가 모두 영감과 대감이 되었다. 또 일찍이 이전에 유자로 이름이 전혀 없었던 자와 충절과 공로가 아주 적었던 자들이 시호를 받음으로써 유학의 정신을 빼앗았다. 슬프다.

이 양반 사족들이 다만 이를 영광으로 여길 뿐, 국가가 무너지는 위급함을 알지 못하니, 이 어찌 제비가 불타는 집의 처마에 있으면서 타오르는 불길을 모르는 것과 무엇이 다르겠는가?

〈경술년(1910)〉

■ 아, 저 역적 이완용은 안으로는 윤덕영이 양전을 미혹시키게 하고, 밖으로는 조중응과 송병준 및 여러 대신을 조아(맹수의 발톱과 어금니처럼 자신을 지켜 줄 심복)로 삼아 못된 계략을 함께 세워 흉악한 짓을 다하였다.

8월 모일에 이른바 총리대신 이완용, 내부대신 ○○○(원문결락), 법부대신 조중응, 농부대신 송병준, 군부대신 이병무, 탁지부대신 고영희, 학부대신 이용직 등이 입궐하여 어탑 앞으로 나와 엎드렸다.

(저자 주-경술8적과 정미7적이 혼동된 듯하다. 경술8적은 내각총리대신 이완용, 시종 원경 윤덕영, 궁내부대신 민병석, 탁지부대신 고영희, 내부대신 박제순, 농상공부대신 조중 응, 친위부장관 겸 시종무관장 이병무, 이완용 처남이고 승녕부총관 조민희이다.)

이완용이 일본에게 나라를 양도하도록 아뢰고, 김윤식 역시 원 로로서 입참하여 국가를 양도하는 글을 지어 나라에 고시하였다. 역적 이완용이 마침내 옥새와 황포 및 임금이 사용하는 각종 물건 을 빼앗아 통감부로 보냈다. -윤덕영이 모두 내어주었다- 황제께 서 두려워하며 일본천왕에게 자신을 '신臣'이라고 칭하였다. 아, 하 늘의 태양이 담하고 산천이 색채를 변하고 초목이 모두 마르고 짐 승들이 모두 오열함을 어찌 차마 말할 수 있겠는가.

〈경술년(1910)〉

■ 3사6부를 혁파하고, 황실을 혁파하여 단지 이왕직李王職이라 칭하고 관리 몇 명만을 두었다. 황태자를 일본 동경에 인질로 보내고 규장 각에 소장된 역사책과 각 도道의 명산에 보관된 사고史庫의 서적들 을 다 꺼내어 일본으로 실어갔다.

한국의 고위관리 72명을 봉하여 공·후·백·자·남公侯伯子男의 작호를 주고 은사금을 지급하였는데, 오직 윤용구, 한규설, 홍순목, 조경호, 이종건, 유길준만이 받지 않았다.

-유길준이 말하기를, "임금은 지위가 낮아지고 그 신하는 관작 이 올라갔으니 의리상 당연히 부당하며 은사금을 받을 수 없다"라고 하였다. 당시 사람들이 말하기를, "을미년 일에는 순신(순수하게 신하의

본분을 지키는 신하)이 되지 못했고 또 귀국한 날에 권세를 빙자하여 임금을 멸시하여 제호灞湖의 행궁에 억류되어 있으면서 영구히 빼앗았으니, 분수를 범하는 것을 어찌 분명히 분별하리오"라고 하였다-

고려가 멸망할 때 의리를 지키기 위해 두문동에 들어간 자가 72인이었는데, 조선이 망할 때 관작에 봉해진 사람이 72인이었으니, 청탁이 어찌 그리도 다르단 말인가.

오직 전前 판서 김석진이 약을 마시고 자결하였다. 전 판서 조정구는 칼로 자해하였으나, 의원의 치료로 죽음을 면하였다.

금산군수 홍범식은 목을 매어 죽으니 금산의 백성들이 일제히 나와서 상여를 메고 괴산까지 옮겨 장례식을 치르는데, 곡소리가 끊이지 않았다.

기타 호남과 영남에서 경학을 강학하던 선비 중 자결한 이가 많았다.

〈경술년(1910)〉

■ 그 후 평북인 이재명이 국적을 죽이고자 맹세하고 이완용을 길가에서 칼로 찔러 창자까지 칼날이 들어갔으나 그래도 죽지 않았다. 의원에 들어가 치료를 받았는데 개의 창자로 끊어진 창자를 이어 살아났다. 이 때문에 길가는 사람들이 이완용을 '구양대감'이라고 칭하였다.

함북 출신인 전前 검사 이준은 헤이그에서 만국의 공사들이 모여 대담을 나누는 회의에서 본국의 주권이 빼앗겨 거의 망하게 된 사실을 눈물을 흘리며 호소하고 칼로 자신의 복부를 찌르고 내장을 손으로 꺼내어 각국 공사의 좌석에 그 피를 뿌리고 죽었다. 이와 같은 충렬은 고금에 처음 있는 분이다. 만국이 모두 떠들썩하게 이를 말하고 신문에 이 사실을 전파하였다.

〈경술년(1910)〉

(저자 주-이재명이 이완용을 칼로 찌른 것은 1909년 12월22일의 일이고 사형을 당한 것은 1910년 9월30일이다. 이준 열사가 헤이그에서 순국한 것은 1907년 7월14일이다. 모두 1910년에 기록한 것은 오류인 듯하다.)

[동학농민기념재단(www.1894.or.kr) 사료아카이브]

제4편

난세에 늙어

한일합병이 된 1910년 이범석은 나이가 48세였고 마침내 차마 당하지 않아야 할 일을 직접 보았으니 이 무슨 운명이란 말인가라고 하였다. 경란록에는 1926년 순종황제의 장례까지 기록되어 있고, 이때가 이범석의 나이 64세 때였다. 이범석은 이 외지고 좁은 나라에서 태어나 좋지 않은 운수를 만나 온갖 어려움을 다 겪어 왔다고 했고 이때를 살았던 사람들의 심정을 대변했다. 이것 말고 더 무슨 말이 필요하겠는가.

한일병합조약으로 2000만 대한제국 국민은 일본 식민지의 노예가 되었다. 단군이 나라를 세운 지 4,243년 만이고 태조 이성계가 조선을 세운 지 518년 만이다. 암담한 일이었다. 수탈에 대항하여 동학농민군으로 나섰던 백성들은 대한제국의 국권을 지키기 위해 항일의병이 되어 나섰고 다시 만주로 이동해서 무장독립군으로 나섰다. 고종 장례일에 3.1운동으로 독립만세를 외쳤고, 순종 장례일에 6.10만세운동으로 독립만세를 외쳤다.

임진왜란 때 완전히 전소되어 270여 년간 방치되었던 경복궁을 흥선대원군은 1868년 중건했다. 중건 40여 년이 지나고 일제강점기에 경복궁의 수많은 전각들이 헐렸고 전각의 재목들이 민간에게 팔려 나갔다. 일제는 경복궁에서 박람회를 개최하였고 조선총독부 건물을 지었다.

대한제국 국민들은 다시 세상으로 나와 거리에서 독립만세를 외쳐야 했고, 상해에서 대한민국임시정부를 세웠다. 만주에서 독립군으로 총을 들어야 했고, 한인애국단원으로 폭탄을 던졌다.

그들은 "아는 것이 힘이다"라고 하여 문자를 가르쳤고, 시를 지었으며, 희망의 노래를 불렀다.

대한제국 국민들은 국권회복의 날을 기다리며 쓰라린 인고의 세월을 살았다. 나라를 잃었지만 희망까지 잃을 수는 없었다.

제8부

일제 강점 시기
(1910 이후)

1. 3.1.운동과 아리랑

일제강점이 시작되고 8년이 지났다. 그동안에는 대한제국의 국민으로서 나설 일은 없었으나, 고종황제의 서거는 대한제국 국민을 결집시켰다. 대한제국이 망한 책임이 누구에게 있든 그것은 두 번째 문제였고 독립이 우선이었다. 고종의 장례일이 3월 1일로 결정되었다. 국민들은 때를 기다렸고 일제는 긴장했다.

〈경란록〉의 기록이다.

"태황제께서 승하하여 조야에서 애통하였다. 3년복을 입고 홍릉에 장사를 지냈다. 흠위(제왕의 장례 행렬에 쓰는 도구)와 의절은 한결같이 옛 법식을 따라 행하였다. 경향 각지의 선비와 남녀 백성들이 궐문 밖에서 능소까지 4~5십리를 길게 이어져 있었고, 길가에서 엎드려 통곡하는 사람이 수백만 명이었다. 이는 모두 망국의 한을 품었기 때문이었다."

1919년 1월21일 고종은 덕수궁(경운궁) 함녕전에서 67세로 세상을 떠났다. 고종은 1864년 1월 21일부터 1897년 10월 12일까지 조선 26대 왕으로 32년을 재위했고, 1897년 10월 12일부터 1907년 7월 19일까지 대한제국 초대 황제로서 9년을 재위했다.

경기 남양주시에 고종황제와 명성황후를 합장한 홍릉이 있다. 명성황후는 1895년 일본 낭인에 의해 시해된 후 시신이 소각되었다. 동구릉 숭릉으로 산릉공사를 시작했으나, 고종의 아관파천으로 공사가 중단되었다. 명성황후로 추존되고서 청량리 홍릉으로 능을 조성하다가 중단되었고, 1900년 지금의 남양주 홍릉으로 산릉공사를 시작하였으나 또 중단되었다. 고종이 1919년 세상을 떠나자 중단되었던 남양주 홍릉에 산릉공사를 하여, 명성황후를 먼저 천장한 후 고종을 합장하여 홍릉을 조성하였다.

고종은 건강에 이상이 없었고 갑작스럽게 승하하였다. 〈경란록〉의 기록이다.

"내인들이 장기를 두는 것을 구경하셨고, 깊은 밤에 이르러 주방에서 내인이 식혜를 올리자 조금도 우려하지 않았다. 식혜를 몇 순가락 드신 후에 눕자마자 입에서 토하고 복통을 일으켜 곧바로 기절하여 어느덧 정신을 잃으셨다."

고종은 황제에서 강제 퇴위를 당한 지 12년이 지났고, 대한제국은 국권을 잃은 지 9년이나 지났으나 퇴위 후에도 비밀운동을 추진하여 일본의 제거대상이었다. 〈경란록〉의 기록이다.

"대개 태황제께서 양위한 이후 국권을 회복하려는 뜻으로 간혹 외국에 비밀운동을 추진하였지만 모두 성공하지 못하였다. 도리어 역적들에게 주목을 받아 기어이 제거하려고 하였다."

식혜로 독살당했다는 설이 시중에 유포되었다. 〈경란록〉의 기록이다.

"또 당시 식혜를 올렸던 내인은 즉시 약을 마시고 자살하였다. 온 나라 사람들은 모두 식혜에 독약을 넣었다고 의심하였다."

고종이 다음 2가지 이유로 일본에 의해 독살되었다는 주장이 있다. 첫째는 1919년 1월 18일 프랑스에서 열리는 파리강화회의에 밀서를 보내려는 계획과 연관이 있다는 것이다. 둘째는 이시영을 포함한 독립운동가들에 의하여 향후 독립운동을 위해서는 고종을 북경으로 망명하도록 할 계획이었다.

이시영은 이항복의 후손으로 이건영, 이석영, 이철영, 이회영과 형제다. 한일병합조약 체결 후 독립운동에 투신하기 위해 일가친족 40인과 함께 만주로 망명했다. 대한민국임시정부 수립에 참여하고 김구와 함께 임시정부를 지켰다.

고종의 서거 사실은 고종 사망 후 하루가 지나 1월 22일 발표되었다.

고종의 독살설은 민심을 자극했다.

조선총독부는 언론을 통해 해명하기도 했으나 민심을 잡지는 못했다.

고종 독살설은 민심이 폭발하기 직전에 기름을 부었다. 1918년 일본에 큰 흉년이 들어 쌀 부족 현상이 생겼다. 조선으로부터 쌀 공출이 더욱 늘어나고 조선에서는 쌀값 폭등으로 농민, 노동자들의 생활은 최악이었다. 1918년 말 스페인 독감까지 번져 한국인 십여만 명이 사망했다.

천도교는 '독립요청건의서'로 하려고 했다가 '독립선언서'로 변경했다. 최남선이 '독립선언서'를 기초하여 천도교 측의 인쇄소에서 35,000부를 인쇄했다. 3월 1일 오후 2시 민족대표들은 서울 인사동 태화관에 모여 독립선언서를 낭독하고, 일본 경찰에 스스로 통보하여 연행되었다.

"오등은 자에 아 조선의 독립국임과 조선인의 자유민임을 선언하노라.........."

민족대표는 33인이었다.

손병희 길선주 이필주 백용성 김완규 김병조 김창준 권동진 권병덕 나용환 나인협 양전백 양한묵 유여대 이갑성 이명룡 이승훈 이종훈 이종일 임예환 박준승 박희도 박동완 신홍식 신석구 오세창 오화영 정춘수 최성모 최린 한용운 홍병기 홍기조

고종의 죽음은 국민들을 움직였다. 고종의 장례를 보기 위해 거리에 나와 있던 수십 만 명의 국민들은 시위대가 되어 모자와 천을 흔들며 "조

선독립만세!"를 외쳤다. 3월과 4월에는 전국적으로 태극기를 흔들며 수천 회의 만세운동을 벌였고 해외에도 퍼져 나갔다. 일제는 3월 2일부터 연행에 나섰고, 만세운동은 더욱 빠르게 퍼져나갔다.

3·1운동은 비폭력에 의한 평화적 만세운동이었다. 일제의 강제적인 무력 진압으로 7,000여 명이 사망하고, 15,00여 명이 부상당하고, 40,000여 명이 체포되고 10,000여 명이 투옥되었다.

불에 탄 가옥이 700여 개소, 교회가 40여 개소, 학교가 2개소였다. 수원 제암리 교회 안에 수십 명을 감금한 채 불을 질러 태워 죽이고, 교회 밖으로 탈출하는 사람은 총을 쏘아 죽이는 일까지 있었다. 현행 헌법 전문에 "우리 대한국민은 3·1운동으로 건립된 대한민국임시정부의 법통과......"라고 명시되어 있다.

3.1운동이 배경이 된 국내 최초의 영화 '아리랑'은 1926년 서울 단성사에서 상영되었는데 폭발적인 인기를 끌었다. 무성영화였으므로 변사의 설명을 들으면서 화면을 보는 것도 당시는 신기했던 것이다. 아리랑은 나운규가 제작, 감독, 출연한 영화로 줄거리는 이렇다.

주인공 김영진은 서울에서 대학을 다닐 때 3.1운동을 하다가 붙잡혀서 고문을 받고는 정신이상자가 되어 시골 고향으로 내려왔다. 김영진에게는 아끼는 여동생 김영희가 있었다. 서울에서 김영진의 대학동창생인 윤현구가 김영진을 찾아 시골 마을에 왔지만 동창생 김영진은 윤현구를 알아보지 못하고 여동생 김영희가 오빠를 대신한다. 그러다 김영희와 윤현구 사이에 애정이 싹트게 된다. 마을에서 풍년 농악제가 열리던 날, 마을 악덕지주 천가 집안의 머슴으로 있는 오기호가 집에 혼자 있던 김영희를 겁탈하려고 한다. 우연히 이를 본 윤현구가 오기호와 격투가 벌어진다. 김영진은 히죽히죽 웃으며 바라만 보다가 어느 순간 낫을 내려치게 된다. 그때 오기호가 낫에 찔려 쓰러지고 피를 본 김영진은 맑은 정신을 되찾게 된다. 마을 사람들이 모여들고, 일본 순경은 김영진을 수갑을 채워 끌고 간다. 김영진은 끌려가며 눈물을 흘리며 슬퍼하는 마을 사람들을 향해 '이 몸이 삼천리강산에서 태어났기에 미쳤고 사람을 죽였습니다. 죽으러 가는 것이 아니라 갱생의 길을 갑니다'라며 소리치는 가운데 주제가 '아리랑'이 나온다.

당시 영화도 조선총독부의 검열 대상이었다. 나운규가 제작하고 감독하고 출연했던 영화였지만 조선총독부의 검열을 통과시키기 위해서는 일본인 영화감독인 '스모리 감독'의 명의를 빌릴 수밖에 없었다. 영화가 끝나면서 아리랑 노래가 흘러나오고 식민지 백성으로 살던 한국인들은 일본인들이 알 수 없는 공감을 느꼈던 것이다.

2. 대한민국임시정부 피난길 4,000㎞

3.1운동은 독립운동가들에게 힘과 용기를 주었고 독립운동을 어떻게 추진해야할지 알게 되었다. 목표는 대한독립이었다. 그것은 개인이 할 수 없는 일이었고 조직적으로 해야 할 일이었고 힘을 모아야 했다.

〈경란록〉의 기록이다.

"본국 사람인 이승만, 김규식, 이시영 등 여러 사람들이 나라를 다시 찾고자 상해에 가서 독립단을 세우고 본국 경성의 각 사회단체와 각 학교와 은밀히 내통하였다. 제일 먼저 여학생이 태극기를 들고 대한독립만세를 선창하니 남학생도 일제히 일어나 따라서 외쳤다. 각 사회단체의 지도자 역시 따라 대한독립만세를 외쳤다. 경성의 내외에서 각지 방방곡곡 각 도道의 군郡과 마을마다 학생을 막론하고 농민까지 일제히 태극기를 들고 연일 대한독립만세를 부르니 일본 헌병이 차고 있던 칼을 마구 휘둘러 사망자가 매우 많았다. 남녀 학생과 사회 지도자 중 수감된 사람이 많았고 혹독한 형벌을 받았다. 온 나라가 떠들썩하게 들끓었지만, 마침내 위협 앞에 굴복하고 아직까지 비통한 심정을 머금고 살아가고 있다."

　1919년 3.1운동이 있고나서, 독립운동가들의 단체 결성이 줄을 이었다. 3월 연해주 블라디보스톡에서는 '대한국민의회' 단체가 결성되었다. 4월 서울에서는 '한성정부' 단체가 결성되었다.

　4월 중국 상하이에서는 '임시의정원'을 창설하였고 4월 11일 대한민국 임시헌장을 제정하여 이승만을 초대 국무총리로 정하고 '상해임시정부'를 창설했다. 당시 상하이는 프랑스 조계지였다. 그 외에도 많은 단체들이 결성되어 통합의 필요성이 제기되었다. 1919년 9월 11일 '한성정부'와 '상해임시정부'를 통합하여 '대한민국 임시정부'로 통일되었다. 이승만을 초대 대통령으로, 이동휘를 국무총리로 추대했다. 1925년 초대 대통령 이승만은 미국에 '위임통치 청원서'를 작성한 일로 탄핵을 당했다.

이완용은 있는 나라를 팔아먹었고, 이승만은 없는 나라를 팔아먹었다며 성토했다.

대한민국 임시정부의 정부형태는 의원내각제를 기반으로 하면서, 1919년 이후 대통령을 두었고, 1925년부터는 순수 의원내각제로 했고, 1927년 이후 집단지도체제로 했고, 1940년에는 주석제를 변경했다. 국회에 해당하는 임시의정원을 두었고 의장은 이동녕이 맡았다. 임시의정원에는 탄핵심판위원회를 설치했다. 행정부에 해당하는 국무원을 두었고 7부 1국의 기관으로 구성했다. 내무부, 법무부, 재무부, 외교부, 교통부, 국무부, 학무부, 노동국이었다. 사법부에 해당하는 법원을 두었다. 중앙심판원을 대법원과 같은 최고법원으로 했다.

중일전쟁에서 일본이 승리하면서, 중국의 국민당 정부는 피난을 다녀야 했고 대한민국임시정부도 국민당 정부를 따라서 4,000km를 피난 다녀야 했다. 1932년 항저우로, 1935년 자싱, 저낭, 난싱으로, 1937년 창사로, 1938년 광저우, 류저우로, 1939년 치장으로, 1940년 충칭으로 이동했고, 1945년 해방되고 서울로 옮겨왔다.

임시정부의 필요자금은 공채를 발행했는데, 공채에 대한 상환은 1984년에 가서야 독립공채상환법이 생겨 상환을 하게 되었지만 실제로 상환된 실적은 크지 않았다. 임시정부 산하에 군사조직으로 '광복군 사령부' 조직을 두었지만 사실상 활동은 전무했고, 무장단체들은 임시정부와는 무관하게 움직였다.

김구는 〈모름지기 대장부란〉에서 "가지 잡고 나무 오르는 것은 대단한 일이 아니지만, 천 길 낭떠러지 에서 잡은 손을 놓는 것이 가히 대장부다. 得樹攀枝未足奇 懸崖撒手丈夫兒 이 시는 야보도천 선사의 〈선시〉이다. 백범 김구 선생께서 자주 인용하였다. 김구 선생이 거사를 앞둔 윤봉길 의사의 마음을 진정시키기 위해 인용했던 구절로도 너무나 잘 알려져 있다."

[재단법인 김구재단, 백범김구어록]

1930년 임시정부를 이끌던 김구는 해외교포들의 성금을 바탕으로 '한인애국단'을 창설하였고, 이봉창 의거, 윤봉길 의거의 활동이 있었다. 김구는 윤봉길 의거가 있고 나서 중국 국민당 정부의 장제스와 한중 항일공동전선을 이룰 수 있었다. 1940년 임시정부는 김구를 주석으로 옹립하고 중국 국민당의 지원을 받아 '한국광복군'을 창설했다.

대한민국정부는 4월 11일을 대한민국임시정부 수립기념일로 정했다. 2022년에는 서울 서대문구 독립공원 옆에 '대한민국 임시정부 기념관'을 건립했다. 독립공원에는 독립문과 함께 3.1운동기념탑, 순국선열추념탑, 서재필 동상, 독립관, 서대문형무소역사관이 있다.

3. 대한민국임시정부 문지기 백범

김구는 대한민국임시정부의 문지기를 자청하며 상해의 임시정부를 무작정 찾아갔던 사람이다.

백범 김구는 1876년 8월 29일 황해도 해주에서 출생했고 어렸을 때 이름은 김창암이었다. 동학에 입교하던 18세 때 김창수로 이름을 바꿨고 동학접주로도 활동했다. 김구(거북 龜)로 개명을 한 것은 36세인 1912년이었고, 대한민국임시정부 시절 김구(아홉 九)로 바꾸었다.

을미사변이 있고 다음해인 1896년 20세에는 국모의 원한을 푼다고 하여 일본인을 맨손으로 처단하였다가 체포되어 사형을 선고받게 된다. 김구는 형집행정지령이 떨어졌으나 석방이 되지 않자 탈옥을 하였다. 도피 중 공주 마곡사에 입산해서 승려가 되어 원종이라는 법명을 가지게 되었다. 평양에 있는 절의 주지까지 되었지만 바로 환속하고 고향으로 가서 29세에 최준례와 결혼했다. 교사생활을 하다가 36세 때 일제가 민족주의자 총검거 때 검거되어 15년형을 선고받았다.

김구는 3.1운동 직후 43세에 중국 상하이로 망명했다. 상하이에 대한민국임시정부가 수립되자, 김구는 임시정부를 찾아가 문지기를 자청했다. 당시 대한민국임시정부 내무국장으로 있던 도산 안창호는 김구를 만나고 문지기가 아닌 임시정부의 경무국장으로 임명하고 대한민국임시정부의 문지기가 되어 달라고 했다. 김구는 대한민국임시정부 문지기의 마음으로 한결같이 임시정부를 지켰고 1940년 64세에 대한민국임시정부 주석으로 선출되었다.

김구의 가족들 역시 중국에서 말할 수 없는 고통스러운 생활의 연속이었다. 김구의 어머니 곽낙원 여사와 부인 최준례 여사, 3명의 딸, 2명의 어린 아들도 임시정부 4,000km 피난로드를 따라 다녔다. 1924년 부인 최준례 여사가 35세 나이에 폐렴으로 세상을 떠났다. 김구 나이 48세였다. 3명의 딸들도 일찍 요절했고, 2명의 아들은 어머니 곽낙원 여사가 돌보아야 했다.

첫째 아들은 당시 여섯 살이었는데 해방을 맞기 전에 사망했다. 둘째 아들은 당시 두 살이었고, 그가 대한민국 정부에서 공군참모총장이 된 김신 장군이다.

1941년 김구가 주석으로 있을 때 대한민국임시정부는 일본에 선전포고를 했었다. 해방이 되고 서울로 돌아온 김구는 반탁투쟁운동, 미소공동위원회 반대, 남북협상을 위한 연석회의 참석 등 활동을 했다.

김구는 〈백범일지, 나의 소원–내가 원하는 우리나라〉에서 "나는 우리나라가 세계에서 가장 아름다운 나라가 되기를 원한다. 가장 부강한 나라가 되기를 원하는 것은 아니다. 내가 남의 침략에 가슴이 아팠으니 내 나라가 남을 침략하는 것을 원치 아니한다. 우리의 부력富力은 우리의 생활을 풍족히 할 만하고 우리의 강력强力은 남의 침략을 막을 만하면 족하다. 오직 한없이 가지고 싶은 것은 높은 문화의 힘이다. 문화의 힘은 우리 자신을 행복하게 하고 나아가서 남에게 행복을 주겠기 때문이다." 라고 했다.

[재단법인 김구재단 백범김구어록]

1949년 김구는 암살범 안두희의 총에 맞아 경교장에서 74세에 운명했고 서울 효창공원에 안장되었다. 대한민국 정부는 1962년 '건국훈장 대한민국장'을 추서했다. 1949년 8월 '백범김구선생기념사업협회'가 조직되었고 1960년에 서울 남산에 백범 김구선생 동상을 건립하고 주위를 '백범광장'으로 이름을 붙였다. 1997년 문화체육부에서 김구선생이 써서 남기신 '백범일지'를 보물 1245호로 지정했다. 그의 아들 김신 장군이 백범김구선생기념사업회 회장을 하다가 2016년 세상을 떠났다. 2002년에 서울 효창동에 백범김구기념관을 개관했다. 김구 생일은 국치일과 같은 날인 8월 29일이다. 한일합병 이후로는 생일상을 받지 않았다고 한다.

4. 6.10만세, 통동과 사직동

이번에는 순종황제가 서거했다. 대한제국 국민들은 할 일이 무엇인지 알았다. 3.1운동으로 독립만세를 외쳤고 많은 희생이 따랐었다. 장례일은 6월 10일이었다. 일본군은 육군과 해군이 동원되어 이에 대비했다.

〈경란록〉의 기록이다.

"새 황제께서 승하하였다. 곡반과 의절은 한결같이 옛 법식을 따라 행하였다. 휘호를 순종황제라고 올리고, 유릉에 장사를 지냈다. 이때 경성 안의 남녀노소가 모두 돈화문 밖에 나와 엎드리고 애통한 심정으로 곡을 하고 가슴을 치며 슬퍼하니 마치 친부모가 돌아가신 것과 같이 하였다. 인산하던 날에도 이와 같았다. 많은 시골 남녀들도 상경하여 늘어서서 고개를 숙이고 엎드려 통곡하니, 기미년 인봉할 때보다 심하였다. 이는 5백 년 교화 속에서 생육하던 민생들이 지금 국운이 영원히 끝나려고 할 때에 어찌 애통하지 않을 수 있으리오. 애통한 일이다."

순종황제는 대한제국이 일본에 합병되고 일제에 의해 '이왕'으로 강등되었고 이후 망국의 한을 달래며 살다가 창덕궁 대조전에서 1926년 4월 25일 53세로 세상을 떠났다.

경기 남양주에는 대한제국 2대 순종황제와 순명황후 민씨, 순정황후 윤씨의 합장릉인 유릉이 있다. 순종황제는 1874년 음력 2월 8일 고종황제와 명성황후 민씨의 둘째 아들로 창덕궁 관물헌에서 태어났다. 황제로서 재위한 기간은 1907년 7월 19일에서 1910년 8월 29일까지이다.

순종황제는 〈유언〉에서, "구차히 산 지 17년, 2천만 생민生民(국민)의 죄인이 되었으니 잠시도 이를 잊을 수 없다. 지금의 병이 위중하니 한마디 말을 않고 죽으면 짐은 죽어서도 눈을 감지 못하리라. 이 조칙을 중외에 선포하여 병합이 내가 한 것이 아닌 것을 백성들이 분명히 알게 되면 이전의 소위 병합 인준과 양국의 조칙은 스스로 파기에 돌아가고 말 것이리라.

백성들이여, 노력하여 광복하라. 짐의 혼백이 어둠 속에서 여러분을 도우리라."라고 했다.

순명황후 민씨가 1904년 32세에 세상을 떠나자 지금 서울 용마산 어린이대공원 자리에 유강원을 조성하였다. 순종이 황제로 등극한 후 유강원은 유릉으로 추봉되었다가 순종이 1926년에 세상을 떠나자 용마산에 있던 유릉을 홍릉으로 산릉공사를 하고, 순명황후를 먼저 모시고, 순종을 합장으로 모셨다.

순종황제의 계비 순정황후 윤씨는 1906년 계비로 들어와 조선의 멸망과 해방, 6.25, 4.19, 5.16 등 파란만장한 역사를 창덕궁 낙선재에서 지켜보다가 1966년 73세에 승하했다. 1950년 한국전쟁 때 미처 피난하지 못하고 서울 창덕궁에 남아 있었는데, 인민군들이 창덕궁에 들이닥쳐 행패를 부리는 것을 보고 크게 호통을 쳐 대한제국의 마지막 황후로서 강한 모습을 보여주기도 했다. 순정황후 윤씨가 세상을 떠나자 유릉에 합장으로 장사되었다.

6·10만세운동은 1926년 6월 10일 대한제국 마지막 황제 순종황제 장례일을 기해 가두에서 만세시위로 일어난 학생 중심의 민족독립운동이었다. 1920년대 들어서는 기성세대의 민족독립운동이 점차 부진한 상태에 있었고, 학생운동이 독립운동의 활력소가 되어가고 있었다. 학생들이 중심이 되어 나라 잃은 민족의 설움을 대변하는 항일운동이었다.

6.10만세운동은 서울 통동通洞계와 사직동社稷洞계 학생들이 중심이었다. 학생층 전체가 계획적이고 조직적인 항일학생운동으로 발현되었던 것이 6·10만세운동이다. 일제는 3·1운동의 전철을 밟지 않기 위해 유언비어와 불온한 행동을 감시하는 철저한 경계 태세를 갖추었다. 육해군 7,000여 명을 경성에 집결시켰고 부산과 인천에 함대를 정박시켜 놓기까지 하였다.

이병립은 〈사직동계 격문〉에서 "2천만 동포의 원수를 구축하라! 피의 대가는 자유이다. 대한독립만세!"라고 했다.

[한국학중앙연구원, 한국민족문화대백과사전]

조선민족대표 김성수, 최남선, 최린은 〈통동계 격문〉에서, "조선 민중아! 우리의 철천지 원수는 자본제국주의의 일본이다. 2천만 동포야! 죽음을 각오하고 싸우자! 만세, 만세, 조선독립만세!"라고 했다.

[동아일보, 2016.6.10.]

6·10만세운동으로 일본경찰에게 붙잡힌 학생 수는 서울에서 210여 명이었고, 전국적으로는 1,000여 명이나 되었다. 이들 학생 중 취조받은 자가 106명, 수감된 자가 53명이었고, 시위가 가라앉자 이들 대부분은 석방되었다. 1926년 6월 25일, 제령 제7호와 출판법위반 등의 죄목으로 11명이 기소되었다. 1926년 11월 2일, 경성지방법원에서 공판이 열렸다. 6·10만세운동 주동 학생들은 재판장 에토의 심문에 거사의 목적을 대담하게 진술했다.

이병립은 "거사의 목적과 동기는 삼척동자도 다 알고 있는 사실인데 새삼 물어볼 것이 어디 있느냐?"라고 진술했고, 박하균은 "우리나라의 형편은 현명한 너희들이 더 잘 알 텐데 무엇을 알려고 하느냐?"라고 진술했으며, 이천진은 "호각으로 군호를 삼아 일제히 거사하였다. 그런데 뜻대로 되지 않아 애석하다"라고 진술했고, 이선호는 "자유를 절규하면 자유가 생긴다는 결심으로 거사에 임하였다"라고 진술했으며, 유면희은 "오로지 기미년 경험으로 재기하려 하였다"라고 진술했고, 박용규는 "4,000여 매의 격문을 각 남녀고보에 배부하였고 가회동 취운정에서도 계획하였다"라고 했으며, 곽대형은 "격문 500매는 만세 당일 돈화문 앞에서 살포한 뒤 통동계 학우들과 같이 숭인동 방면으로 달려가 기회를 포착하여 만세를 고창하였다"라고 진술했다.

[한국학중앙연구원, 한국민족문화대백과사전]

6·10만세운동 이후, 전국적으로 학생들은 동맹휴학을 통해 일제에 항거하였고, 울산·군산·평양 뿐만 아니라 강경·전주·하동까지 확대되어갔다. 침체된 민족독립운동에 활기를 넣어주었고, 침체기 독립운동의 전환점이 되었다. 2020년 12월 국가기념일로 지정되었다.

5. 3의사묘와 가묘

경란록의 기록은 1926년까지 끝났고 이후의 기록은 저자가 포함시켰다. 1932년과 1933년의 일이다. 1932년 1월 이봉창 의사는 도쿄 관병식에서 수류탄을 던진 것은 1932년 1월의 일이고, 윤봉길 의사가 중국 홍커우 공원에서 폭탄을 던진 것은 1932년 4월의 일이고, 백정기 의사가 육삼정 습격 미수는 1933년 3월의 일이다. 3의사는 서울 효창공원에 모셔져 있다.

효창공원은 서울 용산구 효창동에 있는 시립공원으로 원래 이름은 효창원이었다. 효창은 정조대왕의 큰아들 문효세자의 '효'자와 창덕궁의 '창'자에서 유래하고, 왕의 묘는 능이지만, 왕의 직계가족 묘를 원이라고 하였다. 문효세자는 5살에 홍역으로 창덕궁에서 죽었다. 효창원에는 1894년 청일전쟁 때 일본군이 무단으로 주둔했었다. 일제강점기에는 효창원으로 골프장과 유원지로 조성했다. 해방되기 직전 왕실의 묘를 다른 곳으로 강제 이장하고 효창원을 효창공원으로 변경하였다.

1945년 해방을 맞아, 중국에서 돌아온 백범 김구 선생은 타국에서 순국한 독립운동가 윤봉길 의사, 이봉창 의사, 백정기 의사의 유해를 국내로 모셔 오기로 했다. 1946년 이들 3의사의 유해가 국내로 송환이 이루어져 국민장으로 장례를 치르고 이곳 효창공원에 3의사를 안장하게 되었다. 3의사가 모셔진 곳을 '삼의사 묘역'이라 하였고, 묘단 아래에는 꽃다운 이름이 후세에 길이 남다는 뜻의 유방백세遺芳百世라는 글자가 새겨져 있다.

매헌 윤봉길 의사는 충청도 덕산군에서 1908년 태어났다. 1931년 중국 상해에서 김구 선생을 찾아가 한인애국단에 가입하고 독립운동에 몸을 바치겠다고 했다. 1932년 4월 29일 중국 상해 홍커우공원(루쉰공원)에서 일본왕 히로히토의 생일 행사 때 물통 폭탄을 던져 일본 파견군 사령관을 폭살하고, 많은 일본 고위 관료들에게 부상을 입혔다. 윤봉길은 의거 후 태극기를 꺼내 흔들면서 "대일본제국주의를 타도하자"를 외쳤다. 1932년 12월 19일 윤봉길 의사는 24세에 일본 가나자와에서 총살형을 당해 순국했다. 1962년 대한민국 정부는 윤봉길 의사에게 대한민국 건국훈장 대한민국장을 추서하였다. 충남 예산군 덕산면 생가 유적지에 기념관이 있고, 서울 서초구 "양재시민의 숲" 공원 안에 기념관이 있다.

윤봉길 의사는 4개의 유서를 남겼고 유서는 보물 568-2호로 지정되었다.

"강보에 싸인 두 병정에게 –두 아들 모순과 담에게–

너희도 만일 피가 있고 뼈가 있다면 반드시 조선을 위하여 용맹한 투사가 되어라.

태극에 깃발을 높이 드날리고 나의 빈 무덤 앞에 찾아와 한 잔 술을 부어 놓아라.

그리고 너희들은 아비 없음을 슬퍼하지 말아라.

사랑하는 어머니가 있으니 어머니의 교양으로 성공자를

동서양 역사상 보건대 서양으로 불란서 혁명가 나폴레옹이 있고

미국에 발명가 에디슨이 있다.

바라건대 너희 어머니는 그의 어머니가 되고 너희들은 그 사람이 되어라."

[매헌윤봉길의사기념사업회, 매헌의 어록]

이봉창 의사는 1900년 지금의 효창공원이 있는 효창방에서 태어나 살았다. 1931년 12월 이봉창 의사는 중국 상해에 있는 안중근 의사의 동생 안공근 집에서 한인애국단에 가입하고 다음의 선서를 하였다.

〈이봉창 선서문〉이다.

"나는 赤誠(적성)으로써 조국의 독립과 자유를 회복하기 위하야 한인애국단의 일원이 되야 敵國(적국)의 수괴를 도륙하기로 맹서하나이다

대한민국 13년 12월 13일, 선서인 이봉창 한인애국단 앞"

[네이버 지식백과, 두산백과]

1932년 1월 8일에 이봉창은 일본 도쿄 교외에서 관병식을 마치고 돌아가던 중에 있던 히로히토 천황을 겨냥하여 수류탄 1개를 던졌다. 천황의 마차가 손상되고 일본 고관 대작 두 명이 부상하였으나 천황 히로히토는 다치지 않아 거사는 실패했고 이봉창 의사는 그 자리에서 체포되어 1932년 10월 일본에서 32살에 교수형으로 순국했다. 1962년 대한민국 정부는 이봉창 의사에게 건국훈장 대통령장을 추서하였다. 효창공원 내 수류탄을 던지는 이봉창 의사 모습의 동상이 세워져 있다.

백정기 의사는 전북 부안군에서 1896년 태어났고, 원심창, 이강훈과 함께 1933년 3월 17일 중국주재 일본공사가 중·일 양국 정계·군부 요인들과 함께 상해에 있는 일본 요정인 육삼정六三亭에서 연회를 벌인다는 첩보를 입수하고, 연회장 습격 계획을 세웠다. 계획이 사전에 누설된 것으로 예상되며 습격하기 직전 역습을 받아 현장에서 체포됐다. 일본으로 이송되어 백정기 의사와 원심창은 무기징역을, 이강훈은 징역 15년 형을 받았다. 백정기 의사는 일본 형무소에서 복역 중인 1934년 6월 지병으로 39세에 옥사했다. 대한민국 정부는 백정기 의사에게 1963년 건국훈장 독립장을 추서하였다. 고향인 전라북도 정읍에 기념관이 건립되어 있다.

1948년 9월 중국에서 순국한 임시정부 주석 이동녕 선생, 국무원 비서장 차리석 선생, 군무부장 조성환 선생의 유해를 이곳에 안장했다.

1947년 6월 백범 김구 선생이 흉탄에 쓰러지는 어처구니없는 일이 생겨 국민장으로 장례를 치루고, 3의사, 임시정부 3요인 모셔진 이곳 효창공원에 모셔지게 되었다.

백범 김구 선생의 3의사 유해 송환에 대한 〈백범일지〉에서 "나는 즉시로 일본에 체류하고 있던 박열 동지에게 부탁하여 조국 광복에 몸을 바쳐 무도한 왜적에게 각각 학살을 당한 윤봉길 이봉창 백정기 3열사의 유골을 환국시키게 하고 국내에서 장례 준비를 진행하였다. 그러던 중 '유골이 부산에 도착하였다'는 기별을 듣고, 영접 차 특별열차를 타고 부산을 향하였다. 세 열사의 말 없는 개선에 유골 봉환식을 거행하고, 영구를 서울로 봉환하기 위해 부산역을 출발하였다. 부산역 앞에서 서울까지 각 역전마다 사회단체와 교육기관은 물론이고, 일반 인사들까지 운집·도열하여 추도식을 거행하니, 산천초목도 슬퍼하는 듯 감개무량하였다. 서울 도착 즉시 영구를 태고사에 봉안하고, 유지 동포들은 누구를 가릴 것 없이 경의를 표할 수 있게 하였다. 장례에 임하여 봉장위원회 책임자들이 장지를 널리 구하였으나 여의치 못하여, 결국 내가 직접 잡아놓은 용산 효창원 안에 매장하였다."라고 했다.

안중근 의사의 1910년 3월16일 오전 10시 교수형으로 순국하기 전 〈유언〉에서, "내가 죽으면 내 유골을 하얼빈공원에 묻었다가 대한의 독립이 되거든 조국으로 나의 유골을 운구해 달라"라고 남겼지만, 112년이 지난 지금도 안중근 의사의 시신을 확인할 수 없다. 2019년 안중근 의사 가묘 표지석을 정식 묘비로 교체하였지만, 유해를 안장하지 못한 상태이다.

6. 삼백 년 원한 품은 노적봉

"삼백 년 원한 품은 노적봉 밑에" 노래가 나오고 88년 동안 끊임없이 불려지는 노래가 있다. '목포의 눈물'이다. 1935년에 목포의 눈물 가사는 조선일보와 오케레코드가 공동으로 향토 노랫말 공모를 할 때, 작사가 문일석이 1등으로 당선되었던 노랫말이다.

노랫말 가사의 (2절)이 문제였다. "삼백 년 원한 품은 노적봉 밑에"라는 가사는 당연히 임진왜란을 떠올리게 하는 노랫말이다. '삼백 년 원한'은 임진왜란으로 입은 민족의 한을 의미한다.

'노적봉'은 목포시 유달산에 있는 봉우리 이름이다.

300년 전 임진왜란 때 왜적들이 서남해로 침입할 때 이순신 장군은 유달산 노적봉 바위 겉에 볏짚으로 위장하여 군량미로 보이게 만들었다. 영산강에는 횟가루를 흘려보내 마치 쌀뜨물이 흘러가는 것으로 보이게 했다. 주민들에게 군복을 입혀 노적봉 주위를 도는 '강강술래'를 하도록 하여 대군이 있는 것으로 보이게 했다. 이순신의 심리전술로 왜적들의 공격을 멈추게 만든 것이 노적봉 바위이다. 노적봉 바위는 60미터 높이에 불과하지만 왜적의 공격을 막아내었다.

유달산 노적봉 맞은편 쪽에는 이순신 장군의 동상이 세워져 있다.

문일석 작사, 이난영 노래 목포의 눈물이다.
(1절) 사공의 뱃노래 가물거리며 삼학도 파도 깊이 스며드는데
부두의 새악시 아롱젖은 옷자락 이별의 눈물이냐 목포의 설음

(2절) 삼백 년 원한 품은 노적봉 밑에 님 자취 완연하다 애달픈 정조
유달산 바람도 영산강을 안으니 님 그려 우는 마음 목포의 노래 (하략)

"삼백 년 원한 품은 노적봉 밑에" 노랫말로는 총독부의 검열을 통과
하기 불가능하다는 것을 오케레코드는 잘 알고 있었다. "삼백연三柏淵 원
안풍三柏淵 鴛鴦風"으로 노랫말을 변경하여 겨우 검열을 통과했다. "세 그
루 잣나무 연못에 원앙새의 바람"이라고 설명을 했다.

그래서 처음 레코드는 '삼백연 원앙풍'으로 발매되었다.

이미 노래는 전국으로 퍼져 나갔지만 "삼백 년 원한 품은"으로 누구
나 알고 불렀다. 노래가 대히트를 하자 조선총독부는 나중에야 이런 사
실을 인지하고 금지곡으로 지정했고 레코드 검열을 강화했다. 문일석 작
사가의 그 후 행방에 대해서는 도피생활을 하다가 젊은 나이에 죽은 것
으로 알려져 있다.

〈목포의 눈물〉은 목포 출신의 신인가수 이난영이 불렀다. 이난영의
목소리에는 한과 슬픔이 묻어 있었다. 이 노래가 주는 힘을 식민지 한국
인들은 잘 알고 있었다. 식민지 백성으로서 삶은 하루하루가 치욕적이
었고 절망이었다. 이런 노래가 나와 이순신 장군을 떠올린 것만으로도
통쾌했다. 일본인들이 모르는 감성을 한국인은 〈목포의 눈물〉 가사 한
글자 한 글자마다 느꼈다. 일제강점기에도 한민족의 정서는 살아 있었
다. 일본은 총칼로 한국 땅을 지배하였지만 결코 한국인의 정신을 지배
하지는 못했다. 당시 이난영의 목소리로 부르는 이 노래를 우리는 지금
도 들을 수 있다. 85년이 지났어도 이 노래는 불리고 있고 앞으로도 부

를 것이다.

7. 베를린의 두 한국인

대한제국의 국민들은 환호했고 약한 국민이 아니라는 것을 보여주었다. 올림픽 마라톤 1등과 3등. 호외가 뿌려졌다. 1936년 8월의 일이다. 손기정은 24세로 일제강점기 때 베를린올림픽 마라톤 경기에서 2시간 29분 19초의 신기록을 세웠다. 손기정과 동갑인 남승룡은 3등을 했다. 독일역사박물관에는 베를린올림픽 마라톤 경기에서 손기정이 1등으로 스타디움으로 들어왔을 때 중계를 했던 독일 방송 아나운서의 방송기록 자료 내용 보관되어 있다. 마라톤 경기를 중계하던 독일 아나운서는 손기정 선수가 일본 국적의 손기테란 이름으로 올림픽에 참가했으나, 한국인Koreaner이라는 것을 분명히 방송했다.

독일역사박물관 〈독일방송기록보관실〉 자료에서, "여기는 올림픽 주 경기장의 결승선 지점입니다. 우리는 마라톤 우승자 일본선수를 기다리고 있습니다. 12만 명의 관중들도 일어서서 그를 기다리고 있습니다. 우승자인 일본선수 손이 들어서게 될 주경기장의 정문인 검은 문을 조용히 주시하고 있습니다. 그 한국 대학생은 세계의 건각들을 가볍게 물리쳤습니다. 그 한국인은 마라톤 구간 내내 아시아의 힘과 에너지로 뛰었습니다. 작열하는 태양을 뚫고, 거리의 딱딱한 돌 위를 지나 뛰었습니다. 이제 그가 엄청난 막판 스퍼트로 질주하며 들어오고 있습니다. 트랙의 마지막 직선코스를 달리고 있습니다. 대단한 선수입니다. 최고의 힘을 지닌 천부적인 마라토너입니다. 1936년 올림픽 마라톤 우승자 '손'이 막 결승선을 통과하고 있습니다."

[동아일보 2009.10.4. ― 20세기의 소리. 제11회 올림픽경기. 1936년. 독일역사박물관

(DHM). 독일방송기록보관실(DRA)]

손기정은 평안북도 신의주에서 1912년 태어났다. 집안이 몰락하여 어릴 때부터 장사를 하며 지내야 했다. 16세 단둥에서 취직을 하고 차비가 아까워 매일 신의주와 단둥을 걷거나 뛰어야 했다. 1931년 조선신궁대회(전국체육대회)에 평안북도 달리기 대표선수로 출전하여 5,000m 경기에서 2위를 했다. 1932년 동아일보가 주최하는 하프 마라톤에서는 2위를 했다. 손기정은 마라톤 선수의 재능을 인정받아 양정고보에 입학하게 되었고 학업을 하면서 마라톤 훈련을 받을 수 있었다. 올림픽 참가 전까지 마라톤 대회에 13번 참가하여 10번 우승했다. 손기정의 노력과 실력으로 일제강점기에 베를린올림픽 마라톤 일본 국가대표로 발탁되게 되었다.

손기정 선수는 베를린올림픽 마라톤 경기에서 양정고보 선배인 남승룡 선수와 함께 뛰었다. 42.195km. 2시간 29분 19초. 손기정 선수는 1등을 했고, 남승룡 선수는 3등을 했다. 베를린 올림픽 경기장에는 일본국기 '일장기'가 올랐고 일본국가 '기미가요'가 나왔다. 월계관을 쓴 손기정 선수와 남승룡 선수는 고개를 숙였다. 손기정은 선수복에 붙여진 '일장

기'를 월계수 나무로 가렸다.

작가였던 심훈은 손기정, 남승룡 선수의 베를린올림픽 마라톤 금메
달, 동메달 획득했다는 신문호외를 보고 즉석에서 신문지에 시를 지었
다. 심훈은 그해 9월 갑작스런 장티푸스 발병으로 사망하여 이 시가 그
의 마지막 작품이 되었다.

심훈의 시 〈오오, 조선의 남아여!〉이다.
"–백림마라톤에 우승한 손, 남 양군에게
그대들의 첩보를 전하는 호외 뒷등에
붓을 달리는 이 손은 형용 못할 감격에 떨린다!
이역의 하늘 아래서 그대들의 심장 속에 용솟음치던 피가
2천 3백만의 한 사람인 내 혈관 속을 달리기 때문이다.
"이겼다"는 소리를 들어보지 못한 우리의 고막은
깊은 밤 전승의 방울소리에 터질 듯 찢어질 듯.
침울한 어둠 속에 짓눌렸던 고토의 하늘도
올림픽 거화를 켜든 것처럼 화다닥 밝으려 하는구나!
오늘 밤 그대들은 꿈속에서 조국의 전승을 전하고자
마라톤 험한 길을 달리다가 절명한 아테네의 병사를 만나 보리라.
그보다도 더 용감하였던 선조들의 정령이 가호하였음에
두 용사 서로 껴안고 느껴 느껴 울었으리라.
오오, 나는 외치고 싶다! 마이크를 쥐고
전 세계의 인류를 향해서 외치고 싶다!

"인제도 인제도 너희들은 우리를 약한 족속이라고 부를 터이냐!"

[손기정체육공원 시(詩)비, 2017년. 8월]

서울 만리동2가에는 손기정의 모교인 양정고등학교가 목동으로 이전하면서 그 자리에 손기정체육공원을 만들었다. 공원 안에는 손기정기념관, 손기정문화도서관, 손기정월계관 기념수가 있다. 손기정, 남승룡은 1970년 국민훈장 모란장을 받았다. 2036년은 베를린올림픽 100주년이 되는 해입니다. 손기정의 후손들은 이 때를 맞추어 IOC에 손기정과 남승룡의 국적을 회복하기 위해 노력하고 있다고 한다.

8. 보석 같은 나라

한국인보다 더 한국을 사랑한 미국인 여성소설가 펄 벅. 미국에서 태어나고 중국에서 자랐지만 한 번 와서 본 한국을 잊지 못했다. 펄 벅의 소설 〈살아 있는 갈대〉는 소설의 배경이 조선 말기였고 어느 안동 김씨의 4대에 걸친 이야기였다. 1대에서 4대까지 겪는 시대적인 갈등을 한국 근대사 그대로 반영하고 있는 소설이다. 펄 벅은 이 책 서문에서 한국을 다음과 같이 쓰고 있다.

"한국은 고상한 사람들이 사는 보석 같은 나라이다._Korea is a gem of a country inhabited by a noble people_"

1960년대에는 한국을 배경으로 한 소설을 집필하기 위해 여러 차례 한국을 방문했다. 한국을 배경으로 한 소설은 〈한국에서 온 두 처녀〉(1951), 〈살아 있는 갈대〉(1963), 〈새해〉(1968) 3편이 있다. 〈살아 있는 갈대〉는 처음 발표할 때에는 〈갈대는 바람에 시달려도, The Living Reed〉로 소개되었다. 이 책의 에필로그에서 펄 벅은 지난 과거의 이야기에 연연할 것이 아니라 새로운 관계와 현재의 모습을 말하자고 이야기했다고 하였다. 펄 벅은 유서에도 "내가 가장 사랑한 나라는 미국이며 다음으로 사랑한 나라는 한국이다."라고 쓸 만큼 한국을 사랑했다.

〈대지〉로 1938년 노벨문학상을 수상한 펄 벅은 미국 웨스트버지니아에서 1892년 태어났다. 선교사였던 아버지를 따라 어릴 때 중국으로 이주하여 중국에서 10여 년을 자랐다. 혼혈 아동들을 위해 펄벅재단 한국지부를 1965년 설립하고, 부천시에 있던 유한양행 소사공장 자리에 '소사희망원Opportunity Center'을 1967년에 세웠다. 그 후 한국을 8번 방문하며 이곳에서 전쟁고아와 혼혈 아동 2,000여명을 직접 돌보며 복지활동을 했다. 부천시는 옛 소사희망원 터에 '부천펄벅기념관'을 2006년 설립하여 운영 중이다.

1960년경에 경주를 여행하던 펄 벅은 소달구지에 볏단을 싣고 자신의 지게에도 볏단을 지고 가는 농부를 보았다. 이상하게 여긴 펄 벅은 농부에게 "왜 소달구지를 타지도 않고 걸어가면서 힘들게 볏단 짐까지 지고 가십니까?"라고 물었다. 농부는 "어떻게 타고 갑니까? 저도 하루 종일 일했지만, 이 소도 하루 종일 일했는데요. 그러니 볏단도 나누어지고 가야지요"라고 대답했다. 농부 말에 감동을 받은 펄 벅은 나중에 '자신이 보았던 세상에서 가장 아름다운 광경'이었다고 말하면서 "서양 농부라면 당연히 소달구지에 짐도 모두 싣고, 자신도 올라타고 편하게 집으로 갔을 것이다. 하지만 한국 농부는 소의 짐을 덜어 주려고 자신의 지게에 볏단을 한 짐 지고, 소와 함께 걸어서 귀가하는 그 농부의 모습을 보면서 짜릿한 마음의 전율을 느꼈다"라고 했다.

또 늦가을 감나무에 남겨놓은 감이 새들을 위해 남겨둔 '까치밥'이라는 설명에 감동해서, "내가 가서 본 유적지나 왕릉보다 이 현장을 목격한 것 하나만으로도 나는 한국에 오기를 잘했다고 자신한다"라고 했다.

미국 대통령 케네디는 펄 벅을 포함하여 노벨상 수상작가들을 백악관으로 초청하여 1962년 행사를 열었다. 케네디 대통령은 펄 벅에게 "요즘 어떻게 지내십니까?"라며 안부를 물었고, 펄 벅은 "한국을 배경으로 소설을 쓰고 있습니다"라고 했다. 케네디는 "한국은 골치 아픈 나라라서 돈이 많이 듭니다. 내 생각으로는 한국에서 미군을 철수시키고 과거처럼 일본이 한국을 통치하도록 하는 게 나을듯합니다"라고 말했다. 그 말을 들은 펄 벅은 정색을 하고 "대통령이란 자리에 있으면서 한국 사람들이 얼마나 일본을 싫어하는지 모르고 그런 말씀을 하십니까? 그건 마치 과거에 미국이 영국의 지배를 받았던 때로 돌아가자는 소리와 같습니다."라고 응수했다. 펄 벅의 이 말에 케네디는 "농담이었습니다"라며 대화를 마무리했다고 한다. 우리가 펄 벅을 기억해야 할 이유이다.

[담론 8]

〈경란록〉의 기록이다.

"서양을 말하는 자를 이단으로 몰아붙였다. 이 때문에 다산 정약 용과 같은 자도 종신토록 금고를 당하였다. 그리고 헌재 박규수와 같 은 이는 일본에 사신으로 가서 서양 학술서적을 구해서 왔지만 감히 세상에 드러내지 못하였다. 그로써 결국 오늘날 전국의 인민들이 포 로가 되는 지경을 초래하였으니, 탄식을 견딜 수 있으리오."

정약용, 박규수는 당시 이단아였다. 다산 정약용은 1762년 경기도 광주에서 출생했고, 30세 때 도르래 원리를 적용한 거중기를 만들어 수원화성 축조에 유용했다. 38세에 고향에서 '여유당'을 짓고 살다가 39세부터 18년간을 전라도 강진으로 유배 생활했다. '여유'는 노자에 나온 말로, 겨울 시냇물을 건너듯 하고 사방에서 엿보듯 두려워하라 는 의미를 가졌다. 50세가 되어서야 유배생활이 풀렸고, 목민심서도 완성했다. 다산 정약용이 저술한 문집인 '여유당전서'는 154권 76책에 이르러 조선 최고의 실학자이다. 방대한 저술을 남기고 74세 1836년 에 태어난 곳에서 사망했다. 경기도 남양주시 조안면에 다산 정약용 의 유적지가 있다.

환재 박규수는 1807년 서울 계동에서 출생했고 〈열하일기〉를 썼던 북학파 연암 박지원의 손자이다. 박지원은 박규수가 태어나기 2년 전 사망했지만 박지원의 실학사상과 학문의 영향을 크게 받았다. 순조를 대신하여 국정을 대리했던 효명세자(익종)의 기대를 받았으나, 익종과 부친의 사망으로 충격을 받은 박규수는 18년간 은둔생활을 하며 공부만 했다. 54세인 1861년 연행사절의 부사로 청나라 열하를 다녀왔다. 59세에 평안도관찰사 때 직접 미국 제너럴셔먼호 사건을 겪으면서도, 미국과 먼저 수교를 맺는다면 우환이 없을 것이라는 진취적인 주장을 했다. 박규수가 개국에 대해 확신을 가지게 된 것은 두 번째 청나라를 방문하여 양무운동을 보았고 서양국가의 사정을 자세히 듣게 되면서였다. 김옥균, 유길준 등 젊은 지식인들과 교류하면서 자주적인 개국을 주장했다. 1875년 일본의 강압적인 압력에 의하여 발생한 운요호 사건과 일방적인 강화도조약의 체결을 보면서 나라와 백성에 대해 늘 탄식과 걱정을 하며 지내다 1877년 70세에 사망했다.

당시에도 많은 선각자들이 있었지만 그들은 조선 정부의 이단아로 취급되었고, 그들의 주장은 묻혔다. 박규수는 말년에 하늘은 왜 조선과 조선의 백성들을 버리는지 걱정이 쌓여 병으로 들어 누웠다고 한다. 조선의 한계였다. 그로부터 35년 후 전 국민이 포로가 되었다. 비록 당시 정부 고위층은 아니지만 지식이었던 이범석의 탄식 소리가 크게 들린다.

[경란록으로 보는 세상 8]

■ 12월 20일 태황제께서 승하하여 조야에서 애통하였다. 삼년복을 입고 홍릉에 장사를 지냈다. 흠위(제왕의 장례 행렬에 쓰는 도구)와 의절은 한결같이 옛 법식을 따라 행하였다. 경향 각지의 선비와 남녀 백성들이 궐문 밖에서 능소까지 4~5십리를 길게 이어져 있었고, 길가에서 엎드려 통곡하는 사람이 수백만 명이었다. 이는 모두 망국의 한을 품었기 때문이었다.

　　그때 능 위의 비문을 '대한국대황제'라고 써서 존숭하였는데 저들 쪽에서 금지하고 비석을 세우지 않고 능 곁에 묻어 두었다. 전 참령 고영근이 이를 분개하며 충직한 마음을 품고 홍릉참봉이 되기를 자원하였다. 재실에 이르는 날에 즉시 비석을 파서 세우니, 저들이 또 힐책하며 도로 묻으라고 독촉하였다. 고영근이 사리를 들어 항거하며 답하기를, "옛부터 제왕가는 망국의 임금이라도 그 휘호는 그대로 존속시키고 깎아내리지 않았다. 지금 귀국은 전례에 어두워 이 의미를 모르는 것인가"라고 하며 고집을 꺾지 않고 비석을 묻지 않자 저들 역시 다시는 따지지 않았다.

〈기미년(1919년)〉

■ 대개 태황제(고종)께서 양위한 이후 국권을 회복하려는 뜻으로 간혹

외국에 비밀운동을 추진하였지만 모두 성공하지 못하였다. 도리어 역적들에게 주목을 받아 기어이 제거하려고 하였다.

태황제께서는 옥체가 강건하고 전혀 병환이 없었다. 아침저녁의 수라는 평상시처럼 잘 드셨으며 밤중의 기거도 안온하였다. 내인들이 장기를 두는 것을 구경하셨고, 깊은 밤에 이르러 주방에서 내인이 식혜를 올리자 조금도 우려하지 않았다. 식혜를 몇 숟가락 드신 후에 눕자마자 입에서 토하고 복통을 일으켜 곧바로 기절하여 어느덧 정신을 잃으셨다.

새벽에 환관과 내인들이 비로소 깨닫고 즉시 완순군 이재원, 보국 민영휘, 민영소에게 전화를 하였다.

(저자 주-이재완(1855~1922)은 완순군이고, 이재원(1831~1891)은 완림군이다. 1919년의 일이므로 완림군 이재원이라고 볼 수 있고, 완순군 이재원은 오류인 듯하다.)

해당 사람들이 황급히 들어가 보니 이미 운명하셨다. 하지만 그 이유는 아무도 알 수가 없었다. 또 당시 식혜를 올렸던 내인은 즉시 약을 마시고 자살하였다. 온 나라 사람들은 모두 식혜에 독약을 넣었다고 의심하였다. 또 사주한 사람이 있을 것이라고 의심하였다.

이 때문에 고영근이 마침내 상소하여 그 일을 조사하고 복수하기를 청하였는데 말이 매우 통절하였다. 순종과 두 분의 친왕(영친왕과 의친왕)이 구식대로 국청을 전내에 사적으로 설치하여 정만조를 문사낭청으로 삼고 완순군 이재원과 민보국 민영휘을 불러 물어보니, 모두 위와 같은 말을 하고 모른다고 하였다. 또 강석호와 나세환 및 궁녀들을 불러 캐물으니 또한 모른다고 하였다.

임금의 권세가 이미 없으니, 어떻게 죄인에게 형벌을 가하여 사실을 제대로 캐낼 수 있겠는가. 사건이 드디어 중지되었다. 나라 사람들이 더욱 절실히 분통해 하였고 고영근은 분통함을 견디지 못하고 마침내 자결하였다. 이전에 고군은 몰래 일본으로 들어가 나라의 원수에게 복수코자 하였지만, 계획을 완수하지 못하고 일본 감옥에 수감되었다. 그러던 중 어버이가 병이 들어 위독하여 임종에 가까웠다는 소식을 듣고 자신의 손가락을 잘라 유리병에 피를 담아서 본국으로 보내 마시게 하여 거의 죽을 뻔한 목숨을 구하였다. 당시 사람들이 충효를 모두 완전하게 한 사람이라고 칭송하였다.

〈기미년(1919년)〉

■ 본국 사람인 이승만, 김규식, 이시영 등 여러 사람들이 나라를 다시 찾고자 상해에 가서 독립단을 세우고 본국 경성의 각 사회단체와 각 학교와 은밀히 내통하였다. 제일 먼저 여학생이 태극기를 들고 대한독립만세를 선창하니 남학생도 일제히 일어나 따라서 외쳤다. 각 사회단체의 지도자 역시 따라 대한독립만세를 외쳤다. 경성의 내외에서 각지 방방곡곡 각 도道의 군郡과 마을마다 학생을 막론하고 농민까지 일제히 태극기를 들고 연일 대한독립만세를 부르니 일본 헌병이 차고 있던 칼을 마구 휘둘러 사망자가 매우 많았다. 남녀 학생과 사회 지도자 중 수감된 사람이 많았고 혹독한 형벌을 받았다. 온 나라가 떠들썩하게 들끓었지만, 마침내 위협 앞에 굴복하고 아직까지 비통한 심정을 머금고 살아가고 있다.

■ 4월 모일 새 황제께서 승하하였다. 곡반과 의절은 한결같이 옛 법
식을 따라 행하였다. 휘호를 순종황제라고 올리고, 유릉에 장사를
지냈다. 이때 경성 안의 남녀노소가 모두 돈화문 밖에 나와 엎드리
고 애통한 심정으로 곡을 하고 가슴을 치며 슬퍼하니 마치 친부모
가 돌아가신 것과 같이 하였다. 인산하던 날에도 이와 같았다. 많은
시골 남녀들도 상경하여 늘어서서 고개를 숙이고 엎드려 통곡하니,
기미년(1919) 인봉할 때보다 심하였다. 이는 5백년 교화 속에서 생육
하던 민생들이 지금 국운이 영원히 끝나려고 할 때에 어찌 애통하
지 않을 수 있으리오. 애통한 일이다.

　　–이른바 이항구는 예식과장으로서 장례를 치를 적에 의절을 엄
숙해야 하는데 심히 소홀히 하여 전혀 장례식의 의절을 갖추지 못
하였다. (원문결락)조차도 구비하지 않아 종척과 집사들이 주머니돈
을 거두어 사서 사용하였으니 슬픈 일이다–

■ 아, 우리나라가 단군과 기자 이후 나라가 바뀌고 임금이 교체된 경
우가 많지 않은 것이 아니지만, 오직 초나라 사람이 물건을 잃으면
초나라 사람이 얻게 되는 것이기에 나라가 비록 망하였어도 국경은
오히려 그대로 있고 백성도 그대로 있었다. 그러니 이 혁명은 참으
로 전무후무한 일이다.

삼천리강토가 강한 이웃 나라에게 병탄되어 2천만 생령이 둥지가 엎어질 때 깨진 알이 되어 나무와 바위에 안착하지 못하고 물과 불 속에 혼입되니 애통하도다, 애통하도다. 장차 하늘에 하소연하겠는가, 땅에 하소연하겠는가.

단지, 이 외지고 좁은 나라에서 태어나 좋지 않은 운수를 만나 온갖 어려움을 다 겪고 마침내 차마 당하지 않아야 할 일을 직접 보았으니, 이 무슨 운명이란 말인가? 나보다 먼저 태어나서 살던 사람은 필시 이러한 엄청난 화란을 만나지 않았고, 나보다 뒤에 태어나 살아갈 사람은 다시 태평한 시기를 볼 것이다.

오직 보잘것없이 불안한 한 사람이 정해진 거처가 없고 어디로 갈 방향을 모른 채 갈 곳도 없고 만날 사람이 없구나. 나가면 오리나 기러기가 주살과 그물을 무서워하는 듯이 행동해야 하고, 들어오면 금수가 그물과 함정을 살피듯이 조심해야 한다. 신세가 이와 같아 겨우 한 가닥 실낱같은 목숨을 부지하고 있으니, 구차스럽지 않는가.

불씨의 이른바 삼생설이 과연 틀리지 않다면 이 몸 역시 내세에 환생하여 태평시대의 백성이 될 수 있겠는가. 나는 그렇게 될지 모르겠다.

〈병인년(1926)〉

■ 담론하는 자가 다음과 같이 평한다.

우리나라는 바다 모퉁이 궁벽한 곳에 위치하여 쇄국정책으로 국경을 지키고 동서양과 교통하지 않았다. 단 외교로 섬기는 나라는 중국뿐이었다. 서양이 중국과 교통한 지는 벌써 여러 해가 되었다. 우리나라 역시 견문으로 접한 일이 있어 서양의 열강이 진보한 문명국이라는 것을 추측으로 알 수 있었다.

재능과 지식이 있는 자는 진실로 서양 국민의 진보와 기술의 발전을 널리 관찰하였다. 우리 측에서 먼저 통신과 통상을 요구하는 것이 괜찮았는데, 도리어 저들의 군함이 탐험하려고 와서 정박한 것을 온갖 의심하고 급급히 토벌하여 몰아내었으니, 이는 식견이 없고 일에 어두운 소견이 아닌가. 만약 그 당시 환영하고 잘 대우하고 교사를 고빙雇聘하여 그 기술을 배우고 이익의 근원을 추구하였으면 거의 동양의 패주가 되었을 것이다.

우리나라의 고질적인 폐단은 다만 예학으로 어두운 방안에서 종사할 뿐이고 대문 밖에 수많은 병마가 내달리는 것을 알지 못하는 것이다. 혹 서양을 말하는 자를 이단으로 몰아붙였다. 이 때문에 다산 정약용과 같은 자도 종신토록 금고禁錮를 당하였다. 그리고 현재 박규수와 같은 이는 일본에 사신으로 가서 서양 학술서적을 구해서 왔지만 감히 세상에 드러내지 못하였다. 그로써 결국 오늘날 전국의 인민들이 포로가 되는 지경을 초래하였으니, 탄식을 견딜 수 있으리오.

[동학농민기념재단(www.1894.or.kr) 사료아카이브]

■ 맺는말 - 동양의 패주霸主

〈경란록〉의 기록이다.

"만약 그 당시 환영하고 잘 대우하고 교사를 고빙하여 그 기술을 배우고 이익의 근원을 추구하였으면 거의 동양의 패주가 되었을 것이다."

역사적으로 우리나라를 동양의 패주로 개척했던 인물은 장보고 대사, 이순신 장군, 안중근 의사가 있다. 모두 영웅으로 불리고 있다. 이순신 장군과 안중근 의사에 대해서는 소개한 바 있으므로 장보고 대사에 대해 소개하고자 한다.

장보고의 출생연도에 대한 기록은 없으나 780년 전후로 보고 있고, 60여 년을 살다가 841년에 사망했으므로 1,200년 전 사람이다. 어린 시절부터 무인 기질이 있었으나, 신라는 골품제 사회로 신분제도상의 한계가 있었다. 당나라로 건너간 장보고는 군대로 들어가 많은 공을 세웠고 30세에 군중소장까지 지냈다. 그 후 군대를 떠난 장보고는 산둥반도 적산포에서 적산법화원을 세워 당나라에 머물고 있던 신라인들을 위해 일했다. 당시 바다에는 해적들의 출몰이 잦았는데 해적들이 신라인을 잡아 노예로 팔고 이들을 '신라노'라고 불렀다. 장보고는 귀국하여 완도에 청해진을 설치하여 대사로 임명되었고 신라와 당나라의 해상교통로에 있던 해적들을 소탕했다.

전라남도 완도군 완도읍에는 '장보고기념관'이 있다. 장보고는 신라, 당나라, 일본 3국을 연결하는 중계무역을 했고 아라비아 상인과 이슬람 세계에 까지 교역을 넓혔다. 동아시아 해상활동의 근거지였던 신라의 청해진, 당나라의 적산법화원, 일본의 후쿠오카 유적지에는 장보고의 활동했던 흔적이 있다. 장보고는 이미 통일신라시대에 동아시아 지역의 바다를 지배하면서 해상무역과 동북아평화를 실현시켰던 한국인이었다.

조선은 160여 년 전 쇄국으로 모든 것이 뒤처졌다. 만국공법과 해양항해의 시대였음에도 기술을 배우고 익히려 하지 않았고 예법을 지키며 무모하게 저항하다가 조약이 무엇인지도 모른 채 체결하여 이권을 침탈당했다. 조선정부의 지도층은 조선에서 유일한 생산자인 농민들을 수탈하였고, 조선 연안의 앞바다를 일본 어민들에게 전부 내어주었으니 장보고가 통탄할 노릇이었다. 혹독한 일제강점기를 거쳐 천신만고 끝에 선진국 대열까지 올라왔지만 지금도 우리의 뇌리에서 조선시대 사농공상의 틀은 없어지지 않았다.

지금도 장사꾼, 농사꾼이라고 직업의 귀천을 따지는 나라, 생산직이라고 하여 기술을 가볍게 보는 나라가 과연 얼마나 길이 보전될 수 있을까 생각해 보게 된다. 국가의 부는 총생산액에 의해 결정된다는 사실을 알면서도 현장 근로자에 대해 생산직이라는 말을 쓰는 것은 아이러니 한

일이다. 국민 모두가 부가가치를 생산하는 생산직이고 기술직이어야 부국이 되는 것이 아닌가.

영웅들의 후예로서 기술을 배우고 익혀 대한민국이 동양의 패주가 되는 시대를 열어야 한다. 서해의 풍도에는 동북아평화를 염원하는 풍도 소망탑이 있는데 중국인과 일본인들은 이 섬을 찾아 동북아평화를 기원한다. 대한민국이 부국강병을 하여 동북아평화를 지키는 동양의 패주가 되자. 세계는 기술패권의 시대로 경란록에서 말하는 대로 기술을 익히고 이익의 근원을 추구하는 것이 동양의 패주가 되는 길이다.

책을 쓰면서 머리로 이해하기보다는 가슴으로 이해하려고 노력했지만 많이 부족했다. 왕의 이야기를 쓰기보다는 민중의 이야기를 쓰려고 애를 썼지만 역시 부족했다. 시대를 논할 정도의 안목이나 지식, 지혜도 많이 부족했다. 시대의 아픔을 공감해 보려고 했지만 충분하지는 못했다. 읽는 분들의 너그러운 이해를 바랄 뿐이다.

이 책을 내는 데 도움을 주신 분들이 있다. 8년 전 동학농민혁명에 대해 함께 과제를 연구했던 학생들이 있었기 때문에 처음 관심을 가지게 되었고, 그때부터 책을 보면서 자료를 모으기 시작했다.

동학농민혁명기념재단 사료아카이브에 있는 경란록 해석본을 사용하도록 승인해 주시고 "반란의 역사를 넘어 세계의 역사로"와 "동학농민군 제국주의 침략에 맞서다" 2권의 도록을 보내 주신 동학농민혁명기념재단 측에 감사드린다. 경란록과 도록 2권을 보고 나서 이 책을 낼 수 있게 되었다.

목차와 요약만 보시고는 출판을 허락해 주신 출판사 정한책방의 천정한 대표님께 감사드린다.

충북 괴산군에 귀촌한 출판사 정한책방 천정한 대표님의 신문기사를 보고 바로 통화를 했다. 서로가 초면인 상태에서, 원고의 요약과 차례를 메일로 보냈고, 그 다음 날 출판을 하겠다는 연락을 받았다.

원고를 마무리하여 보낸 후 괴산군 청천면 정한책방을 찾아가 보았다. 출판사는 책 내용에 나오는 괴산군 청천면 '화양동서원' 가까이 있었고, 괴산에 소재한 중원대학교 황윤원 총장님도 동창으로 오랜만에 만나서 추천의 글도 받았다.

세상 일이 인연 아닌 것이 없다는 생각이 들었다.

꼼꼼하게 보면서 표현에 대하여 조언해 주신 부산교대 전세영 명예교수님과 아울러 대학부터 지금까지 40년 이상을 만나면서 다방면의 학식을 나눈 웅암회원께 감사드린다.

책을 내기까지 많은 사람들로부터 지혜와 지식을 배웠다.

국가에 대한 충성과 국민에 대한 봉사가 무엇인지 서로에게 일깨워 준 행정고시 동기들과 25여 년 동안 만나 오면서 높은 경륜을 배울 수 있었던 경영자과정의 인생 선배님들께 감사드린다.

역사를 전공하셨고 책의 내용에 대하여 조언해 주신 전 한성대 이대영 교수님과 40여 년 간 친교를 유지하며 책 쓰기에 대한 영감을 주신 전 카이스트 홍순만 교수님께 감사드린다.

젊은 육군 장교시절 이후 지금까지도 용기를 잃지 않게 해준 친구들과 여러 곳의 직장생활을 하면서 격려를 아끼지 않았던 직장의 선배, 동료, 후배들에게도 감사드린다.

은퇴 후 영어학원을 운영하면서 함께 공부하면서 많은 질문과 과제를 던져준 어린 학생들이 있어서 책을 낼 수 있게 되었다.

추천하는 글을 보내주신 5분. 황윤원 총장님, 전세영 명예교수님, 김정식 교수님, 유노상 사장님, 이혜나 학생에게 감사드린다.

김정식 교수님은 35년 지인이며 일본에 대해 정통하신 분으로서 교정 뿐 아니라 내용상 오류까지 바로잡는데 수고를 아끼지 않았고 추천하는 글도 받았다.

책의 내용을 지겹게 이야기해도 끝까지 들어주면서 책을 쓰도록 힘을 주고 교정까지 보아준 아내 김은희와 아들, 며느리에게 감사한다.

무엇보다 처음에 책을 쓰기 시작하여 책으로 나오기까지 나의 작은
힘으로는 불가능한 일이었으며, 처음부터 끝까지 하느님과 동행하였음
을 밝힌다.

■ 조선 역대 왕 계보 (1대~27대)

❖ **1대. 태조 - 이성계(1392~1398 재위)**

태조 이성계는 고려 말 무신 출신

위화도 회군으로 고려를 멸망시키고 조선왕조를 세우고 태조가 됨

왕위 계승권을 둘러싼 1차 왕자의 난으로 이방원 일파가 정도전 일파를 타도(무인 정사)

❖ **2대. 정종 - 이방과(1398~1400 재위)**

태조의 둘째 아들

1차 왕자의 난으로 조선의 2대 왕이 되고 집현전 설치, 분경금지법을 시행

이방원에 대한 이방간의 2차 왕자의 난이 있었다.

❖ **3대. 태종 - 이방원(1400~1418 재위)**

태조의 5번째 아들

왕권 강화를 사병을 없애거나 관직제도를 개혁

왕위 계승의 정당성을 인정받기 위해 함흥으로 차사를 보냈으나 돌아오지 않음

❖ **4대. 세종 - 이도(1418~1450 재위)**

3대 태종의 셋째 아들

훈민정음을 창제하고 정치, 사회, 경제, 과학, 음악 등 전 분야를 발전시킴

조선의 황금시대를 열었던 성군

❖ **5대. 문종 - 이향(1450~1452 재위)**

세종의 맏아들

세종을 본받아서 성격이 온화하고 학문을 좋아했음

29년간 세자의 자리에 있다가 즉위

❖ **6대. 단종 - 이홍휘(1452~1455 재위)**

문종의 맏아들

12세에 즉위해 숙부인 수양대군에게 왕위를 빼앗기는 비운의 왕

함길도 도절제사 이징옥을 파직하므로서 이징옥이 군사를 일으킨 반란(이징옥의 난)

❖ **7대. 세조 - 이유(1455~1468 재위)**

세종의 둘째 아들 수양대군

계유정난을 통해 단종을 몰아내고 즉위. 단종 복위 사건(사육신 사건)

함경도 호족 이시애가 유향소에 불만과 지역차별을 타파하기 위해 반란(이시애의 난)

❖ **8대. 예종 - 이황(1468~1469 재위)**

예종은 세조의 둘째 아들

20살이라는 젊은 나이에 즉위했지만 13개월 만에 승하

병조참지 유자광이 남이가 반역를 꾀하였다고 모함(남이장군 역모사건)

❖ **9대. 성종 - 이혈(1469~1494 재위)**

세조의 손자

13살의 나이에 즉위. 조선의 기본법전인 경국대전을 완성하는 등 큰 역할을 한 성왕

남이 모함사건으로 임사홍, 유자광을 유배. 폐비 윤씨에게 사약 내림

❖ **10대. 연산군 - 이융(1494~1506 재위)**

성종의 맏아들

폐비 윤씨의 아들로 어린 시절을 보내고 즉위

폭정을 일삼아 무오사화, 갑자사화 등의 악행, 최초로 반정에 의해 폐위(중종반정)

❖ **11대. 중종 - 이역(1506~1544 재위)**

성종의 둘째 아들이자 연산군의 이복동생

중종반정으로 즉위, 부실한 왕권과 결단력 부족으로 많은 소란 속에 보냄

3포(부산.웅천.동래)왜란 발생. 기묘사화

❖ **12대. 인종 - 이호(1544~1545 재위)**

중종의 맏아들

성품이 온화하고 효심이 깊었으나 재위 8개월 만에 승하

인종의 죽음으로 문정대비 윤씨가 섭정

❖ **13대. 명종 - 이환(1545~1567 재위)**

중종의 둘째 아들

12세에 즉위, 문정왕후에 의한 수렴청정, 임꺽정의 난 발생

을사사화, 정미사화, 을유사화, 을묘왜변을 겪은 왕

❖ **14대. 선조 - 이균(1567~1608 재위)**

중종의 손자

조선 왕계보에서 최초로 직계가 아니며 이순신, 권율 등 인재를 기용, 붕당 형성

당쟁과 임진왜란(1592), 정유재란(1597~1598)을 겪으면서 민심이 피폐, 정여립 모반

사건

❖ **15대. 광해군 - 이혼(1608~1623 재위)**

선조의 둘째 아들

조선 중기의 격동기에 실리외교, 대동법을 실시

인조반정에 의해 결국 폐위

❖ **16대. 인조 - 이종(1623~1649 재위)**

　선조의 손자

　인조반정을 통해 즉위, 이괄의 난 발생

　정묘호란, 병자호란의 혼란을 겪고 삼전도에서 삼배구고두례의 굴욕

❖ **17대. 효종 - 이호(1649~1659 재위)**

　인조의 둘째 아들

　8년동안 청나라에서 볼모로 보내며 즉위 후 북벌을 내세웠으나 뜻을 이루지 못함

　김자점의 반역행위로 야기된 옥사(김자점 역모사건)

❖ **18대. 현종 - 이연(1659~1674 재위)**

　효종의 맏아들로 청나라에서 태어남

　남인, 서인의 당쟁 (예송논쟁)이 지속됨에 따라서 국력이 쇠퇴하는 시기

　대비의 복제 문제로 예론이 다시 일어남

❖ **19대. 숙종 - 이순(1674~1720 재위)**

　현종의 맏아들

　대동법을 전국적으로 시행, 상평통보를 만드는 등의 업적

　궁중암투가 극에 달함, 당쟁도 격화

❖ **20대. 경종 - 이윤(1720~1724 재위)**

　숙종과 장희빈 사이의 아들

　집권 기간 내내 신임사화 등 당쟁이 극악에 치닫는 사태. 노론과 소론 당쟁의 절정기.

　왕위 계승문제로 발생(신임사화)

❖ 21대. 영조 - 이금(1724~1776 재위)

숙종과 숙빈 최씨의 사이의 아들

52년 동안 재임. 붕당 대립을 완화하고 왕권을 강화하기 위해 탕평책 실시

균역법을 시행하여 백성의 군역 부담을 줄임

❖ 22대. 정조 - 이산(1776~1800 재위)

영조의 손자이자 사도세자의 아들

탕평책을 계승하고 인재를 고루 등용.

규장각을 설치, 조선 후기 문화의 황금기. 천주교인 윤치충. 권상연을 처형.(신해박해)

❖ 23대. 순조 - 이공(1800~1834 재위)

정조의 둘째 아들

11세에 즉위, 김조순 등 안동 김씨가 세도정치 시작

천주교도 처형(신유박해), 홍경래의 난 발생

❖ 24대. 헌종 - 이환(1834~1849 재위)

순조의 손자

8세로 즉위 안동 김씨와 풍양 조씨의 권력투쟁 사이에 휘말리는 삶

천주교 박해로 프랑스 신부 등 처형(기해박해)

❖ 25대. 철종 - 이변(1849~1863 재위)

정조의 동생인 은언군의 손자

강화도에 유배되었다가 19세로 즉위.

김문근의 딸을 왕비로 맞아 안동 김씨의 세도정치가 본격화

❖ 26대. 고종 - 이재황(1863~1907 재위)

흥선대원군의 둘째 아들

12세에 즉위하여 흥선대원군이 섭정함.

임오군란, 동학농민혁명을 막으려 청나라에 파병 요청

대한제국을 세워 초대 황제로 즉위

❖ **27대. 순종 - 이척(1907~1910 재위)**

고종의 둘째 아들

조선왕 계보의 마지막 왕.

일본군의 조선반도 대토벌작전 개시, 한일합방조약으로 일본제국 식민지가 시작

■ 한국 근대사 일람

◈ 민란 시기[1800~1863]

❖ 1800년 경신년 (순조 즉위)
22대 정조 사망, 23대 순조 즉위

정순왕후(21대 영조 계비) 수렴청정

❖ 1801년 신유년 (순조 1)
신유박해

❖ 1802년 임술년 (순조 2)
순조 순원왕후(안동 김씨)와 혼인

❖ 1804년 갑자년 (순조 4)
23대 순조 친정

❖ 1805년 을축년 (순조 5)
정순왕후(영조 계비) 사망

❖ 1811년 신미년 (순조 11)
평안도, 홍경래 난

❖ **1812년 임신년 (순조 12)**

효명세자 책봉

❖ **1819년 기묘년 (순조 19)**

효명세자 신정왕후(풍양 조씨)와 혼인

❖ **1827년 정해년 (순조 27)**

효명세자 대리청정

❖ **1830년 경인년 (순조 30)**

효명세자 사망, 순조 친정

❖ **1832년 임진년 (순조 32)**

영국 상선 교역요구

❖ **1834년 갑오년 (순조 34, 헌종 즉위)**

23대 순조 사망, 24대 헌종 즉위

순원왕후(안동 김씨) 수렴청정

❖ **1837년 정유년 (헌종 3)**

헌종 효현왕후(안동 김씨)와 혼인

❖ **1839년 기해년 (헌종 5)**

기해박해

❖ **1840년 경자년 (헌종 6)**

24대 헌종 친정

[청국] 1차 아편전쟁

❖ **1841년 신축년 (헌종 7)**
[일본] 덴포의 개혁

❖ **1842년 임인년 (헌종 8)**
[청국] 영국과 난징조약 체결, 홍콩할양, 5개항 개방

❖ **1843년 계묘년 (헌종 9)**
효현왕후(안동 김씨) 사망

❖ **1844년 갑진년 (헌종 10)**
효정왕후(남양 홍씨)와 혼인

❖ **1846년 병오년 (헌종 12)**
병오박해-김대건 신부 처형
조만영 사망으로 안동 김씨 세도
프랑스 세실의 국서전달

❖ **1848년 무신년 (헌종 14)**
이양선 출몰

❖ **1849년 기유년 (헌종 15, 철종 즉위)**
24대 헌종 사망, 25대 철종 즉위
순원왕후(안동 김씨) 수렴청정

❖ **1850년 경술년 (철종 1)**

　　[청국] 태평천국운동

❖ **1851년 신해년 (철종 2)**

　　철종 철인왕후(안동 김씨)와 혼인

❖ **1852년 임자년 (철종 3)**

　　25대 철종 친정

❖ **1853년 계축년 (철종 4)**

　　[일본] 미국 페리제독 우라가항 입항

❖ **1854년 갑인년 (철종 5)**

　　[일본] 페리제독 2차 내항, 미일화친조약, 시모다,하코다테 개항

❖ **1856년 병진년 (철종 7)**

　　[청국] 애로호 사건, 2차 아편전쟁

❖ **1857년 정사년 (철종 8)**

　　순원왕후(안동 김씨) 사망

❖ **1858년 무오년 (철종 9)**

　　[일본] 안세이의 대옥, 안세이 5개국조약 체결

❖ **1860년 경신년 (철종 11)**

　　최제우 동학창시

　　[청국] 양무운동

❖ **1862년 임술년 (철종 13)**

　단성 외, 임술민란

◈ **쇄국 시기 [1863~1872]**

❖ **1863년 계해년 (고종 즉위)**

　25대 철종 사망, 26대 고종 즉위, 익종 양자 입적

　신정왕후(조 대비) 수렴청정, 흥선대원군 섭정

　남해, 민란 발생

❖ **1864년 갑자년 (고종 1)**

　대구도호부, 동학교주 최제우 처형

❖ **1866년 병인년 (고종 3)**

　고종 민자영과 혼인

　병인양요-프랑스군 강화도 점령

　새남터, 갈매못, 병인박해

　제너럴 셔먼호 사건

❖ **1867년 정묘년 (고종 4)**

　[일본] 대정봉환

❖ **1868년 무진년 (고종 5)**

　경복궁 중건 완공

　구만포, 독일 오페르트 남연군 묘 도굴미수

[일본] 왕정복고의 대호령, 메이지유신, 무진전쟁

❖ **1869년 기사년 (고종 6)**

고성, 광양, 민란 발생

❖ **1870년 경오년 (고종 7)**

전국 600여 곳, 서원 철폐

❖ **1871년 신미년 (고종 8)**

고종과 민비의 아들 사망

신미양요-미국함대 강화도 공격, 척화비 건립

조령, 진주민란,

❖ **1872년 임신년 (고종 9)**

[일본] 류큐왕국 폐지, 류큐번 설치

◈ **개항 시기[1873~1881]**

❖ **1873년 계유년 (고종 10)**

흥선대원군 물러남, 고종 친정 시작

❖ **1874년 갑술년 (고종 11)**

이척 (순종) 탄생

[일본] 타이완 침공, 민찬의원 설립

❖ **1875년 을해년 (고종 12)**

운요호, 강화도 공격

이척 세자(순종) 책봉

울산, 민란 발생

❖ **1876년 병자년 (고종 13)**

일본과 조일수호조규 체결, 부산항 개항

일본에 1차 수신사 파견

❖ **1879년 기묘년 (고종 16)**

울산, 민란 발생

[일본] 큐큐번 폐지, 오키나와 현

❖ **1880년 경진년 (고종 17)**

원산항 개항

2차 수신사 파견, 조선책략 도입

❖ **1881년 신사년 (고종 18)**

신식군대 별기군 창설

개혁기구 통리기무아문 설치

이재선 역모사건 (안기영 사건)

신사유람단 파견, 영선사 파견

영남만인소

장연, 민란 발생

◆ 경제침탈 시기[1882~1893]

❖ 1882년 임오년 (고종 19)
　　임오군란, 민비 충주 도주, 흥선대원군 재집권
　　청나라 군대파견, 흥선대원군 청나라에 잡혀감
　　일본 군함과 군대 파견, 제물포조약 체결
　　박영효, 태극기 고안
　　조청상민수륙무역장정 체결
　　세자(순종) 순명왕후와 혼인
　　조미수호통상조약 체결

❖ 1883년 계미년 (고종 20)
　　태극기 국기 선포
　　인천항 개항
　　독일과 조독수호통상조약 체결
　　영국과 조영수호통상조약 체결
　　미국에 보빙사 파견

❖ 1884년 갑신년 (고종 21)
　　갑신정변, 신정부 강령14개조 발표
　　청나라 군사 개입, 개화파 일본 망명
　　한성조약 체결
　　조로수호통상조약 체결
　　[청국] 청프전쟁
　　[일본] 치치부 사건

❖ 1885년 을유년 (고종 22)

청-일 텐진조약 체결

영국군, 거문도 점령

❖ **1886년 병술년 (고종 23)**

조불수호통상조약 체결

노비 세습 폐지

육영공원, 이화학당 설립

❖ **1889년 기축년 (고종 26)**

함경도 방곡령

정선,인제,광양,수원, 민란 발생

[일본] 대일본제국헌법 발포

❖ **1890년 경인년 (고종 27)**

신정왕후(풍양 조씨) 사망

함창, 민란 발생

[일본] 1회 중의원 총선거, 제국의회 개원

❖ **1891년 신묘년 (고종 28)**

제주도, 민란 발생

❖ **1892년 임진년 (고종 29)**

삼례, 동학 1차 집회

❖ **1893년 계사년 (고종 30)**

광화문, 동학 2차 집회(교조신원 복합상소)

보은, 동학 3차 집회

강화도, 통제영학당(해군사관학교) 설립

개성, 황주, 통영, 민란 발생

◆ 청-일 대립 시기 [1894~1895]

❖ 1894년 갑오년 (고종 31)

동학농민혁명 제1차 봉기

홍종우, 상해에서 김옥균 암살

동학농민군, 폐정개혁안 12개조 발표

청나라 군사 개입, 일본 군사 개입

일본군, 경복궁 점령

풍도해전, 청일전쟁 선전포고

김홍집 내각, 갑오개혁, 군국기무처 설치

민씨 척족 축출, 흥선대원군 추대

동학농민전쟁 제2차 봉기

갑오개혁 2차

[일본] 영일통상조약

❖ 1895년 을미년 (고종 32)

홍범 14조 반포, 교육입국조서 발표

전봉준 처형

청일 시모노세키조약 체결

삼국간섭(러시아, 프랑스, 독일)

전국 23부제 시행

민비 인아거일정책 주도

3차 김홍집 내각 수립

을미사변-민비 시해

춘생문 사건

단발령 실시

[일본] 타이완 침략전쟁

◈ 러-일 대립 시기 [1896~1904]

❖ 1896년 병신년 (고종 33)

고종 아관파천

독립신문 발간, 독립협회 결성

러시아 황제 대관식 조선사절단 참석

친러 내각 수립

[청,일] 청일통상항해조약 체결

❖ 1897년 정유년 (고종 34)

고종 경운궁으로 환궁

대한제국 선포, 광무 연호제정

고종 대한제국 황제 즉위

광무개혁 실시

목포항 개항

영친왕 이은 출생

독립문 완공

만민공동회, 관민공동회

❖ 1898년 무술년 (고종 35)

흥선대원군 사망

[청국] 변법자강운동

❖ 1899년 기해년 (고종 36)

한청수호통상조약 체결

독립협회 해산

대한국 국제 선포

경인선 철도 개통

[청국] 의화단 사건

❖ 1900년 경자년 (고종 37)

울릉도와 독도를 울도군으로 승격

❖ 1901년 신축년 (고종 38)

서울 최초 점등식

대한제국 국가 첫 연주

❖ 1902년 임인년 (고종 39)

제1차 영일동맹

❖ 1903년 계묘년 (고종 40)

제네바협약 가입

하와이, 재미단체 신민회 발족

덴마크와 통상조약 체결

◈ 국권침탈 시기[1904~1910]

❖ 1904년 갑진년 (고종 41)
　효정왕후(남양 홍씨) 사망
　대한제국 영세중립국 선언
　인천항과 뤼순항 공격, 러일전쟁
　러시아와 국교단절
　한일의정서 체결
　일본군 인천, 마산, 원산 상륙주둔
　일본군 서울 덕수궁 점령
　제1차 한일협약 체결
　순종비, 순명효황후 사망
　이승만 미국 특사 파견

❖ 1905년 을사년 (고종 42)
　대한제국 친위대 해산, 시위대, 진위대 감축
　일본 독도 병합
　경부선 철도 개통식
　미-일 테프트-카스라 밀약
　2차 영일동맹 체결
　러시아 황제에게 밀서 전달
　한일협약, 고문정치
　러일 포츠머드조약
　을사조약 외교권 박탈
　을사의병
　장지연 시일야방성대곡 게재
　민영환 자결

경부선 철도 개통

❖ **1906년 병오년 (고종 43)**

통감부 설치, 통감정치

최익현 대마도 유배

❖ **1907년 정미년 (고종 44)**

순종, 순정효황후와 혼인

국채보상운동

윤치호 애국가 가사

헤이그 특사 파견

고종황제 강제퇴위, 27대 순종황제 즉위

<정미7조약>, 차관정치

대한제국 군대해산

영친왕 책봉

경찰권 강탈

시위대, 진위대 해산

정미의병

남대문전투

❖ **1908년 무신년 (순종 1)**

동양척식주식회사법 공포

❖ **1909년 기유년 (순종 2)**

<기유각서> 사법권박탈, 감옥사무이관

<간도에 관한 청일협약>

남한대토벌 작전

항일의병 만주 이동

안중근, 하얼빈에서 이토 히로부미 저격

❖ **1910년 경술년 (순종 3)**

이완용 내각

<한일약정각서> 경찰권 위탁

<한일합병조약>, 대한제국 멸망

대한제국 국호 폐지, 조선 개칭

◈ **일제강점 시기일부[1911~1926]**

❖ **1911년 신해년**

신흥학교 설립

105인 체포사건

조선교육령

❖ **1912년 임자년**

토지조사사업

❖ **1913년 계축년**

흥사단 조직

❖ **1914년 갑인년**

행정구역 개편, 220개 군

❖ **1918년 무오년**

　임야조사 시작

❖ **1919년 기미년**

　고종황제 승하

　도쿄 조선청년독립단 결성

　동경 2.8독립선언

　3.1 운동

　고종 국장 거행

　대한민국임시정부 수립

　대한독립단 결성

　신흥무관학교로 개편

　서울역 강우규 폭탄투척

　대한민국임시정부 헌법공포

　길림 김원봉, 의열단 결성

❖ **1920년 경신년**

　조선일보 창간, 동아일보 창간

　영친왕 일본황족과 혼인

　봉오동전투, 청산리 대첩

　훈춘 사건, 경신참변

❖ **1923년 계해년**

　김상옥, 종로경찰서 폭탄투척

　조선 대폭우

　관동대지진–조선인 학살

❖ **1924년 갑자년**

경성제국대학 설립

평안북도, 조선총독 저격사건

❖ **1925년 을축년**

조선공산당 창당

을축년 대홍수, 풍납토성 발굴

❖ **1926년 병인년**

순종황제 승하, 영친왕 계승

6.10 만세운동

영화 <아리랑> 단성사 개봉

나석주 식산은행/척식회사 폭탄투척

※ 이후

1966년, 낙선재에서 순종 계비 순정효황후 사망

1970년, 낙선재에서 이왕 영친왕 사망

1989년, 낙선재에서 영친왕 부인 이방자 사망

2005년, 도쿄에서 영친왕 아들 이구 사망(대한제국 마지막 직계손)

대한제국 수난사

초판 1쇄 인쇄 · 2023년 8월 15일
초판 1쇄 발행 · 2023년 8월 25일

지은이 · 함기수
펴낸이 · 천정한
펴낸곳 · 도서출판 정한책방

출판등록 · 2019년 4월 10일 제2019−000036호
주소 · (서울본사) 서울 은평구 은평로3길 34-2
　　　 (충북지사) 충북 괴산군 청천면 청천10길 4
전화 · 070−7724−4005
팩스 · 02−6971−8784
블로그 · http://blog.naver.com/junghanbooks
이메일 · junghanbooks@naver.com

ISBN 979-11-87685-77-7 03910

• 책값은 뒤표지에 적혀 있습니다.
• 잘못 만든 책은 구입하신 서점에서 바꾸어 드립니다.
• 이 책의 일부 또는 전부를 재사용하려면 반드시 저작권자 및 도서출판 정한책방의 동의를 얻어야 합니다.